Raymond Klibansky
Erinnerung an ein Jahrhundert

Gespräche mit Georges Leroux

Aus dem Französischen von
Petra Willim

Insel Verlag

Französischer Originaltitel:
Le philosophe et la mémoire du siècle
© 1998, Société d'édition Les Belles Lettres, Paris

© der deutschen Ausgabe
Insel Verlag Frankfurt am Main
und Leipzig 2001
Satz: Jung Crossmedia, Lahnau
Druck: Freiburger Graphische Betriebe, Freiburg
Printed in Germany
Erste Auflage 2001

1 2 3 4 5 6 – 06 05 04 03 02 01

Inhalt

Einleitung

In den hier vorliegenden Gesprächen habe ich mich gemeinsam mit Raymond Klibansky darum bemüht, die lange – wie
die Humanisten der Renaissance gesagt hätten – *peregrinatio
academica* zu rekonstruieren, auf die er zurückblickt: diesen
Weg, der von einem kulturell bedeutsamen Ort zum nächsten
führte – von Paris nach Heidelberg und Hamburg, von Hamburg nach Paris und London und von London nach Montreal –, aber auch die Pfade, die unmittelbar in engagiertes
Handeln mündeten und die für das Schicksal eines Intellektuellen und Wissenschaftlers eher ungewöhnlich sind. Die
zahlreichen Wendungen seines außergewöhnlichen Lebens-
wegs spiegeln sich in der Vielfalt seiner Forschung und seines
Engagements wider. Das gesamte Werk Raymond Klibanskys wie auch die Reihe von Kämpfen, aus denen es hervorging, zeugen von einer intensiven Auseinandersetzung mit
der Geschichte des 20. Jahrhunderts – mit seinen philosophischen Strömungen selbstverständlich, aber auch mit jener
Idee des Friedens und der Toleranz, auf die sich in Klibanskys Augen die Philosophie stets verpflichten muß, trotz der
unaussprechlichen Gewalttaten, die dieses Jahrhundert in
Verruf gebracht haben. In der Hoffnung, die gegenwärtigen
Aufgaben des Denkens klarer formulieren zu können, wollten wir deutlich vor Augen führen, wie sehr sich sein internationales Engagement der Auseinandersetzung mit der Geschichte verdankt.

Ende der sechziger Jahre hatte ich das Glück, am Institut
für mittelalterliche Studien der Universität Montreal sein
Student zu sein; aber zu diesem Zeitpunkt lag schon eine gute
Strecke Weges hinter ihm, und erst später – beim Lesen seiner
Arbeiten und während der Gespräche mit ihm in seiner schö-

nen Bibliothek an der McGill-Universität – begriff ich, was
für ein Mensch da an jenen prachtvollen Herbstnachmittagen
vor uns gestanden und uns Platons *Timaios* erläutert hatte.
Und erst als ich selbst meine Studien der griechischen Philologie aufnahm und mich der Erforschung des Neuplatonismus zu widmen begann, lernte ich die Bedeutung seines
Werks einzuschätzen. An dieser Wegstrecke, die sich von
Plotin und Proklos bis zu Meister Eckhart und Nikolaus von
Kues hinzieht, hat Raymond Klibansky wichtige Wegweiser
angebracht. Und noch später, als er mich zur Mitarbeit an den
bibliographischen Arbeiten des Internationalen Instituts für
Philosophie aufforderte, konnte ich erst die Tragweite jenes
traditions- und kulturübergreifenden Dialogs ermessen, dem
sein ganzes Engagement galt. So kam es, daß ich mich eines
Wintermorgens gemeinsam mit ihm, Charles Taylor und
Vianney Décarie vor der Tür des Konsulats der Tschechoslowakischen Republik wiederfand, um im Namen der Philosophen Kanadas die Freilassung des Philosophen Jan Patočka zu fordern, der zum dritten Mal verhaftet worden war,
weil er für die Charta 77 eintrat. Wie oft sah sich Raymond
Klibansky veranlaßt, in jener Epoche, in der die Philosophen
im Kampf um die Freiheit an vorderster Front standen, Farbe
zu bekennen! Sein Engagement für den Dialog, den er mit
Hilfe des Internationalen Instituts für Philosophie initiierte,
führte ihn an alle Orte, wo diese Forderung erhoben wurde.

Als wir nach einem Untertitel für die französische Ausgabe dieser Gespräche suchten, schien es uns deshalb, als sei
der Kampf der Philosophie für Toleranz und Freiheit das
Leitmotiv seines ganzen Lebens. Als Mann der Forschung
wie der Tat – wobei er, wie man an seinen zahlreichen Arbeiten über die Toleranz sehen kann, eines mit dem anderen verband – erklärte sich Raymond Klibansky bereit, im Zuge dieser gemeinsamen Gespräche den Verlauf eines bewegten
Lebens in einem bewegten Jahrhundert nachzuzeichnen.

Am 15. Oktober 1905 in Frankreich geboren, besuchte

Raymond Klibansky zunächst in Frankfurt am Main das Gymnasium, um dann anschließend zu jener berühmten reformpädagogischen Schule in der Nähe Heidelbergs, der Odenwaldschule, zu wechseln, wo er unter anderen auch dem Mitschüler Klaus Mann begegnete. Von seinen ersten Studienjahren an galt sein Forschungsinteresse den Geisteswissenschaften. Von einem kurzen Aufenthalt in Kiel abgesehen, wo er als Assistent von Ferdinand Tönnies arbeitete, ging Raymond Klibansky seinem Studium der Philologie und Philosophie in Heidelberg nach. Die Debatte zwischen Karl Jaspers und Heinrich Rickert um das Erbe Kants beherrschte damals die philosophische Diskussion. Oft hat Raymond Klibansky, der Jaspers nahestand, ausdrücklich gewürdigt, was er dessen Existenzphilosophie und dessen humanistischer Reflexion über die Bedeutung des Gesprächs verdankte. Heidelberg war die Stadt Max Webers, und als Vertrauter der Familie gehörte Raymond Klibansky zum Kreis jener Freunde, die sich im Haus der Witwe Marianne Weber einfanden. Dort kam er mit der tiefgründigen Kritik der Weberschen Soziologie am zeitgenössischen Irrationalismus in Berührung. Auch stand er in engem Kontakt mit den Jüngern des Dichters Stefan George, bewahrte sich jedoch eine kritische Haltung gegenüber deren politischen Vorstellungen, die den gerade in Deutschland aufkommenden Bewegungen der Demokratisierung und Modernisierung zuwiderliefen.

In Heidelberg wurde Raymond Klibanskys großer Plan einer Nikolaus-von-Kues-Edition geboren, und dieser Stadt gegenüber bewahrte er zeit seines Lebens eine niemals versiegende Zuneigung – trotz der Erfahrungen, die ihn schließlich von dort vertrieben. Seine erste Veröffentlichung (1927) ist ein Buch über den französischen Renaissance-Philosophen Charles Bovelles. Bereits hierin äußert sich das philosophische Interesse an Negation und Dialektik, das ihn zu Nikolaus von Kues und Meister Eckhart führen sollte. Aus dem

Interesse an der Mystik des Cusaners gehen die Arbeiten über Meister Eckhart hervor und aus diesen wiederum die Forschungen zur Tradition des mittelalterlichen Platonismus, die ihre Idee der Menschlichkeit an den Humanismus der Renaissance weiterreichte. Bei der Erforschung jener großen Texte ging es Raymond Klibansky vor allem um die Grundlegung einer Lehre der Freiheit, die dem Irrationalismus der Zwischenkriegszeit die Stirn zu bieten vermöchte. Sehr rasch erkannte er beispielsweise die Notwendigkeit, die lateinischen Werke des Meister Eckhart zu edieren und nicht nur die ohnehin populären und von der gängigen Ideologie häufig entstellten deutschen Predigten. Zu diesem Zweck versicherte er sich der Unterstützung durch die Heidelberger Akademie und suchte zudem die Zusammenarbeit mit einer Gruppe von römischen Dominikanern, die ebenfalls eine solche Edition ins Auge gefaßt hatten. Die nationalsozialistische Regierung, die das Denken Meister Eckharts zugunsten einer totalitären germanischen Mystik zu vereinnahmen suchte, durchkreuzte diese Pläne. Die Arbeit wurde unterbrochen, und Klibansky entkam mit knapper Not der Gestapo. Wie vielen anderen gelehrten Juden zwang ihm die Situation ein Exil voller Schwierigkeiten auf.

In einem kleinen, 1939 publizierten Buch wies Raymond Klibansky die – das gesamte Mittelalter überspannende – Kontinuität der humanistischen Tradition nach. Als entscheidenden Brückenpfeiler hierfür analysierte er die bedeutende Persönlichkeit des Proklos, dem er bereits 1929 ein wichtiges Buch gewidmet hatte. Von Anfang an standen Klibanskys historische Arbeiten unter den zentralen Begriffen von Tradition und Erbe. In Treue zu Cassirer, für den er eine Festschrift herausgab, verband er mit der Würdigung der Tradition einerseits hoffnungsvolle Erwartung der Zukunft, andererseits die dezidierte Ablehnung der erstarrten und verblendeten Kultur im Deutschland der dreißiger Jahre. Die Zusammenarbeit mit Fritz Saxl geht auf die Arbeit in der

Bibliothek Warburg zurück. Als Raymond Klibansky 1926 nach Hamburg ging – wo er im Hause Cassirer wohnte –, bat man ihn um seine Mitarbeit in der Bibliothek. Fritz Saxl war zu diesem Zeitpunkt Assistent Aby Warburgs und hatte gemeinsam mit Erwin Panofsky ein Buch über Dürers Kupferstich *Melencolia I* verfaßt, das 1923 erschienen war. Sehr bald machte der Beitrag Raymond Klibanskys eine Umarbeitung der ersten Ausgabe erforderlich, und die Arbeit wurde auf sehr viel breiterer Grundlage erneut in Angriff genommen. Mit den Studien über die Melancholie tritt der Aspekt des Schöpferischen und des Traditionswandels in den Vordergrund der Forschung Raymond Klibanskys. Wie sich seine Mitarbeit am Projekt *Saturn und Melancholie* auswirkte, kann man an den neuen philosophischen Teilen ablesen, die die ikonographischen Studien Panofskys und Saxls in den erforderlichen historischen Kontext stellten. Die Tradition, die das antike Thema in sich barg, erwies sich als ikonographische und philosophische zugleich.

Nachdem die Autoren gezwungen waren, Hitler-Deutschland zu verlassen, setzten sie ihre Forschungen gleichwohl fort. Dank der Unterstützung durch Max Warburg, den Bruder Aby Warburgs, war es gelungen, die Bibliothek zu retten und nach London zu überführen, wo Raymond Klibansky bereits 1933 Zuflucht gesucht hatte. Wie Fritz Saxl später bestätigte, ging die Idee dieses Umzugs auf Raymond Klibansky zurück.

Saturn und Melancholie, dessen deutsche Ausgabe wegen des Krieges nicht veröffentlicht werden konnte, erschien schließlich in der englischen Version 1964 in London und New York. Raymond Klibansky bereitete auch die französische Übersetzung des Werkes vor, das mittlerweile zu einem Klassiker der Ikonographie und Ideengeschichte geworden ist. Diese Übersetzung erschien 1989 bei Gallimard in einer Ausgabe, die zugleich eine komplette Dokumentation der griechischen und lateinischen Texte und zahlreiche weitere

Quellen und Illustrationen bietet.[1] *Saturn und Melancholie*
wird einhellig als Meisterwerk der Ideengeschichte betrachtet, sowohl aufgrund der Originalität seiner Methoden als
auch aufgrund der faszinierenden Gelehrsamkeit, die in dieses Buch einging.

Dies ist kein Buch, das man zusammenfassen könnte, sondern ein vielfältig schillerndes Werk, das uns kaleidoskop-
artig die Vorstellungen von Schicksal und Genie vom antiken
Denken bis in die Renaissance hinein widerspiegelt. Das Interesse Panofskys, Saxls und Klibanskys gilt, wenn es sich
denn benennen läßt, zweifellos dem Postromantischen, wie
es im Kreis um den Dichter Stefan George Gestalt annahm.
Es gilt aber auch den Bemühungen Cassirers um das symbo-
lische Denken: Das Denken einer Epoche wird nicht allein
von der Philosophie, sondern ebenso von Mythos und Kunst
geprägt. Derartige uns heute als selbstverständlich anmu-
tende Vorstellungen waren zu der Zeit, als Panofsky seine
Methodologie entwickelte, keineswegs Gemeingut. Aus diesem Blickwinkel erscheint *Saturn und Melancholie* daher als
eine enorme Anstrengung, den postromantischen Vorstellungen vom Genie und Schicksal des Individuums eine historische Grundlage zu liefern. Indem es den Kupferstich Dürers betrachtet, rekonstruiert das Buch die ganze Geschichte
dieser geistigen Strömung.

Während des Zweiten Weltkrieges arbeitet Raymond
Klibansky für die *Political Warfare Executive* Großbritanniens, eine Abteilung des britischen Geheimdienstes also –
eine für einen Geisteswissenschaftler seiner Generation ausgesprochen ungewöhnliche Aktivität. Zugleich geht er in
Oxford weiter seinen textkritischen Arbeiten nach und wid-
met sich der Edition im Mittelalter entstandener lateinischer
und arabischer Platon-Übersetzungen, die in dem *Corpus
Platonicum Medii Aevi* zusammengestellt wurden. Die kritische Edition des lateinischen *Parmenides*, ergänzt um einen
bislang noch unveröffentlichten Teil des Kommentars des

Proklos, dürfte die wichtigste wissenschaftliche Leistung Klibanskys in jener Phase sein. Hinzu kommt noch die Publikation der *Mediaeval and Renaissance Studies*, von denen zwischen 1941 und 1968 sechs Bände und drei Ergänzungsbände erschienen.

1946 erhält Raymond Klibansky einen Ruf an die englischsprachige McGill-Universität von Montreal, der er von nun an sein ganzes Leben lang verbunden bleibt. Zugleich unterrichtet er an der französischsprachigen Universität von Montreal; seine Mitarbeit am dortigen Institut für mittelalterliche Studien reicht bis in die ersten Jahre seines Aufenthaltes in Montreal zurück; sie wird sich über viele Jahre hin erstrekken. Im Verlauf dieses Lebensabschnitts gewinnen nun in seinem Werk David Hume und John Locke an Bedeutung. Sie sind ihm Vorbilder für jene Geisteshaltung der Toleranz, die während der Jahre des Kalten Krieges zum zentralen Gegenstand seiner Reflexion und seiner Veröffentlichungen wie auch zum Motor seines Handelns wird. Insbesondere John Lockes wichtiger Text *Ein Brief über die Toleranz* weist Raymond Klibansky den Weg zu zahlreichen internationalen Verpflichtungen – namentlich seiner Arbeit am Internationalen Institut für Philosophie, dem er von 1966 bis 1969 als Präsident vorsteht. Man kann in der Tat sagen, daß das Werk Raymond Klibanskys in dieser Zeit ganz wesentlich in seinem Bemühen um die Verständigung zwischen den Völkern und den Kulturen bestand. Dieses Engagement veranlaßte ihn, zahlreiche editorische Verbindungen zwischen Ost und West herzustellen, um die Forschungen der einen wie der anderen publik zu machen sowie den gedanklichen Austausch zwischen den Intellektuellen des Ostens und des Westens zu einer Zeit anzuregen, als es eine wahre Herausforderung war, sich für die Rechte von Denkern wie des Philosophen und Initiators der Charta 77, Jan Patočka, einzusetzen, auf den Klibansky in diesem Buch eine mitreißende Eloge hält.

Während seines ganzen Lebens hat sich Raymond Klibansky als aufmerksamer Gesprächspartner der internationalen Philosophie erwiesen, er hat zahlreiche Zusammenfassungen, Bibliographien und enzyklopädische Nachschlagewerke ediert, um so die von den Ideologien gezogenen engen Grenzen zu überschreiten und die Grundlagen für einen wirklichen philosophischen Dialog zu schaffen. Bei seinem Buch *La Philosophie en Europe*, das 1993 mit Unterstützung der UNESCO veröffentlicht wurde, handelt es sich nur um ein weiteres Beispiel für jene Blickrichtung, die von der Moderne aus die Geschichte befragt und von ihr Lektionen über Toleranz und Kontinuität erhält. So außerordentlich umfangreich und vielgestaltig Klibanskys Werk auch ist, in jenem gegenseitigen Einander-Befragen von Geschichte und Moderne dürfte seine grundlegende Einheit zu sehen sein. In der Tradition des platonischen Denkens verwurzelt, erinnert es uns an die Maxime des Nikolaus von Kues: *Una veritas in variis signis resplendet.*

Viele Preise und Auszeichnungen haben die Bedeutung dessen unterstrichen, was Raymond Klibansky zur Entwicklung der zeitgenössischen philosophischen Diskussion beigetragen hat, aber nichts hat ihn mehr berührt als die Anerkennung, die ihm im Laufe der letzten Jahre in Deutschland zuteil wurde. So erhielt er in Hamburg den Lessing-Preis, die Universität Heidelberg nahm ihn in ihr Ehrenpantheon auf, und die Bundesrepublik würdigte ihn mit der höchsten staatlichen Auszeichnung, dem Großen Bundesverdienstkreuz.

Ausgangspunkt für diese Gespräche war eine Serie von Rundfunksendungen, die ich 1991 für Radio Canada vorbereitete. Eine erste Fassung unserer Gespräche gab den Anlaß für jenen längeren Gedankenaustausch, in dessen Verlauf ich den Vorschlag machte, gemeinsam mit Raymond Klibansky seinen intellektuellen und philosophischen Werdegang nachzuzeichnen. Es folgten eine von den französischsprachigen kanadischen Rundfunkanstalten ausgestrahlte gemeinsame Sendung zu Ehren Jan Patočkas sowie weitere Gespräche im Radio, als Klibansky in Deutschland mit dem Lessing-Preis und in Italien mit dem Nonino-Preis ausgezeichnet wurde. Einige Freunde gesellten sich zu uns und bereicherten die Gespräche, indem sie seine Bescheidenheit in ihre Schranken wiesen und ihn zu Themenbereichen befragten, die ihnen jeweils vertraut waren. Ich möchte mich bei ihnen für ihre Unterstützung persönlich bedanken. Zu denen, die hier zu nennen sind, zählt Michèle Le Dœuff, Professorin an der Universität Genf, die zahlreiche Fragen zum Thema der Toleranz aufwarf. Michel Bitbol, der als Studiendirektor am Nationalen Zentrum für wissenschaftliche Forschungen Seminare an der Sorbonne hält, verdanken wir es, daß Raymond Klibanskys Beteiligung an den Aktivitäten des *Political Warfare* in London während des Zweiten Weltkrieges in unseren Gedankenaustausch aufgenommen wurde. Désirée Park, Professorin der Philosophie an der Concordia Universität von Montreal, ermöglichte es uns, verschiedene Aspekte von Raymond Klibanskys Leben in Montreal zur Sprache zu bringen. Zu erwähnen ist auch Nikolaus Halmer vom Österreichischen Rundfunk, der Raymond Klibansky in Montreal aufsuchte und mit dem wir über Jan Patočkas philosophische und politische Bedeutung diskutierten. Schließlich gilt der Dank François Ismert, dem Programmleiter der Kultursendungen von Radio Canada, der treibende Kraft und aktiver Teilnehmer bei zahlreichen unserer Gespräche war. Diese Gespräche basieren also auf der freundschaftlichen Zusammenarbeit vieler Personen und ihrer gemeinsamen Bemühungen, Raymond Klibansky das Material für dieses Buch zu entlocken. All dies wäre jedoch nicht möglich gewesen ohne die großzügige Hilfe von Madame Ethel Groffier Klibansky, die von Anfang an unser Vorhaben wohlwollend begleitete. Gemeinsam mit Michel Paradis, Professor an der McGill-Universität, war sie für die Veröffentlichung einer Festschrift

verantwortlich (*The Notion of Tolerance and Human Rights.
Essays in Honour of Raymond Klibansky*) und trug viel dazu
bei, daß diese Gespräche Leben und Werk Raymond Klibanskys getreulich wiedergeben. Dafür möchten wir ihr hier unseren tiefen Dank aussprechen.

Georges Leroux
Universität von Quebec in Montreal
Philosophische Fakultät
7. Oktober 1997

1 Von Paris nach Heidelberg:
Eine gelehrsame Jugend

Herr Klibansky, Sie sind in Paris geboren, aber aufgrund der politischen Situation nicht sehr lange in Frankreich geblieben. Woher kamen Ihre Eltern, Ihre Familie?

Ich habe zunächst in Paris im 9. Arrondissement eine glückliche Kindheit verbracht. Wenige Jahre vor meiner Geburt war meine Familie dorthin gezogen. Als Kind besuchte ich eine Privatschule in der Rue Rochechouart, nur wenige Schritte von meinem Zuhause entfernt. Ich besitze noch die Zensurenhefte; jede Woche erhielten die guten Schüler ein blaues Band oder, besser noch, ein goldenes.

Mein Vater war als Händler im Weinexport tätig. Er liebte Frankreich sehr, hatte aber die deutsche Staatsbürgerschaft behalten. Er war in Frankfurt geboren, wo sich seine Eltern niedergelassen hatten. Mein Großvater väterlicherseits stammte aus Litauen, nahe der russischen Grenze. Dort, in Kowno, gab es eine berühmte Talmud-Schule.

Es hieß, die Familie stamme vom Gaon von Wilna ab, der im 18. Jahrhundert ein gestrenger Ausleger des Gesetzes gewesen war, ein Gegner der *Chassidim*, deren Anspruch auf eine besondere Beziehung zu Gott er verurteilte.

Ihr Vater war demnach sehr streng religiös erzogen worden?

Ja, sehr orthodox. Ich übrigens als Kind ebenfalls. In Frankfurt, bei meiner Großmutter väterlicherseits, feierten wir nicht nur jeden Freitagabend den Sabbat, sondern nahmen auch junge ausländische Juden auf, von denen manch einer nicht genügend besaß, um für sich zu sorgen. Einer von ih-

nen, Lazarus Goldschmidt, wurde für seine deutsche Übersetzung des Babylonischen Talmud berühmt.[1] Meine Großmutter wohnte ganz in der Nähe des Stammhauses der
Rothschilds, also nicht mehr in der *Judengasse*, aber doch
nicht weit entfernt, in der *Schönen Aussicht*, wo sich das Haus
Schopenhauers befand.

Die Familie meiner Mutter war schon seit Jahrhunderten
in Deutschland ansässig, nämlich in Bayern – nicht in der Ge-
gend von München, sondern im Frankenland, nahe Würz-
burg. Ich habe mich immer gefragt, woher diese jüdischen
Familien kamen, die sich in Deutschland und Litauen angesiedelt hatten. Die vielleicht spekulative, aber bei weitem
wahrscheinlichste Antwort lautet, daß diese Leute, die offensichtlich nicht germanischen Ursprungs waren, mit den Rö-
mern gekommen sind. Möglicherweise führten die Legionen
auch sogenannte *caupones* mit sich, Händler, Leute, die die
Armee begleiteten und sich im Rheinland niederließen. Natürlich dürften nicht alle diese jüdischen Familien mit den
Legionen nach Deutschland gelangt sein. Vermutlich sind
viele von ihnen über Frankreich eingewandert.

Wie es zur jüdischen Besiedlung Polens und Litauens kam,
ist hingegen bekannt: Sie geht auf die Einwanderung deutscher Juden im 14. Jahrhundert zurück, im Anschluß an
schlimme Verfolgungen nach der großen Pestepidemie, für
die man die Juden verantwortlich gemacht hatte. Der König
von Polen, Kasimir III. der Große, ermutigte die Einwan-
dernden. Polen hatte damals tatsächlich keinerlei Mittel-
stand: Es gab Adlige und Bauern, aber keine Kapitaleigner.
Da man sie dorthin einlud, zogen die Juden in großer Zahl
dorthin; ihre Sprache war Jiddisch, das viele Anklänge an das
Deutsche des 14. Jahrhunderts bewahrt hat. Wahrscheinlich
also stammen diese Bevölkerungsschichten ursprünglich aus
deutschen Gebieten und waren einst Untertanen des Römischen Reichs.

*War Ihre Kindheit ebenfalls von einer streng religiösen Atmo-
sphäre geprägt?*

Ja, allerdings nicht zwanghaft, schon gar nicht von seiten
meiner Mutter. Es handelte sich vielmehr um eine Lebensform. Der Freitagabend war ein Fest; wir feierten die Feste,
insbesondere Chanukka mit all den kleinen Lichtern; wir
hielten die Fastenregeln ein. In Frankreich war die Befolgung
religiöser Vorschriften insofern weniger auffällig, als das
französische Judentum besser integriert, weniger isoliert war,
insbesondere nach 1870. Selbstverständlich gingen wir an hohen Festtagen Freitagabend und am Samstag in die Synagoge,
aber es gab nicht diesen in Deutschland so ausgeprägten Sinn
für die Gemeinschaft, den ich anschließend in Frankfurt kennenlernte.

*In welcher Sprache verständigte man sich bei Ihnen zu
Hause?*

In zwei Sprachen – untereinander deutsch, aber mit Kunden,
Lieferanten und den meisten Freunden französisch. Meine
Eltern hatten viele französische Freunde und standen auch in
Kontakt zu Freunden von Raymond Poincaré. Deshalb gaben sie mir den Namen Raymond – mir, der ich später niemals ihn, wohl aber seinen Vetter Henri verehrte. Es war geplant, daß ich in Frankreich leben und aufs Collège Rollin in
der Avenue Trudaine gehen sollte. Meine Gouvernante war
Deutsche, die Dienstmädchen Französinnen. Mit meiner
schwarzen Katze Mephisto, an der ich sehr hing, sprach ich
französisch. Die erste Tragödie meiner Jugend bestand darin,
vom Tod dieser kleinen Katze zu erfahren, als ich aus den Ferien zurückkam.

   Wir verbrachten unsere Ferien in Le Touquet am Ärmel-
kanal oder in Bad Homburg bei Frankfurt, wo wir mit der
Schwester meiner Mutter und ihren Kindern ein Haus teil-

ten. Dort brachte ich als kleiner Junge – vielleicht ein wenig unangemessen – meinen französischen Patriotismus ungehemmt zum Ausdruck. Die Stadt war nämlich eine Sommerfrische des Kaisers, und ein Zeitvertreib der Feriengäste bestand natürlich darin, sich am Straßenrand einzufinden und ihm beim Vorüberfahren zuzuwinken. Eines Tages weigerte ich mich eigensinnig, den Hut zu ziehen. Einem Souverän, der in meinen Augen »fremd« war, solchen Respekt zu zollen, erschien mir unangemessen, und die Ermahnungen meiner Mutter, die auf Höflichkeit drang, führten lediglich dazu, daß ich an den darauffolgenden Tagen den Hut absichtlich zu Hause ließ.

Wie lange haben Sie in Frankreich gelebt?

Im Juli 1914 befanden wir uns gerade in Le Touquet (Paris-Plage), als plötzlich mein Vater eintraf und unsere Abreise in die Wege leitete. Es war kurz vor der Kriegserklärung, man konnte noch mit dem Zug nach Belgien einreisen, aber die belgisch-deutsche Grenze mußten wir zu Fuß überqueren. Wir waren mit zwei Koffern aufgebrochen und hatten den Rest in Paris zurückgelassen. Die Franzosen konfiszierten alles.

Und so fand ich mich denn im Alter von acht Jahren in Deutschland wieder. Noch war ich das einzige Kind in der Familie, meine Schwester Sonja war noch nicht auf der Welt. Es herrschte Krieg, mit all dem Mangel und den unvermeidlichen Entbehrungen; doch im Vergleich zu den Schrecken des Zweiten Weltkrieges war die Situation nachgerade gnädig; wir konnten uns nicht beklagen. Kurz nach unserer Ankunft in Frankfurt mußte ich in ein Internat gehen. Es wurde von einem Bruder meines Vaters, meinem Onkel Pinkus, geleitet und war eine ausgezeichnete, in Osteuropa sehr bekannte Schule, in die vor allem die Polen ihre Söhne schickten. Ich sollte ins Gymnasium kommen, hatte aber die drei

Jahre dauernde »Vorschule« nicht absolviert, da ich ja in Frankreich zur Schule gegangen war. Zwar sprach ich deutsch, aber ich konnte es nicht korrekt schreiben.

Nach dem etwas harten Nachholunterricht kam ich auf das bekannte Frankfurter Goethe-Gymnasium, wo man Latein und Griechisch lernte. Das Niveau der Schule war sehr hoch, insbesondere der Unterricht der alten, aber auch der modernen Sprachen. Einige meiner Mitschüler wurden später berühmt; beispielsweise der Physiker Hans Bethe,[2] der Entdecker des nach ihm benannten Kohlenstoffzyklus. Während des Zweiten Weltkrieges war er Direktor der Abteilung für theoretische Physik des Manhattan-Projekts und erhielt 1967 den Nobelpreis.

War der Griechischunterricht von diesem Moment an für Sie wegweisend?

Zweifellos, ebenso wie der Latein-, Geschichts- und der Literaturunterricht. Mein Griechischlehrer, Felix Bölte, war ein großer Gelehrter und hatte in der *Realencyklopädie der classischen Alterthumswissenschaften* von Pauly und Wissowa den Artikel über Sparta verfaßt. Er gehörte der berühmten Bonner Schule der griechischen Philologie an und war ein Schüler Hermann Useners. Dank seiner Vermittlung darf ich mich heute als ein »Enkelschüler« Useners bezeichnen. Die andere große Schule der deutschen Philologie war die sogenannte Berliner Schule, jene von Ulrich von Wilamowitz-Moellendorf und Hermann Diels, den Lehrern meines Heidelberger Universitätsprofessors Otto Regenbogen.

Bölte war nicht nur ein Gelehrter. Viele seiner Schüler haben über ihn geschrieben und sich dabei an seine elegante Kleidung sowie an seine, kaum davon zu trennende, große moralische Eleganz erinnert. Er schien einem Modejournal entsprungen und begegnete seinen Schülern mit Höflichkeit und Respekt, als handelte es sich um junge Erwachsene.

Etwa die Hälfte meiner Mitschüler waren Juden, aber ich als einziger schrieb samstags nicht. Meine Familie war recht orthodox, was meine Klassenkameraden stets respektierten. Ich wurde niemals schikaniert, auch nicht im verborgenen. Ein Kind spürt, wenn es einer, sei es auch nur unausgesprochenen Mißbilligung ausgesetzt ist.

Ist Ihr Vater während des Krieges in Ihrer Nähe geblieben?

Nein, er wurde Dolmetscher bei der Armee, in einem großen Kriegsgefangenenlager. Da er gut französisch konnte, mußte er für die Zensurbehörde arbeiten, und zwar zusammen mit einem Mann, der ein guter Freund von ihm wurde: Wilhelm Uhde, ein damals bekannter Kunstkritiker und -sammler, Freund von Picasso, Braque, Juan Gris, Marie Laurencien und vor allem von Rousseau dem Zöllner. Uhde hatte Abhandlungen über van Gogh und die Impressionisten verfaßt. Wie mein Vater, hatte auch er in Paris gelebt und die deutsche Staatsbürgerschaft behalten. Sie beide sollten nun die Briefe der Gefangenen lesen und als Dolmetscher dienen.

Sie tauschten Ihr Gymnasium trotz seines guten Rufs gegen eine vollkommen andere Umgebung ein.

Obgleich mein Vater, der auf traditionelle Unterrichtsformen großen Wert legte, es zunächst strikt ablehnte, gelang es mir doch, seine Zustimmung für meinen Schulwechsel zu erhalten. Ich verließ das Goethe-Gymnasium im Alter von fünfzehn Jahren, um in eine ganz anders konzipierte Schule zu gehen, in eine neuartige Schule, die insofern als Reaktion auf den Unterricht in staatlichen Schulen entstanden war, als man dort nicht mehr mit Hilfe von Noten und Zeugnissen jene Disziplin durchsetzen wollte, die den Deutschen so sehr am Herzen lag. Ich hatte von Freunden davon gehört und war brennend interessiert. Disziplin müsse aus dem Innern entstehen. Man erteilte am Schuljahresende keine Noten; vielmehr sollte der Schüler aus sich heraus den Ansporn entwickeln, etwas zu erfassen, und freiwillig lernen, um zu begreifen. Es handelte sich um ein ganz besonderes Schulsystem, das mehr in die Tiefe ging als das üblicherweise praktizierte. Es war mir sehr hilfreich. Die Schule hatte sich das Pindarsche »Genoio hoios essi« (»Werde, der Du bist«) zur Devise gemacht. Doch während es Pindar darum ging, daß der Vornehme zu dem werde, was seiner hohen Geburt gemäß sei, erwartete man in der Schule, daß die Zöglinge ihre individuellen Anlagen möglichst umfassend entfalteten.

Niemals lernten wir irgend etwas auswendig, aber wir mußten interpretieren und dabei den Geist eines Autors erfassen können. Es handelte sich um die weit über die Landesgrenzen hinaus berühmte Odenwaldschule. Schriftsteller und Intellektuelle wie Thomas Mann, Ernst Cassirer oder Frank Wedekind, Künstler und Nonkonformisten sandten ihr Kinder dorthin. Als junger Mann erlebte ich den Besuch des indischen Dichters Rabindranath Tagore und den vieler anderer mit, die diese Reformpädagogik aus nächster Nähe kennenlernen wollten.

Die deutschen Länder verfügten damals, wie noch heute, über eine relative Unabhängigkeit im Bereich der Bildung. Die Odenwaldschule war 1910 von Paul Geheeb gegründet worden, im Rahmen der reformpädagogischen Bewegung der »Landerziehungsheime«, der es um eine naturnahe Erziehung und um eine Ausbildung des »ganzen Menschen« ging. Zuvor schon hatte Gustav Wyneken – in der Geschichte der Pädagogik kein Unbekannter – mit dem jungen Geheeb die Schule von Wickersdorf geschaffen, und zwar in jenem für die Theatergeschichte berühmten kleinen Herzogtum Sachsen-Meiningen, in dem erstmalig historische Kostüme auf der Bühne eingeführt wurden.

Die Schule von Wickersdorf war die erste koedukative Schule, was damals einer Revolution gleichkam. Wynekens

autokratische Persönlichkeit sowie seine homosexuellen
Neigungen hatten in der Schule eine angespannte Atmosphäre entstehen lassen – wovon Otto Braun in seinem Tagebuch berichtet, das, nach seinem Tod im Ersten Weltkrieg,
von seiner Mutter veröffentlicht wurde.[3] Diese Spannungen
führten zum Ausscheiden von Paul Geheeb und seiner späteren Frau Edith Cassirer, einer Cousine Ernst Cassirers. Die
Eheschließung Ediths mit einem protestantischen Theologen
und Reformer löste übrigens, wie man sich vorstellen kann,
in der Familie der Cassirers einen Schock aus. Dennoch
stellte Ediths Vater, Stadtrat von Berlin und ein großer Mä-
zen, das Geld für die Gründung der neuen Schule im Oden-
wald in Hessen bereit, dessen Großherzog sehr viel aufge-
schlossener war als der Kaiser oder andere Herrscher.

Paul Geheeb war ein außergewöhnlicher Mann, ein Pazifist und großer Vogelliebhaber. Er hatte eine riesengroße Vo-
liere konstruiert, in die er sich täglich begab; dort setzten sich
die Vögel, vor allem ein kleiner Waldkauz, auf seine Schulter.
Als die Nazis später die Schule schlossen, emigrierte er in die
Schweiz und gründete im Berner Oberland die École d'Hu-
manité. Die Anfänge dort waren hart. Er nahm Waisenkinder
auf, deren Eltern in Konzentrationslagern interniert worden
waren und die folglich nichts zahlen konnten. Später stellte
sich der Erfolg ein, und der gute Ruf der Schule verbreitete
sich weltweit. Unter anderen schickte Nehru seine Tochter
dorthin.

*Wie sah die in der Odenwaldschule angewandte Unterrichts-
methode aus?*

Sie unterschied sich grundsätzlich von der in den staatlichen
Schulen praktizierten – und ich habe sie später in meinen
Seminaren übernommen: Zunächst handelte es sich darum,
zu *lesen*. Wenn wir beispielsweise Goethe oder Schiller lasen,
mußten wir erstens die wesentlichen Aussagen des Autors

resümieren; zweitens Fragen zu dem stellen, was sich unterschiedlich interpretieren ließ; und drittens – aber eben erst drittens – ein Urteil fällen und Kritik äußern. Vorrangig ging es um das Verstehen, um das Bemühen, nachzuvollziehen, was der Autor sagt, und darum, es wiedergeben zu können.

Welche Autoren haben Sie am meisten geprägt?

Goethe und Schiller, Lessing und Herder, die viel gelesen wurden. Ich mochte Hölderlin besonders. Es war kein weitgefächertes Programm, aber was wir taten, taten wir intensiv.

Und die klassischen Unterrichtsfächer Latein und Griechisch?

Das Studium der alten Sprachen war dem der modernen nachgeordnet. Leider gab es dafür auch keine sonderlich guten Lehrer. Und so haben mein Freund Walter Solmitz und ich Homer und Platon ohne Anleitung durch einen Lehrer gelesen. Glücklicherweise hatte ich auf dem Goethe-Gymnasium eine gute Wissensgrundlage erlangt. Um Zutritt zur Universität zu erhalten, mußten wir unser Abitur an einem staatlichen Gymnasium ablegen. Ohne große Schwierigkeiten konnte ich meines sechs Monate früher als an einer regulären Schule absolvieren.

An der Odenwaldschule galt die manuelle Arbeit ebensoviel wie die geistige. Ich hatte die Schreinerei gewählt. Aber dafür war ich leider nicht sehr begabt. Wir mußten »Formen« herstellen, damit die Ski nicht brachen. Es wollte mir einfach nicht gelingen, diese riesengroßen Holzblöcke zu glätten. Im Garten mußten wir ebenfalls Arbeiten übernehmen, beispielsweise Gemüse anpflanzen. Dies alles war mir fremd!

Sport hingegen war mir nicht lästig. Jeden Morgen um sieben Uhr, ob es regnete oder schneite, gingen wir hinaus, um zu laufen und Gymnastik zu treiben.

Das war ein wenig spartanisch ...

Ja, aber es war gut. Nur wenn die Witterungsverhältnisse es wirklich gar nicht zuließen, gingen wir morgens nicht ins Freie. Aber das kam sehr selten vor. Wir führten ein gesundes Leben. Und dann gab es noch die großen Sportarten und die Spiele. Ich erfand Spiele für die Nacht. Wir gingen nachts in den Wald; die Jungen waren Knappen, die die Mädchen zu beschützen hatten; es gab zwei Lager; Ziel war es, den anderen ein Band zu entreißen.

Was haben Sie von dieser alternativen Pädagogik zurückbehalten? Wurden Sie davon beeinflußt?

Ich glaube, es war die richtige Pädagogik. Natürlich ging man sehr weit, man wollte, daß schon Kinder darüber entscheiden, was sie tun möchten. Jüngeren muß man jedoch Richtlinien geben. Da das Auswählen Schwierigkeiten bereitet, sollte es älteren Kindern vorbehalten sein.

Meine Erfahrung mit dieser alternativen Pädagogik war sehr positiv. Die Schule funktionierte wie eine demokratische Gemeinschaft, in der die Entscheidungen, die das tägliche Leben betrafen, durch Abstimmung getroffen wurden. Der von der Schulgemeinde gewählte Diskussionsleiter war stets, dem Prinzip der Selbstverwaltung gemäß, ein Schüler. Die Aufgaben wurden demokratisch verteilt. Ich übernahm es häufig, den Tischdienst zu organisieren. Vor den Mahlzeiten sollte ein Schüler etwas rezitieren, ein paar Verse von Goethe oder ein philosophisches Aperçu.

Das Bemerkenswerte an dieser Erziehungsmethode bestand darin, daß sie zugleich die Gemeinschaft und die Individualität hervorhob. Die Schüler wurden nicht in irgendein Raster – sei es das des englischen Gentlemans oder das des Soldaten – gepreßt. Die Größeren sollten lediglich ein Vorbild für die Kleineren sein.

Die Schüler waren in Häusern untergebracht, die jeweils unter der Leitung eines Erziehers standen. Wir waren nicht sehr viele, etwa zweihundertzwanzig Schüler insgesamt und etwa zwanzig pro Haus. Dem Haus, in dem ich mich befand, stand Alwine von Keller vor, eine außergewöhnliche Frau, die sich nicht nur sehr gut mit den englischen Dichtern, sondern auch mit der französischen Mystik, etwa mit Madame Guyon, und sogar mit der hinduistischen Religion auskannte. Die Häuser trugen jeweils den Namen eines der Schulidole: Platon, Goethe, Schiller, Fichte, Herder und Wilhelm von Humboldt, dessen sprachphilosophische, linguistische und geisteswissenschaftliche Betrachtungen heute mehr und mehr gewürdigt werden. Humboldt repräsentierte den deutschen Humanismus. Er wollte eine auf einem echten Humanismus beruhende Universität gründen. Seine Vorstellungen haben mich geprägt, und als ich auf die Universität kam, maß ich sie an den humanistischen Idealen meiner Schule.

Die Schule lag auf einer Anhöhe im Wald und bestand aus mehreren über einem Tal gelegenen Häusern. In der Ferne sah man den Rhein wie ein silbernes Band. Die Aufgabe, die ich am liebsten übernahm, bestand darin, abends die Runde zu machen und mich davon zu überzeugen, daß alle Schulgebäude ordentlich verschlossen waren. Ich erfüllte sie gemeinsam mit meinem Freund Walter Solmitz.[4] In der Kühle der Nacht und dem herrlichen Duft der Nadelbäume durchstreiften wir abends um halb elf das ganze Schulgelände.

Auf der Odenwaldschule haben Sie Klaus Mann kennengelernt?

Ja, aber ich kam nicht häufig mit ihm zusammen. Er war überhaupt nicht sportlich, und er mochte die Spiele nicht, die ich organisierte. Damals begann er schon zu schreiben. Erst sehr viel später lernte ich ihn schätzen. Nach 1933 ging er ins

Exil und eröffnete gemeinsam mit seiner Schwester in Zürich das Kabarett *Die Pfeffermühle*, das die Nazis mit Spott überzog. Und als er auf einem Schriftstellerkongreß in Moskau, zu dem die Sowjets geladen hatten, lebhaft der These widersprach, die Kunst habe nach den ideologischen Richtlinien der Partei die gesellschaftliche Situation widerzuspiegeln, bewunderte ich ihn wirklich. Er unterstrich, daß der Schriftsteller, jenseits der sozialen Lage, den – keineswegs auf gesellschaftliche Verhältnisse zu reduzierenden – Spannungen und tragischen Erlebnissen des Individuums Ausdruck verleihen müsse. Er war sehr begabt. Sein literarisches Werk ist umfangreich, aber von wechselnder Qualität. Sein Buch über Gide und Europa mißfiel dem Betroffenen sehr.[5] Klaus Mann hatte ein trauriges Schicksal, das im Selbstmord endete.

Seinen Bruder Golo kannte ich besser, ich war mit ihm befreundet, als er in Heidelberg Geschichte und Philosophie studierte. Er besuchte die Seminare von Jaspers. Ich sah ihn nahezu täglich. Er war nicht auf die Odenwaldschule, sondern sozusagen zur Konkurrenz gegangen, nach Salem, auf die Schule, die die Disziplin hochhielt – nicht eine preußische, militaristische Disziplin, aber die Disziplin als einen Akt der Beständigkeit. Man mußte dort Mut unter Beweis stellen, indem man beispielsweise Leute vor dem Ertrinken rettete, und sollte stets eine äußere Disziplin bewahren. Salem war eine berühmte Schule, die von der Aristokratie besucht wurde. Golo Mann berichtet in seinen Memoiren davon.[6] Nachdem ich Deutschland verlassen hatte, verlor ich ihn aus den Augen. Als ich mich zu Beginn des Krieges eines Tages in London auf dem Weg zu meinem Büro befand, sah ich an der Ecke Whitehall/Trafalgar Square einen Mann in amerikanischer Uniform, der, offensichtlich betrunken, herumtorkelte – ein keineswegs ungewöhnliches Schauspiel. Plötzlich erkannte ich ihn. Es war Golo Mann, der, als er mich sah, sofort einen Scherz machte. Ich traf ihn während des Krieges mehrere Male wieder, als er für das amerikanische Radio in brillanter Weise der Goebbels-Propaganda Kontra gab, zunächst von England aus, dann, in dem Maße, in dem die Alliierten vorrückten, von Frankreich und Luxemburg aus.

Haben Sie Thomas Mann gekannt?

Gekannt wäre zuviel gesagt. Ich bewunderte sein Werk, aber hatte wenig Sympathie für den Menschen. Die Familie Mann war außergewöhnlich, aber Thomas Mann hatte keine herzliche Beziehung zu seinen Söhnen. Er zog es vor, sie ins Internat zu schicken.

Hatten Sie zu dem Zeitpunkt, als Sie die Odenwaldschule besuchten, bereits eine Ahnung davon oder sogar den Plan, daß Sie Ihr Leben der Ideengeschichte und der Geschichte der Philosophie widmen würden?

Ja, mich beschäftigte das Problem des Menschen, und um zu wissen, was der Mensch sei, mußte ich wissen, was über den Menschen gedacht worden war, mußte also die Philosophie von ihren griechischen Anfängen an kennen. Um jedoch Zugang zur griechischen Philosophie zu bekommen, reichte es meiner festen Überzeugung zufolge nicht aus, allein die Werke der Philosophen zu lesen; man mußte vielmehr die *Sprache* der Philosophen, die griechische Sprache beherrschen. Das Studium der griechischen Dichtung hielt ich ebenso für notwendig. In der Schule konnte man zwischen den Unterrichtsfächern wechseln, und das tat ich. Als ich die Odenwaldschule verließ, um an die Universität zu gehen, belegte ich zunächst Seminare im Bereich der Klassischen Philologie – also in Griechisch und Latein – und in Philosophie. Ich war übrigens der Auffassung, daß man sich der Philosophie und überhaupt der Kultur allein mit Hilfe des Schriftlichen nur unzulänglich annähern könne, daß man stets auch die Kunst kennen müsse – weshalb ich Archäologie-Seminare besuchte.

An welche Universität sind Sie zunächst gegangen und weshalb?

Nach Heidelberg, wegen der Tradition dieser Universität, die den Häretiker Spinoza eingeladen hatte – der allerdings die Einladung ausschlug – und in der Hegel und andere große Wissenschaftler, vor allem Max Weber, gelehrt hatten. Webers Neffen und seine Nichte – drei Jungen und ein Mädchen, die er nach dem Selbstmord seiner Schwester adoptiert hatte – waren wie ich in die Odenwaldschule gegangen und, insbesondere die jüngsten, Hermann und Max Weber-Schäfer, enge Freunde von mir geworden.

Und wegen der Schönheit dieser von der großen Schloßruine beherrschten Stadt, die von der Erinnerung an die romantischen Dichter, die sie zu ihrem Wohnsitz gewählt hatten, geprägt war.

Ich bin 1921 mit siebzehn Jahren dorthin gekommen und habe eine unvergeßliche Erinnerung daran. Hölderlin schrieb über Heidelberg:

> Lange lieb ich dich schon, möchte dich, mir zur Lust,
> Mutter nennen und dir schenken ein kunstlos Lied,
> Du der Vaterlandsstädte
> Ländlichschönste, so viel ich sah.

Sie sind oft den Philosophenweg entlangspaziert?

Ja, damals gab es noch nicht viel Verkehr. Wer motorisiert war, fuhr weit an der Stadt vorbei. Es herrschte noch die alte Kultur. In den Kaffeehäusern wurde eifrig diskutiert. Ich erinnere mich an das berühmte Café Krall, in dem sich stets ein alter Weiser namens Wildhagen einfand; er war ein Schüler

Hermann Cohens in Marburg gewesen. Er versammelte Studenten wie den jungen Philosophen Theodorakopoulos um sich, der auf griechisch eine Eloge auf Heidelberg geschrieben hat. Wir unterhielten uns, tauschten uns aus, führten anregende Gespräche.

Wer waren Ihre ersten Lehrer in Heidelberg?

Ich begann mit dem Studium der klassischen Sprachen und der Philosophie, und durch einen glücklichen Zufall lernte ich Karl Jaspers kennen. Zur Ergänzung schrieb ich mich in das Seminar eines der bedeutendsten Archäologen des Jahrhunderts, Ludwig Curtius, ein, ein Seminar, das von einer Gruppe sehr fortgeschrittener Wissenschaftler und Forscher besucht wurde. Die beiden gängigen Formen universitärer Lehre, Vorlesung und Seminar, folgten damals noch sehr strengen Regeln. Da gab es zunächst die Vorlesungen, die vor einem manchmal recht ansehnlichen Auditorium stattfanden. Wenn der Professor eintrat, war es Usus, daß die Zuhörer applaudierten, indem sie mit den Füßen stampften. Man lauschte andächtig und stellte keinerlei Fragen. Im Gegensatz dazu versammelte man sich im Seminar um einen großen Tisch. Die Studenten hielten Referate, an die sich ein Austausch von Fragen und Antworten anschloß. Nachdem ich trotz meiner mangelnden Studienerfahrung in das Seminar von Curtius aufgenommen worden war, sollte ich zu meiner großen Verblüffung als erster ein Referat halten. Es ging um die diffizile Interpretation eines griechischen Textes von Pausanias über die Kunstwerke, die er während seiner Reisen gesehen hatte. Man sagte zu mir: »Sie kommen doch aus diesem Schulparadies, nicht wahr? Wir möchten gern einmal sehen, was Sie können!«

Ich hielt ein Referat, das sich vier Wochen lang hinzog. Meine These lief darauf hinaus, daß sich manche seiner widersprüchlichen Behauptungen mit guten Argumenten verteidigen ließen und daß die Beurteilung nicht immer auf Vernunftgründen, sondern häufig auf Entscheidungen basiere, in die die Gefühle des Interpreten eingegangen waren. Mit dieser Schlußfolgerung glaubte ich der gelehrten Versammlung etwas Ketzerisches zu unterbreiten. Statt dessen folgte jedoch eine lebhafte Diskussion. Meine Argumentation hatte dem am Seminar teilnehmenden Philosophen Karl Jaspers gefallen. Er lud mich zu sich ein, und so kam ich in die privilegierte Situation, ihn während des Semesters in seinem Haus zu besuchen.

Ich begegnete auch seinem Gegner Heinrich Rickert. Ich habe beide persönlich gekannt, und beide haben sich mir gegenüber äußerst liebenswürdig verhalten. Als ich meine Habilitation verteidigen mußte, um Privatdozent zu werden, sprach ich über den Freiheits- und den Geschichtsbegriff in einer Weise, die sich letztlich gegen Jaspers richtete. Er diskutierte mit mir, aber stellte sich mir nicht in den Weg, obgleich ich nicht mit ihm übereinstimmte.

Und worin bestand die Rivalität zwischen Rickert und Jaspers in philosophischer Hinsicht?

Rickert war der große Meister der alten Schule. In der Nachfolge von Windelband galt er seit dem Ende des 19. Jahrhunderts als ein berühmter Repräsentant der südwestdeutschen Schule des Neukantianismus. Er vertrat eine Wertphilosophie, mit der er den Unterschied zwischen der Welt der Werte und der Welt des Wirklichen begründen wollte, einen Unterschied, der nur vom wertenden Subjekt überwunden werden könne – wodurch Rickert die Objektivität der Werte und die Subjektivität der wertenden Handlungen miteinander zu versöhnen hoffte. Er war einer der letzten Philosophen, die ein allumfassendes philosophisches System schaffen wollten, dessen Schematismus sich in Diagrammen komprimieren ließ, die sich – um dem Leser den unmittelbaren Zugang zu erleichtern – auf mehrfach gefalteten Seiten am Ende des jeweiligen Werkes befanden. Er bestritt den Überlegen- heitsanspruch der Naturwissenschaften gegenüber den Gei- steswissenschaften, der sich auf deren vermeintlichen Mangel an Exaktheit berief, und zeigte die Grenzen gerade der natur- wissenschaftlichen Begriffsbildung.[7] Indem Rickert die ver- schiedenen Begriffsformen streng voneinander schied, be- freite und entlastete er die Geisteswissenschaften in einem gewissen Sinne von dem Vorwurf, nicht wissenschaftlich zu sein. Mehr noch: Er wies nach, daß die Geisteswissenschaften sehr wohl Wissenschaften sind, wenn auch »Wissenschaften« in einem anderen Sinn. Für kürzere Zeit war er der Lehrer des jungen Heidegger. Zu der Zeit, als ich in Heidelberg studierte, galt er einer Schar von Forschern, die jedes Jahr aus Japan und anderen Ländern anreisten, als eine Art Halbgott. Es war ein Mann, der große Meriten hatte, aber als Oberhaupt einer Schule auch keinerlei Geduld gegenüber den neuen Geistes- strömungen aufbrachte, die er als *Lebensphilosophie* bezeich- nete und aus der sich später die Existenzphilosophie entwik- kelte. Alles, was die Existenz berührte, war für ihn Tabu.

Dies genau war die Domäne von Karl Jaspers,[8] der zu- nächst die *Allgemeine Psychopathologie* verfaßt hatte, eine Einführung in die philosophischen Begriffe, die von jeglicher Psychopathologie stillschweigend vorausgesetzt werden, und später die *Psychologie der Weltanschauungen*. Anschlie- ßend arbeitete er über den modernen Geist und entwickelte eine *Philosophie* in drei Bänden, ein bemerkenswertes Unter- fangen. Diese Philosophie beruht auf rationalem Denken, weist aber nach, daß man das rationale Denken überschreiten müsse. Seinem Verständnis nach nimmt die Philosophie den ganzen Menschen in die Pflicht. Sie ist diese Verpflichtung selbst, eine Verpflichtung auf die Wahrheit, eine freie und ab- solute Verpflichtung der Existenz. Die *Existenzerhellung* war ein seinen Zuhörern vertrauter Begriff. Über seine Ent- scheidungen engagiere sich der Mensch und vergegenwärtige seine Existenz, und lediglich in »Grenzsituationen« werde er sich seines Seins bewußt. Das menschliche Wesen finde, so Jaspers, nur mit einem anderen Wesen und niemals über das bloße Wissen zu sich selbst. Daher die Bedeutung, die er der *Kommunikation* beimaß. Dieser Terminus bezeichnete für ihn nicht den Informationsaustausch, sondern die Möglichkeit, den Geist des anderen zu erfassen, an seinem Geistesleben teilzuhaben und ein ganz persönliches Band als Grundlage allen Verstehens zu schaffen. Diese These wurde für die Existenzphilosophie grundlegend und spielte bei der Entwicklung der zeitgenössischen Hermeneutik eine große Rolle. Für Jaspers war die Wissenschaft eine Grundbedingung jeglicher philosophischen Bemühung. Unter Berufung auf Kant betonte er, daß sie über Normen der Evidenz verfüge, denen die Philosophie Rechnung zu tragen habe, aber er bestand darauf, daß das Wesen der Philosophie sich niemals auf die Klarheit der Vernunft reduzieren lasse. Er sprach von der Transzendenz, die alle rationalen Gedanken überschreite; im Scheitern der Vernunft sah er eine der »Chiffren«, die man zu lesen verstehen müsse, eines der Zeichen, in dem sich die Transzendenz manifestiere. Wenn Jaspers folglich vom absoluten Ganzen, dem nicht umgriffenen Umgreifenden, sprach, wagte er es nicht, es vom Begriff her zu verstehen und rational zu erklären. Hingegen wiederholte er immer wieder gern, »daß der Anspruch auf totale philosophische Erkenntnis ein totalitärer Anspruch im negativen Sinn des Wortes« sei.

War der Einfluß von Wilhelm Dilthey, den man als den Vater der Hermeneutik ansieht, sehr spürbar?

Sicher, aber Jaspers sah im Historizismus etwas sehr Begrenztes, das es durch persönliches Engagement mit der Deutung und mit der Wahl des eigenen Lebens zu überwinden galt. Diese Kategorien des Engagements waren für ihn

zentral, und in dieser Hinsicht machte er das Denken Kierke-
gaards und wichtige Begriffe wie den des existentiellen
Sprungs geltend. In einem bestimmten Moment könne das
rationale Denken nicht mehr weiterhelfen. Man müsse einen
Sprung wagen, um in einem Element Wurzeln zu schlagen,
das sich nicht auf die Kategorien der reinen Vernunft reduzieren lasse.

*Sie waren bei der Familie Weber regelmäßig zu Gast, Sie
konnten den Einfluß des Weberschen Denkens ermessen.
In* Wissenschaft als Beruf *erklärt Max Weber:* »Wissenschaftliche Schulung aber, wie wir sie nach der Tradition der deutschen Universitäten an diesen betreiben sollen, ist eine gei-
stesaristokratische Angelegenheit«, *und weiter schreibt er, die
Erlösung vom Rationalismus der Wissenschaft sei eine der
Grundparolen,* »die man aus allem Empfinden unserer religiös gestimmten oder nach religiösem Erlebnis strebenden Jugend heraushört. Und nicht nur für das religiöse, nein für das
Erlebnis überhaupt. Befremdlich ist nur der Weg, der nun ein-
geschlagen wird: daß nämlich das einzige, was bis dahin der
Intellektualismus noch nicht berührt hatte: eben jene Sphären
des Irrationalen, jetzt ins Bewußtsein erhoben und unter seine
Lupe genommen werden.«[9] *Wenn man diesen Text liest und
Sie über die Existenzphilosophie von Karl Jaspers sprechen
hört, drängt sich die Bedeutung auf, die das Werk Max Webers
der Erfahrung und dem ganzen affektiven Bereich zubilligt.
Ich möchte Sie darum bitten, uns zu berichten, wie Sie damals
in Ihrer Ausbildung diesen Wendepunkt im geistigen Klima
Heidelbergs erlebt haben. Begegnete man dem Rationalismus
wirklich mit Mißtrauen, oder stand dahinter vielmehr ein Bedürfnis, seine Grenzen kenntlich zu machen, um ihm desto
besser genügen zu können?*

Es gab natürlich unterschiedliche Strömungen. Um sie verstehen zu können, muß man die Seelenlage der Deutschen

nach dem Ersten Weltkrieg berücksichtigen. Der Zusammenbruch des plötzlich zum ersten Mal besiegten Kaiserreichs war für viele eine Katastrophe. Es herrschte ein starker Irrationalismus, der den Menschen half, nicht zu verzweifeln. Man flüchtete sich in alle möglichen Glaubens- und Kultformen. In Oswald Spenglers Buch *Der Untergang des Abendlandes*[10] drückte sich hingegen ein erschreckender Pessimismus aus. Auf der einen Seite dieser Pessimismus, auf der anderen die Nationalisten, die nicht wahrhaben wollten, daß Deutschland wirklich besiegt worden war. In ihren Augen war »der innere Feind« – die intellektuelle Linke, die Juden – an der Niederlage schuld. Andere wieder wollten beweisen, daß das ganze Denken reformiert werden müßte. Man brauchte in Deutschland einen neuen Glauben, und offensichtlich sollte sich jegliche Wissenschaft, jegliche universitäre Lehre nach diesem neuen Glauben richten. Es ging also darum, die Rolle des Universitätslehrers zu bestimmen. Sollte er ein Prophet oder eher ein Gelehrter sein, der sich den Forderungen, die die Vernunft an ihn stellt, unterwirft?

Max Weber hatte den falschen Propheten den Kampf angesagt. Er wollte nachweisen, daß die Lehre der Universität ein Dienst zu sein habe. Der Professor dürfe nicht als Verfechter dieser oder jener Glaubensvorstellung, dieser oder jener Partei auftreten. Er müsse sich vielmehr den strengen Anforderungen wissenschaftlicher Begriffe stellen und seine Arbeit den wissenschaftlichen Begriffen und Methoden unterwerfen. Man zitierte seine Bemerkung, daß von allen Arten der Prophetie die des Professors als einzige schlicht unerträglich sei. Der Begriff der *Wertfreiheit*, das Postulat, alle Werturteile müßten aus der wissenschaftlichen Diskussion ausgeschlossen sein, bot Anlaß zu lebhaften Diskussionen unter denjenigen, die wie ich die These verfochten, daß die Theoriebildung an sich mit der praktischen Vernunft verbunden sei und, selbst unwillentlich, stets ein Urteilen impliziere. Offensichtlich führen wir immer schon Werte in die Beob-

achtung von Phänomenen, insbesondere von sozialen und
den Menschen betreffenden Phänomenen, mit ein. Wir formulieren Werturteile, aber wir müssen sie als solche erkennen
und uns darum bemühen, sie aus unserer Beurteilung einer
Situation und aus der Lehre auszuschließen. Der Professor
solle der Wahrheit dienen. Das war Max Webers Ideal. Nicht
der persönlichen Wahrheit, sondern einer Wahrheit, die über
ihn, über die Individuen hinausgehe. Einer Wahrheit, die er
zwar auf seine Weise betrachte, der er aber – soweit es in seiner Macht stehe – dazu verhelfen wolle, daß sie von den mit
ihr verbundenen Werturteilen und gefühlsmäßigen Irrationa-
lismen befreit werde.

Forderte Jaspers von seinen Studenten eine Art Ergebenheit?
Gab es zwischen seinen Studenten und ihm eine Geistesge-
meinschaft?

Es gab eine echte Geistesgemeinschaft, aber er forderte nicht,
daß man ihm folge. Zwei seiner Studentinnen wurden später
recht bekannt, Hannah Arendt und – meiner Ansicht nach
die viel bedeutendere – Jeanne Hersch, Philosophin in Genf.
Beide, vor allem aber Jeanne Hersch, spannen sein Denken in
gewisser Weise fort; Jeanne Hersch hat ihn vielleicht sogar
überholt und blieb ihm doch zugleich treu.[11] Er verlangte
keine blinde Gefolgschaft. Im Gegenteil, er ermunterte
durchaus zur Diskussion; allerdings war die Fähigkeit dieses
großen Psychologen, den anderen zu verstehen, begrenzt.
Wenn er im Seminar die Notwendigkeit dieses Verstehens beschwor, wurde das Ideal hochgehalten, war man jedoch – so
vertraute mir Jeanne Hersch eines Tages an – mit ihm als Person konfrontiert, schien Jaspers weit vom Individuum entfernt und abwesend zu sein. Sicher, die geistvollen Gespräche
mit ihm sind unvergeßlich, beispielsweise wenn er über Humboldt redete. Er selbst ging wenig aus dem Haus, sein Ge-
sundheitszustand war anfällig, und wie seine Korrespondenz

mit Heidegger zeigt, besaß er außergewöhnliche menschliche Größe. Mit siebzehn, achtzehn Jahren stand ich ihm sehr nahe. Beeindruckt von dem, was ich ihm über die Odenwaldschule berichtet hatte, empfahl er sie seinem Onkel, Herrn Jantzen, dem damaligen Ministerpräsidenten von Oldenburg, für ein Mitglied seiner Familie. Meine letzte Erinnerung an Frau Jaspers, die Jüdin war, geht auf das Jahr 1933 zurück. Als ich sie nach der Machtergreifung der Nationalsozialisten auf der Alten Brücke in Heidelberg traf, sagte sie die wenig tröstlichen Worte zu mir: »Ihr Leben ist zerstört.«

Welche Erinnerungen haben Sie an Hannah Arendt?

Ich kannte sie als Studentin, als sie sich zu Heidegger hingezogen fühlte; sicherlich handelte es sich um eine ungewöhnlich intelligente Frau, dennoch scheint mir der Ruf, den sie heute genießt, ein wenig überzogen. Sie fand gute Formulierungen, aber wenn man genau hinschaut, geht ihr Denken nicht sehr in die Tiefe. Sie ist eher eine Schriftstellerin als die Verfasserin einer philosophischen Grundlagenkritik.

In Heidelberg befanden Sie sich also im Einflußbereich des Philosophen Karl Jaspers. Sie haben ebenfalls in Kiel studiert. War das vorher oder nachher?

Karl Jaspers hat mich für diesen Aufenthalt in Kiel weiterempfohlen, und in gewisser Weise veränderte dies mein Leben. Zu Beginn des Jahres 1924, einige Jahre nach der Niederlage Deutschlands, herrschten Inflation und materielle Not. Es war schwierig, nachmittags Brot zu kaufen, weil sich sein Preis seit dem Morgen verdoppelt hatte. Die Studenten verfügten schlicht nicht über die Mittel, um mit solchen enormen Preisschwankungen mithalten zu können, die Inflation hatte uns in ihrer Gewalt. Plötzlich gab es da jenes Angebot eines steinreichen Deutschen, der während des Krieges sehr viel Geld verdient hatte und nun etwas für die Zukunft des Landes tun wollte, indem er sich darum bemühte, eine – wie er es nannte – *Führerschicht* aufzubauen, die zur Erneuerung Deutschlands beitragen sollte. Er wollte aus ganz Deutschland die zweihundert fähigsten Studenten rekrutieren. Für Heidelberg sollte Jaspers die Auswahl treffen. Er sagte zu mir: »Sie müssen nach Kiel gehen.« So fand ich mich also mit hundertneunundneunzig anderen, von überall her eintreffenden Studenten in Norddeutschland an der Ostsee wieder. Ich konnte sehen, was für ein Leben sie führten. Nicht alle, aber die meisten von ihnen arbeiteten tagsüber recht emsig. Der Abend ... war der Ausschweifung vorbehalten. Das war ein weithin – freilich nicht von allen – akzeptierter Ritus.

In Kiel hatte ich das Glück, zum letzten Assistenten des damals siebzigjährigen Ferdinand Tönnies, des wahren Begründers der deutschen Soziologie, ernannt zu werden. 1887 hatte er sein Hauptwerk *Gemeinschaft und Gesellschaft* verfaßt,[12] in dem er die auf Gefühl und organischen Bindungen beruhende Gemeinschaft der mechanischen zeitgenössischen Gesellschaft gegenüberstellt, ein Werk, das die Jugendbewegung in Deutschland inspirierte. Die Suche nach jener verlorengegangenen Gemeinschaft hatte zu dieser Zeit außerordentlich an Bedeutung gewonnen. Die Jugendbewegung war zu Beginn des Jahrhunderts entstanden: Man sah, daß man sich von der Gesellschaft entfernen müsse, um die Gemeinschaft zurückzugewinnen. Aber wie sollte man das tun? Indem man beispielsweise wie die Pfadfinder kurze Hosen und keine Krawatte trug; indem man in Gruppen in den Wald zog und um Lagerfeuer tanzte und sang; indem man ein bis zwei Wochen an einer Art Wallfahrt teilnahm, bei der sich so etwas wie eine geistige Übereinstimmung herstellte: Das ist die *Gemeinschaft*. Diese Bewegung war für die Jugend sehr wichtig, und die Nazis haben es verstanden, sich ihrer Symbolik zu bemächtigen. Der historische Fehler der Weimarer Republik bestand in der Abwesenheit aller Symbole, die Begeisterung hervorrufen konnten; die Nazis erkannten hingegen die Bedeutung des Sichtbaren, des sichtbaren Symbols.

Auch diese Soziologie barg eine Art Romantizismus in sich, eben in der Gegenüberstellung von Gemeinschaft und Gesellschaft. Hier handelt es sich wirklich um alte germanische Werte. Mit dem Gemeinschaftssinn sind instinktive, affektive Bindungen gemeint, während die Gesellschaft für das Kalkül, den Vertrag steht.

Tönnies erzählte mir, wie er als junger Mann die ersten Streiks in Hamburg gesehen und sich für das Los der Arbeiter interessiert hatte. Er kam aus einem ostfriesischen Patriziermilieu in Husum. Von der Notlage der Arbeiter bewegt, richtete sich sein Interesse auf die Tatsache, daß ihr Gefühl der Zugehörigkeit zur Nation zerstört war. Er stellte fest, daß die moderne Gesellschaft der Ort eines Nationalismus ist, der mit keiner Gemeinschaft mehr korrespondiert. Dieses Festhalten an der Gemeinschaft hat ihn jedoch niemals zu einem Mann der Rechten werden lassen, im Gegenteil. Als er seiner Frage nachging, entdeckte er die Literatur der sozialistischen Theoretiker. Als sehr junger Mann nahm er sich vor, Marx kennenzulernen; da dieser jedoch bereits 1883 verstarb, schrieb er an Friedrich Engels, der ihn nach London einlud. Gleich nach seiner Ankunft ging Tönnies ins British Museum, und der Zufall wollte es, daß dieser junge, eben gerade in England von Bord gegangene Deutsche eine wichtige Entdeckung machte: das Manuskript eines noch unveröffentlichten Werkes von Hobbes! Er interessierte sich sehr für die Hobbessche Staatstheorie.

Tönnies erzählte mir viel von seinen Zusammentreffen mit Engels. Also, um ein Spiel zu spielen, das ich erfunden habe, um die Aufmerksamkeit schläfriger Studenten nach einem etwas schwierigen Seminar zu erregen: Zwischen Engels und mir liegt nur ein Händedruck; zwischen Marx und mir zwei. Zwischen Marx und Ihnen hingegen sind es drei...

Waren diese Monate in Kiel fruchtbar für Sie?

Ich habe viel gelernt. Tönnies war mir gegenüber sehr freundlich. Ich habe diesen sehr würdevollen Mann in guter Erinnerung. Harry Graf Kessler erzählt in seinem *Tagebuch*, einem der kostbarsten Dokumente aus der Zwischenkriegszeit, daß Tönnies im Jahr 1933, einen Monat nach der Machtergreifung Hitlers, Hitler als »Clown« bezeichnet habe. Tönnies führte mich in die sogenannte Moralstatistik ein. Diese Forschungen, die französische Ideen aus dem 18. Jahrhundert aufgriffen, stellten Versuche dar, sich den gesellschaftlichen Bewegungen und der Rolle des Individuums innerhalb dieser Bewegungen auf wissenschaftliche Weise zu nähern. Indem Tönnies das Frankreich des 18. Jahrhunderts, für das er eine statistische Analyse des Selbstmords erarbeitet hatte, als Beispiel wählte, zeigte er mir, wie man die Statistiken nach Geschlecht, Alter, Region, Jahreszeiten etc. aufschlüsseln könne. Und all das mit einer unglaublich stabilen Regelmäßigkeit! Es gibt so viele Dinge, die sich quantifizieren lassen. Für mich, der ich humanistisch erzogen war, handelte es sich hier um einen neuen Ansatz, den ich übrigens während des Krieges anwenden konnte.

Zu dieser Zeit entstanden und entwickelten sich die Gesellschafts- und Sozialwissenschaften gerade. Waren Sie niemals versucht, sich selbst an der Soziologie, an dieser Sozialphilosophie auszurichten, die damals überall in Deutschland ihre Bedeutung unter Beweis stellte?

Ich bewunderte die Soziologie von Weber und Tönnies, aber ich bewunderte sie vor allem, weil diese Soziologen über profunde Geschichtskenntnisse verfügten. Ich stellte fest, daß die nachfolgende Generation in der Soziologie ein Mittel sah, die Geschichte im Lichte bestimmter Begriffe zu bemeistern. Wenn man die Terminologie kannte, wenn man einen be-

stimmten Begriff benennen konnte, der die Phänomene zu
erfassen schien, glaubte man schon, sie zu begreifen. Man
ging nicht vom historischen Individuum oder von Fakten,
sondern von Begriffen aus. Man subsumierte Ereignisse und
Realitäten unter Begriffe, anstatt beim tiefen Wissen um die
Einzigartigkeit der Geschichte und der Zeiterfahrung anzu-
setzen. Man ging von der Universalität der soziologischen
Terminologie aus und wandte sie auf die Geschichte an – was
in meinen Augen ein völlig falsches Vorgehen war. Mir schienen die Schüler Max Webers den Meister zu verraten. So, wie
sie praktiziert wurde, stand ich der Soziologie äußerst kritisch gegenüber.

*Sie nutzten ihren Aufenthalt in Norddeutschland, um nach
Berlin zu gehen und Wilamowitz zu hören.*

Diese Reise machte ich eigens von Hamburg aus. Ich werde
dieses Bild nie vergessen: Wilamowitz war zu diesem Zeitpunkt fast achtzig Jahre alt. Er sah aus wie vergilbtes Perga-
ment. An diesem Tag sollte er über Perikles sprechen.
    Ich war ihm gegenüber sehr voreingenommen. Man hatte
ihn in der von George gegründeten Zeitschrift *Blätter für die
Kunst* angeprangert, denn seine Übersetzung der griechischen Tragödien galt als Majestätsverbrechen: Er hatte die
Verse in Prosa übertragen; man warf ihm vor, die spezifisch
dichterischen Werte zu entstellen und keine Ahnung von
Kunst zu haben; mit seinem Stil trivialisiere er die Tragödie
ebenso wie Platons Schriften. Zudem drückte er sich wie ein
Junker aus, und das mißfiel mir sehr!
    Plötzlich begann er, Plutarch zu zitieren und zu interpre-
tieren. Und da . . . seine Sprache war unvergeßlich, er kannte
die Nuancen eines jeden Wortes! Seine Interpretation dessen,
was Plutarch über Perikles gesagt hat, faszinierte mich und
hinterließ bei mir einen tiefen, unvergeßlichen Eindruck.

Nach den sechs Monaten in Kiel sind Sie nach Heidelberg zu-
rückgekehrt. Aber ein Jahr später veranlaßte Sie eine Einla-
dung, neuerlich Ihre Heimatuniversität zu verlassen und
nach Hamburg zu gehen. Diese Einladung war nicht unbe-
deutend, denn sie ging von Ernst Cassirer aus, einer der gro-
ßen Gestalten der deutschen Philosophie. Wie war dieser
Kontakt zustande gekommen?

In Heidelberg hatte ich den Studenten Heinz Cassirer, Cassirers Sohn, kennengelernt, einen außerordentlich begabten
Mann, von dem ein Werk über *De anima* von Aristoteles
stammt.[13] Er hatte seinem Vater von mir erzählt. Ich kannte
zunächst nur Ernst Cassirers Werk, ihm selbst begegnete ich
dann in Heidelberg, als er gerade im Begriff war, seine Tochter in die Odenwaldschule zu bringen. Im Jahr 1926 lud er
mich nach Hamburg ein, um dort meine Studien fortzuset-
zen. Ich wohnte und arbeitete in seinem Haus und spielte mit
ihm Schach. Das Leben bei ihm war äußerst angenehm. Er besaß eine herrliche Bibliothek. Tagsüber arbeitete er in seinem
Studienzimmer, und allabendlich empfing er eine erlesene
Gesellschaft. Frau Cassirer war gebürtige Wienerin und eine
großartige Gastgeberin. Es ist nicht leicht, sich die Atmosphäre im Hause Cassirer vorzustellen. Dieser Kreis in Hamburg war, wie ich ihn gekannt habe, glücklich, lebhaft und
kultiviert. Musiker wie der Pianist Arthur Schnabel verkehr-
ten dort. Die Familie von Frau Cassirer hatte ihn in Wien pro-
tegiert, als er jung und mittellos gewesen war. Auch Maler kamen zu Besuch... Man hatte wirklich nicht den Eindruck,
daß eine weltpolitische Katastrophe bevorstand. Ich besuchte
Cassirers Seminar über Kant und den Einfluß der Kantischen
Vorstellungen auf die Ästhetik. Ein Jahr verbrachte ich in
Hamburg, bevor ich wieder nach Heidelberg ging.
    Diese gleiche Ausgeglichenheit, diese Schlichtheit im
Überfluß herrschte auch in der Familie meiner treuen Freundin Lotte Labowsky, die ebenfalls in Hamburg wohnte und

die ich während ihres Studiums der klassischen Philologie in Heidelberg kennengelernt hatte. Ein Lebensstil ohne Großtun, gute Küche, schöne Möbel, silberne Schalen voller Früchte. Vor dem Beginn der dreißiger Jahre durchlebte Deutschland eine kurze glückliche Phase, während der die politischen Spannungen weniger deutlich hervortraten und das soziale Leben vor Angriffen von außen geschützt schien. Es war wie ein Abglanz jener Atmosphäre, die vor 1914 in Europa geherrscht hatte. Häufig heißt es, wer Europa nicht vor 1914 gekannt habe, wisse nicht, was das schöne Leben sei. Dies freilich ist lediglich eine Wiederholung dessen, was Talleyrand über das Frankreich vor 1789 gesagt hat.

Während meines Aufenthaltes in Hamburg lernte ich Frau Cassirer als eine bemerkenswerte Frau kennen. Nach Cassirers Tod überredete ich sie dazu, über ihren Mann zu schreiben. So entstand *Mein Leben mit Ernst Cassirer*, ein Buch, das heute leider vergriffen ist.[14] Der Text kursierte zunächst als Typoskript, aber die Nachfrage war so groß, daß er dann doch gedruckt wurde. Der Bericht ist insbesondere deshalb interessant, weil in ihm jene berühmte Begegnung zwischen Cassirer und Heidegger im Jahr 1927 in Davos beschrieben wird, bei dem es in gewissem Sinne um die Zukunft der deutschen Philosophie ging – eine Begegnung, über die so viele Leute geschrieben haben und die insbesondere in vielen französischen Veröffentlichungen dargestellt wird, denen es jedoch an Unmittelbarkeit mangelt.

Wenn man berücksichtigt, daß Sie bereits auf die Arbeit an Saturn und Melancholie *zusteuerten – haben Sie sich damals bereits für die Cassirersche Auffassung von Kunst und Religion als Symbolik interessiert?*

Sie interessierte mich, aber ich kann nicht sagen, daß ihr Einfluß für mich entscheidend gewesen wäre, denn mit diesen Fragen hatte ich mich bereits zuvor befaßt. Ich kam aus Hei-

delberg, wo ich ab 1923 in eine außergewöhnliche literarische
Atmosphäre eingetaucht war. Und ich war schon in meiner
Schule durch den Literaturunterricht einer Lehrerin sehr geprägt worden, einer anderen Cousine Cassirers und Freundin von Rilke, Eva Cassirer. Übrigens wurde ihr Briefwechsel mit Rilke veröffentlicht. Sie unterrichtete Deutsch. Sie
hatte kein Universitätsstudium absolviert, kannte sich aber in
der Dichtung sehr gut aus; bei ihr erhielt man wirklich ein so-
lides Wissen über deutsche Literatur und Dichtung.

In Hamburg stellte mich Cassirer Aby Warburg vor, dem
Gründer jener Bibliothek, die seither seinen Namen trägt, ein
genialer Mann, dessen Einfluß noch heute in der Kunstgeschichte sowie auf dem Gebiet der Ideengeschichte und der
Geschichte der Symbole spürbar ist. Dieses Zusammentreffen war für mich von großer Bedeutung.

Warburg wollte, daß ich ihm in der Bibliothek zur Hand
ging, was ich auch tat. Ich ordnete die Bereiche Philosophie,
Enzyklopädien und klassische Philologie. Natürlich lernte
ich dabei den damaligen Assistenten von Warburg Fritz Saxl
kennen, wie auch Erwin Panofsky, der Professor für Kunstgeschichte war. Sie hatten 1923 gemeinsam ein schönes, sehr
interessantes Buch über Dürers Kupferstich *Melencolia* verfaßt. Ich nahm mir jedoch die Freiheit, es zu kritisieren, denn
es schien mir nicht genügend die philosophischen und theo-
logischen Wurzeln der unterschiedlichen Melancholie-Auf-
fassungen zu berücksichtigen. Zu meinem großen Erstaunen
sahen sie meine Einwürfe als berechtigt an und forderten
mich dazu auf, sie auszuformulieren. Daraus entstand der
Wunsch, ein neues Buch zu schreiben, von dem ich Ihnen
noch werde berichten müssen.

Aby Warburg hatte mit der finanziellen Hilfe seiner Familie, einer Bankiersfamilie, ganz seinen Interessen folgend
Tausende von Büchern gesammelt. Er stellte seine Bibliothek
Studenten und Forschern zur Verfügung, die dort auf ein pa-
radiesisches Labyrinth stießen. Die elliptische Form des gro-

ßen Bibliothekssaals hatte ihn bei seiner ersten Unterhaltung mit Cassirer zu einem Gespräch über Kepler veranlaßt. Fritz Saxl, der nach Warburgs Tod im Jahr 1929 Direktor wurde, erzählte, beim ersten Besuch in dieser Bibliothek, in der die Bücher nach dem Prinzip gutnachbarlicher Beziehungen zusammengestellt waren – wobei gerade das unbekannte Buch in einer Reihe häufig dasjenige war, dessen man bedurfte –, habe Cassirer erklärt, daß er flüchten müsse, wenn er nicht auf Jahre hier zum Gefangenen werden wolle![15] Der dieses paradiesische Labyrinth geschaffen hatte, war eine Persönlichkeit, deren Vielschichtigkeit und deren enzyklopädisches Wissen einen seltenen Reichtum hervorgebracht hatten. In seinen Augen galten Magie und Astrologie als Geisteskräfte, die innig mit anderen Kräften und mit der Vernunftentwicklung verbunden sind. Er hat sein Leben der Erkundung dieser Zusammenhänge gewidmet. Um die Geschichte der Formen zu begreifen, bedurfte es seiner Ansicht nach großer Kenntnisse, insbesondere der Riten und des Aberglaubens. Seine Methode bestand darin, dem Einfluß der Antike nachzuspüren, nicht allein den Relikten der Texte, Manuskripte und Statuen, die lediglich die Oberfläche bilden, sondern dem Einfluß, den die Völker der Antike auf das Denken und Handeln der nachfolgenden Jahrhunderte bis in unsere Zeit hinein ausübten: »Die Zeiten sind verschieden, und entsprechend ist auch ihr Einfluß unterschiedlich. Es geht insbesondere um die Bedeutung von Symbolen, die ebensowohl dem Bereich des Olymps angehören als auch Aberglauben und magische Vorstellungen verkörpern können.« So konnte Warburg als erster die Fresken am Palazzo Schifanoia des Herzogs von Este in Ferrara interpretieren, in denen er in der Form der Dämonen die Götter der Antike wiedererkannte, wobei das Ganze auf den astrologischen Theorien der Araber, insbesondere des Abû Ma'šar beruhte, ohne die man das Programm des Künstlers nicht verstehen kann.

Warburg verbrachte gern seine Zeit in seiner Bibliothek

und hatte die Angewohnheit, Einfälle, Intuitionen, von denen sich seine Forschungen leiten ließen, und Informationen auf winzig kleine Papierschnipsel zu schreiben. Diese Fragmente ergaben zusammen eine riesige, nahezu unverständliche Kartei, die – zumindest oberflächlich betrachtet – einen recht chaotischen Eindruck hinterließ.

In seiner Biographie über Aby Warburg unterstreicht Ernst Gombrich[16] diesen Eindruck des Chaotischen, Labyrinthischen. Er betont sogar das Phobische im Charakter Aby Warburgs – wie denken Sie darüber?

Zweifellos liegt darin etwas Richtiges, es ist aber falsch, diesen Punkt zum grundlegenden Element zu machen. Aby Warburg hatte den Ersten Weltkrieg miterlebt. Für ihn war das mehr als eine Tragödie. Er konnte es nicht ertragen, daß die Nationen, als deren Sohn er sich im tiefsten Inneren fühlte, miteinander in Konflikt lagen. »Von meinem Blut her bin ich Jude, vom Geist Hamburger und vom Herzen Florentiner«, pflegte er gern zu wiederholen. Die Konflikte, die sich, nach einer Phase gemeinsamer Politik, zwischen der deutschen und der italienischen Nation entwickelten, waren für ihn geradezu ein Trauma, das dazu beitrug, eine ohnehin angegriffene Gesundheit weiter zu schwächen. Gleichwohl verdanken sich dieser Periode seine fruchtbarsten und originellsten Studien.

Warburg kannte die Dämonen, aber er wußte auch, daß man sie schließlich bannt. Er war zu der Ansicht gelangt, daß die menschliche Seele ein Labyrinth darstellt. Gombrichs Interpretation zufolge hat Warburg niemals den Ausgang aus diesem Labyrinth gefunden; doch war gerade er es, der – im Bewußtsein, daß das Labyrinth einen ursprünglichen Zustand der Dinge bezeichnet – den Weg zum Ausgang suchte und zugleich auch kannte. Ein junger Italiener, dem ich ihn beschrieb, bezeichnete ihn zu Recht als »Grandseigneur des

Labyrinths«. Warburg war sicher nicht der einzige, der sich in diesem Labyrinth verirrte, aber er war der einzige, der sich so gut auskannte und wußte, wo der Weg hinaus zum Licht führt. Es ist daher unangemessen, von Phobie zu sprechen, es handelte sich vielmehr um ein Wissen darum, daß es bestimmende Kräfte gibt und daß sie den Menschen beherrschen können. Dieses Phänomen tritt in der Geschichte wiederholt auf. Die Geschichte zeigt auch, daß es Sache des Menschen ist, diese Kräfte zu erkennen und zu bannen. Das Universum des Denkens und die Magie liegen faktisch der Geschichte der Astrologie zugrunde, die noch Gestalten wie Luther und Melanchthon mit einschließt. Bis zu welchem Grad die antike Symbolik wirksam blieb, kann man sehen, wenn man beispielsweise ihre Bedeutung für Melanchthon betrachtet; wegen einer astrologischen Interpretation wollte er tatsächlich den Geburtstag Luthers um ein Jahr verschieben, damit dieser Geburtstag mit der Großen Konjunktion zusammenfalle, die vermeintlich davon kündet, daß sich etwas ereignen werde, das imstande sei, eine bedeutende Umwälzung in der herrschenden Religion herbeizuführen. Für Melanchthon stellte diese Weissagung etwas Glaubwürdiges, faktisch eine Gewißheit dar, während Luther die Astrologie als gefährlichen Irrtum ansah. Dafür glaubte Luther an die Zeichen der Natur, die er wiederum für authentische Zeichen hielt.

Nicht alle teilen Gombrichs Auffassung!

Was Gombrichs Biographie anbetrifft, muß man sich Edgar Winds Kritik[17] daran vor Augen halten. Für all diejenigen, die wie Wind Warburg aus der Nähe kannten, verkörperte Warburg das Gegenteil von Chaos und Labyrinth. Sicher, er hatte Erfahrung mit dem Chaos. Aber wenn er darüber sprach, gelang es ihm, es zur Darstellung zu bringen und es in dem Maße zu bannen, in dem er es in Ausdruck, in Sprache transformierte. Er hatte einen Sinn für klare und originelle

Formulierungen wie »Der liebe Gott steckt im Detail«. Wenn man ihm zuhörte, wohnte man einem Schöpfungsakt bei. Und dies zeugte von der Tatsache, daß ein Mann, der das Chaos besser als andere kannte, es zugleich zu begreifen und zu bannen wußte.

Sie blieben weiter in Kontakt mit der Bibliothek Warburg. Warburg selbst starb allerdings im Jahre 1929. Haben Sie eigentlich, nachdem Sie Deutschland verlassen hatten, Cassirer wiedergetroffen?

Ich stand mit ihm und seiner Frau seit 1926 in Kontakt. Ich bin sehr häufig nach Hamburg gereist. Als die Cassirers 1933 aus Österreich zurückkehrten, traf ich mich mit ihnen in der Schweiz – Frau Cassirer erzählt davon in ihrem Buch –, um ihnen mitzuteilen, daß man unmöglich in Deutschland bleiben könne. Damals hielten viele den Nationalsozialismus lediglich für ein ephemeres Phänomen. Von 1933 an wurde ich mir jedoch klar darüber, daß er, weit entfernt davon, ephemer zu sein, tiefe Wurzeln hatte und daß sich die Situation zunehmend verschlechtern würde. Ich habe Cassirer davon überzeugt, daß er Deutschland verlassen müsse. Man lud ihn nach Oxford ein, wo ich ihn täglich sah. Wir sprachen über Probleme der *Philosophie der symbolischen Formen*[18] und über die Eigenheiten der englischen Philosophie.

Cassirer war tief im deutschen Denken verwurzelt. Er kannte die deutsche Literatur, über die er schöne Bücher geschrieben hat, er war ein ausgezeichneter Goethe-Kenner. Für jemanden, der so wie er die eigene Sprache beherrschte, war das Englisch-reden-Müssen schwierig. Sicherlich, er las die englischen Autoren; er las Shaw; er schrieb ihm sogar, aber in Englisch reden und denken zu müssen erschien ihm keineswegs natürlich. Er lehrte am All Souls College. Es war die Zeit der »Jungtürken« und mit Ayer, Austin und anderen der Beginn der analytischen Philosophie. Wenn Cassirer über

Leibniz sprach, indem er dessen Beziehung zu Descartes auf-
zeigte, ihn als Kind seiner Zeit betrachtete und die Individualität dieses Denkers darstellte, interessierte das die anderen
nicht im geringsten. Sie stellten unablässig die Frage: »Stimmt
diese Formulierung überhaupt?« und wollten Leibniz kritisieren, das heißt jede Leibnizsche Behauptung mit der analytischen Philosophie in Beziehung setzen.

Diese Situation machte ihn sicherlich unglücklich?

Unglücklich wäre übertrieben, aber er fühlte sich nicht wohl.
Deshalb entschied er sich, als ihn der damalige Statthalter,
das heißt der Gouverneur der Provinz von Göteborg – ein
ehemaliger Schüler Cassirers – dorthin einlud, 1934 nach
Schweden zu gehen. Ich bereitete zu seinen Ehren unter dem
Titel *Philosophy and History* eine Festschrift vor,[19] die aus
Anlaß seines 60. Geburtstages im August 1934 erscheinen
sollte. Ich hatte Philosophen aus verschiedenen europäischen
Ländern darum gebeten, durch einen Beitrag ihre Solidarität
mit dem deutschen Philosophen zu bezeugen, der aufgrund
der Rassengesetze in Deutschland seines Lehrstuhls beraubt
worden war. Einige bedeutende Autoren hatten mir ihre
Mitarbeit zugesichert, darunter Lucien Lévy-Bruhl, Léon
Brunschvicg, Étienne Gilson, Henrik Pos und selbst Deutsche wie Theodor Litt und Ernst Hoffmann wie auch der
Italiener Giovanni Gentile, der, obgleich er sich die Vorstellungen Mussolinis zu eigen gemacht hatte, beredt davon
Zeugnis ablegte, daß Italien zumindest zum damaligen Zeitpunkt die Rassengesetze vollkommen ablehnte. Benedetto
Croce verzieh ihm seine Sympathie mit den Faschisten je-
doch nicht und zog seinen Beitrag für unser Buch zurück.
Aber ich warne Sie, sollten Sie jemals einen ähnlichen Sam-
melband herausgeben wollen: Man ist immer von demjeni-
gen abhängig, dessen Beitrag als letzter eintrifft. In diesem
Fall war es der des Spaniers Ortega y Gasset. Durch ihn ver-

zögerte sich das Ganze mehr als ein Jahr. Sein Aufsatz »History as a System« ist bemerkenswert, er wurde sogleich übersetzt, aber die Festschrift für Cassirer konnte erst zu Beginn des Jahres 1936 erscheinen.

Wann ging Cassirer von Schweden in die Vereinigten Staaten?

Er befand sich in Göteborg, und wie Sie wissen, war Schweden nach der Invasion in Norwegen während des Krieges neutral; aber – und das darf man nicht vergessen – immerhin hatten die Schweden den Deutschen erlaubt, ihre Züge zu benutzen, um Soldaten nach Norwegen zu transportieren. In den schwedischen Zügen saßen also deutsche Soldaten. Man fürchtete, daß dies gefährlich werden könne. Cassirer verließ Schweden mit dem letzten Schiff, das die Erlaubnis hatte, den Atlantik zu überqueren; darauf befand sich auch ein anderer Mann, dessen Namen Sie kennen: Roman Jakobson. Die Reise war sehr gefährlich; in einem bestimmten Moment drohte ein deutsches Schiff, das schwedische Schiff zu beschlagnahmen und zu durchsuchen. Trotzdem langte Cassirer unversehrt in den Vereinigten Staaten an.[20] Leider habe ich ihn nicht wiedergesehen. Er starb im April 1945 noch während des Krieges. Ich hingegen konnte meinen Dienst erst 1946 quittieren.

Ich glaube, Sie hielten anschließend weiterhin Kontakt zu seiner Tochter.

Ebenso zu seiner Frau. Nach meinem ersten Besuch in Kanada reiste ich zu ihr nach New York. Ich war dort noch oft als Gast. Ihre Tochter lebte in New York. Bis zu ihrem Tod. Sie befaßte sich nicht mit Philosophie, sondern war Musikerin. Der ältere Sohn hat recht bekannte Kommentare zu Kant verfaßt,[21] die in England veröffentlicht wurden. Das erste Beschäftigungsangebot, das ich in England erhielt, war, als Assistent des Fachbereichs Philosophie nach Glasgow zu gehen. Ich wollte jedoch in Oxford und am – damals nach London übergesiedelten – Institut Warburg bleiben. Und so schlug ich den Sohn Cassirers für die Stelle in Glasgow vor. Er hat dort einige seiner Bücher verfaßt, bevor er nach Oxford zurückkehrte, wo etwas ganz Erstaunliches geschah: Er konvertierte zum Anglikanismus. Er war sehr eng mit Pater Huddleston befreundet, einem bemerkenswerten Mann, der aus religiösen Gründen in Südafrika gegen das dortige Regime protestiert hatte. Nach seiner Konversion schrieb Heinz Cassirer über den heiligen Paulus und Kant.[22] Der Sohn Ernst Cassirers wies die Überlegenheit des heiligen Paulus nach! Das war die Revolte des Sohnes gegen den Vater. Er fertigte eine neue Übersetzung des Neuen Testaments aus dem Griechischen an. Wie Sie wissen, nahmen die Übersetzungen sonst immer den Umweg über das Lateinische. Seine Übersetzung war eindrucksvoll, denn er beherrschte das Griechische, das man damals noch intensiv lernte, wirklich gut. Er ist inzwischen gestorben. Mit seiner Tochter treffe ich mich ab und zu noch in England.

2 Das literarische Heidelberg

Sie haben bereits mehrfach die besondere intellektuelle At-
mosphäre und das literarische Leben erwähnt, das während
Ihrer Studienzeit Heidelberg prägte – etwa in den »Salons«.
Haben Sie außer dem von Marianne Weber noch weitere be-
sucht?

Der erste »Jour fixe«, zu dem ich eingeladen wurde, fand bei
der Familie Curtius statt; in Heidelberg hielten die Professo-
rengattinnen ihren »Jour fixe« gemeinhin an einem bestimmten Abend ab, mit Ausnahme von Marianne Weber, die jeden
zweiten Sonntagnachmittag empfing. Frau Curtius, die Frau
des Archäologen, dessen Seminar ich besuchte, eine vornehme Dame, war zunächst mit einem General verheiratet
worden, hatte sich jedoch scheiden lassen, um anschließend
mit Ludwig Curtius die Ehe einzugehen – was in Freiburg einen Skandal hervorrief. Ihren Salon hielt sie in ihrem Heidelberger Wohnsitz, dem Grand Palais Weimar ab. Dort las im
Jahre 1923 ein Freund André Gides, Ernst Robert Curtius[1] –
der mit der Familie Curtius nicht verwandt, wohl aber mit
Ludwig befreundet war (der Name Curtius kommt in
Deutschland recht häufig vor) –, vor etwa dreißig Personen
Passagen aus Marcel Prousts *A la recherche du temps perdu*
vor. Das Werk war damals noch nicht vollständig veröffentlicht, und man fragte sich, wie sich der Titel oder etwa »Du
côté de chez Swann«, eine dem Deutschen völlig fremde Formulierung, wohl ins Deutsche übertragen ließe.
Es wurden auch Spiele, die beispielsweise das Gedächtnis
auf die Probe stellten, organisiert: In einem kleineren Zimmer neben dem großen Salon, in dem der Empfang stattfand,
lagen zwischen sechzig und achtzig Gegenstände auf einem

Tisch ausgebreitet. Jeder der Gäste hatte eine Minute Zeit, sie sich anzuschauen, bevor er ihre Anzahl schätzen und sie beschreiben sollte. Der fast achtzigjährige Spezialist für Wirtschaftsgeschichte, Lujo Brentano, gewann am häufigsten. Er und sein älterer Bruder, der Philosoph Franz Brentano, waren Neffen Bettina von Arnims.

Zu diesen Zusammenkünften gehörte es, daß jemand im Verlaufe des Empfangs ein Stück Literatur vortrug, und manchmal traten auch Musiker auf.

Sie kannten also Lujo Brentano?

Mir, dem damals siebzehnjährigen Studenten, begegnete er äußerst wohlwollend. Er interessierte mich besonders wegen der Debatte um die Begriffe *Kultur* und *Zivilisation*, die er mit dem französischen Historiker Frantz Funck-Brentano geführt hatte und in der auch Romain Rolland und Thomas Mann als Kontrahenten einander gegenüberstanden. In seinen 1918 erschienenen *Betrachtungen eines Unpolitischen* nimmt Thomas Mann darauf Bezug.[2] In Frankreich war der Terminus *Kultur* damals schlecht angesehen: Er galt mit all seinen Konnotationen als typisch deutsch. Frankreich empfand sich als das Vaterland der Zivilisation. Aus deutscher Sicht hingegen begrenzte sich Zivilisation auf die rein oberflächlichen Gewohnheiten einer Gesellschaft, auf die guten Sitten, während Kultur ihren schöpferischen Geist bezeichnete.

Sind Sie im Hause Weber Max Weber selbst begegnet?

Nein, aber seinem Bruder, dem Nationalökonomen Alfred Weber. Als ich im Jahr 1923 in Heidelberg eintraf, wollte ich alles lernen. Ich besuchte Alfred Webers Vorlesung, und ich erinnere mich an seine Ausführungen über die »Standort-Theorie«, das heißt über die optimale geographische Lage eines Unternehmens in Hinblick auf den Konsumort, die Transportmöglichkeiten und die Rohstoffe.[3] Am 8. November 1923 erfuhren wir vom Putsch Hitlers und Ludendorffs in München. Weber unterbrach seine Vorlesung, um uns die Gefahren zu verdeutlichen, die Deutschland bedrohten. Er war sehr nervös und setzte mechanisch sein Monokel auf, das ständig wieder bis zum Kordelende hinunterfiel.

Max Weber war bereits seit drei Jahren tot, aber in seinem Haus, das ich als enger Freund seiner Adoptivkinder besuchte, lebte sein Geist fort. Seine Witwe betrachtete mich als Mitglied der Familie, und meine erste Arbeit bestand darin, bei der Fahnenkorrektur der zweiten Auflage von *Wirtschaft und Gesellschaft* behilflich zu sein.

Marianne Weber setzte die berühmten »Jours fixes« ihres Mannes fort, indem sie in der Stadt lebende Professoren, Schriftsteller und Künstler einlud; so etwa den Rechtsphilosophen und ehemaligen sozialistischen Justizminister Gustav Radbruch, der das Strafgesetzbuch reformiert hatte, oder den Meister der neuen Wissenssoziologie und Autor von *Ideologie und Utopie*[4] Karl Mannheim, der sich als geistiger Ratgeber einer entwurzelten europäischen Intelligenz zu profilieren suchte, indem er Kritik all denjenigen gegenüber lehrte, die sich noch im Besitz moralischer Gewißheiten glaubten. Um die Worte von Pierre Viénot, einem Freund André Gides, aufzugreifen, dem ich bei einem seiner Besuche in Heidelberg bei Marianne Weber begegnet bin und an den ich mich noch sehr gut erinnere: Für Mannheim sei »die einzige anständige Haltung die freimütige Bejahung des unvermeidlichen Nihilismus«. Viénots 1931 erschienenes Werk *Incertitudes allemandes* gehört zu den brillantesten Analysen der damaligen deutschen Gesellschaft.[5]

Ich mußte die Gäste im Hause Weber empfangen und nahm anschließend an Diskussionen über Themen teil, die Weber am Herzen gelegen hatten. So suchten wir die Folgen, die aus unserer historischen Situation erwuchsen, auszuloten.

Der Monotheismus, der noch das 19. Jahrhundert geprägt hatte, existierte nicht mehr. Es gab keine Religion, keinen einheitlichen Glauben, keine Philosophie mehr, die universelle Zustimmung hätte einfordern können. Wir befanden uns in einer – um den Weberschen Terminus aufzugreifen – »entzauberten«, ernüchterten Welt, einer Welt, in der der Mensch einsam und verlassen ist. Was bedeutete diese Feststellung für das Leben in der Gesellschaft? Das Erstarken des Nationalismus, neuer elitärer Haltungen, sozialistischer Tendenzen – um diese Probleme drehten sich alle Diskussionen. Anders als manche glauben, hatten die Gedanken Nietzsches und Schopenhauers an Stoßkraft verloren, die Gottesfrage stand nicht mehr im Mittelpunkt des Denkens, auch wenn der Nihilismus weiterhin bedeutsam war.

Wie machte sich die unruhige Situation in Deutschland im Alltagsleben bemerkbar?

Die Inflation belastete das Leben. Viele Studenten mußten nebenher arbeiten und sich ihren Lebensunterhalt verdienen. Ich gab Nachhilfestunden in Latein, Griechisch, Französisch und Deutsch. Aber das Brot, das man am Morgen noch für 20 Millionen erhalten hatte, kostete am Abend bereits vierzig. Was tun unter diesen Bedingungen? Ich verfügte über ein Sparguthaben von zwanzig Schweizer Franken, ein kleines Vermögen; sie umzutauschen wäre eine Katastrophe gewesen, sie hätten jeglichen Wert verloren. Um zu überleben, fand ich eine Lösung: Zwei Tage verbrachte ich damit, alle Schokolade einzukaufen, die ich in Heidelberg auftreiben konnte – ich glaube, ich bin zu diesem Zweck sogar nach Mannheim gefahren. In meinem Zimmer wuchs ein kleiner Berg aus Schokolade, die ich zum jeweiligen Tageskurs nach und nach verkaufen konnte, um vom Erlös mein Brot zu erstehen.

Aber so beengt die Situation auch war, so minderte sie

doch nicht mein Interesse am literarischen Leben, etwa an den Salons interessanter Frauen, wie beispielsweise dem der Else von Richthofen, der Witwe Edgar Jaffés, des wissenschaftlichen Herausgebers des *Archivs für Sozialwissenschaft und Sozialpolitik*. Else Jaffé war eine ungemein intelligente Frau, die Max Weber besonders nahegestanden hat. Sie entstammte einer außergewöhnlichen Familie. Ihre Schwester Frieda hatte seinerzeit ihren Mann verlassen, um mit D. H. Lawrence zusammenzuleben. Während des Ersten Weltkrieges hatte ihr Vetter, Baron von Richthofen, als Flieger mehr feindliche Flugzeuge zur Strecke gebracht als sonst jemand... Unter den regelmäßigen Gästen befand sich auch die Sozialreformerin Marie Baum, eine bewundernswerte Frau, die die *Familienfürsorge* eingeführt und aufgebaut hatte. Und wenn ich mich recht entsinne, kam auch einmal die bekannte Schriftstellerin Ricarda Huch, die sich in *Blütezeit der Romantik* mit den deutschen Romantikern befaßt hatte, zum Empfang. Eine von jenen eindrucksvollen Frauen – die Mutter Wilhelm Furtwänglers – sollte später für mich noch besondere Bedeutung erlangen.

Aber Sie haben doch nicht nur Salons besucht? Was war mit dem Studentenleben, den studentischen Verbindungen und den berühmten Duellen?

In den Jahren 1927/1928 wohnte ich im Gasthaus zur Hirschgasse, das über eine wunderbare Aussicht und einen weitläufigen Garten verfügte. Es gab auch einen großen Saal, in dem die Studentenverbindungen Versammlungen abhielten. In jeder schlagenden Verbindung mußte sich der Jüngste, der sogenannte *Fuchs*, einem Aufnahmeritus unterziehen. Die Initiation bestand darin, eine *Mensur*, ein Duell, auszutragen, in dessen Verlauf er seinem Gegner einen Säbelhieb zu versetzen hatte. Niemals zurückzuweichen galt als oberste Pflicht, Zurückweichen hingegen als Schwäche. Entweder brachte er also seinem Gegner oder sein Gegner ihm einen sogenannten *Schmiß* bei, der im damaligen Deutschland als ein besonderes Zeichen von Vornehmheit bewertet wurde.

Was im großen Saal vor sich ging, konnte man von einer Galerie aus beobachten, weshalb diese eine Attraktion für amerikanische Touristen darstellte, die Blut fließen sehen wollten. Alle vierzehn Tage hielten die Verbindungen Bankette und Initiationszeremonien ab. An solchen Tagen ergriff ich die Flucht. Diese Besäufnisse – der Neuling wurde zum Trinken gezwungen – waren mir zuwider.

Unterwarfen sich alle Studenten diesen Riten?

Nur diejenigen, die dazu tendierten, gewisse Traditionen zu pflegen, insbesondere die Söhne von Industriellen. Sie bildeten eine Minderheit, aber doch eine beachtliche und vor allem auch sichtbare Minderheit, zumal sie Uniformen trugen. Wer während seines Studiums wirklich intensiv arbeitete, nahm nicht daran teil.

Mit wem waren Sie zu dieser Zeit befreundet?

Ein sehr guter Freund, Walter Solmitz, wohnte damals nicht in Heidelberg, sondern in Hamburg, nicht weit von Cassirer entfernt. Später zog er sich für zwei Jahre in die bayerischen Berge nahe der Tschechoslowakei zurück, um seine Dissertation und philosophischen Gedanken niederzuschreiben. Regelmäßigen Kontakt hatte ich zu Heinz Cassirer, zu Golo Mann, der zu mir zum Frühstück kam, wie auch zu Lotte Labowsky, die damals in Heidelberg studierte und an ihrer Dissertation – einer detaillierten Analyse von Ciceros *De officiis* und der *Ars poetica* des Horaz – arbeitete, welche später unter dem Titel *Die Ethik des Panaitios*[6] erschien. Es handelte sich um eine von Cicero und Horaz ausgehende Rekonstruktion des Denkens jenes berühmten Stoikers. Lotte Labowsky wohnte nach mir bei Marianne Weber. Ihr Vater war ein bedeutender Hamburger Rechtsanwalt, weshalb sie zunächst mit dem Studium der Rechtswissenschaft begonnen hatte. Als ihr bewußt wurde, daß dies nicht ihr Weg sein würde, kam sie 1925 nach Heidelberg, um Klassische Philologie und Philosophie zu studieren. Zu Beginn des Jahres 1934 emigrierte sie nach England und arbeitete für die Bibliothek Aby Warburgs. Anschließend wurde sie von Gilbert Murray nach Oxford eingeladen, am Somerville College zu unterrichten, wo sie auch nach dem Krieg noch als Research Fellow tätig war. Bei meinen Arbeiten zum *Corpus Platonicum* hat sie mir sehr geholfen, und diese Zusammenarbeit stand am Anfang ihres Werkes über die Bibliothek des Bessarion.[7] Wollte man die Quellen der platonischen Tradition aufspüren, so mußte man sich in der Tat mit der Geschichte der lateinischen und griechischen Handschriften befassen. Was die griechischen Handschriften anbetraf, spielte eine faszinierende Persönlichkeit, der byzantinische Kirchenfürst Bessarion – der später von Rom zum Kardinal ernannt wurde – eine zentrale Rolle. Noch vor dem Fall von Byzanz reiste er nach Italien, im Gefolge des Kaisers und des Patriarchen, die von Papst Eugen 1438 zum Konzil von Ferrara geladen worden waren, um den Zusammenschluß der christlichen Kirchen zu verwirklichen. Zuvor hatte sich Nikolaus von Kues nach Byzanz begeben, um die Einladung des Papstes zu überbringen; er dürfte in Byzanz oder auf dem Schiff, das die Delegation nach Italien brachte, Bessarion kennengelernt haben. Bessarion trug eine gewisse Anzahl griechischer Handschriften bei sich. Das Konzil endete mit dem Zusammenschluß, den der byzantinische Klerus jedoch nicht anerkannte und gegen den er sich auflehnte. Bessarion kehrte nach Italien zurück, diesmal mit seiner ganzen Bibliothek, die er Venedig vermachte, wo sie den Grundstock der Bibliothek Marciana bildete. Zu seinen Lebzeiten und nach seinem Tod wurden nacheinander mehrere Bestandslisten der Bibliothek erstellt. In ihrer Arbeit veröffentlichte Lotte Labowsky diese Aufstellungen und identifizierte die Handschriften, die im Laufe der Jahrhunderte verstreut Eingang in andere Bibliotheken gefunden hatten.

Ein anderer Freund von mir, Heinrich Zimmer, ein genialer Kopf, war Indologe; seine Bücher sind heute in den Vereinigten Staaten sehr erfolgreich.[8] Er lieferte eine profunde Interpretation der indischen Mythologie und des indischen Denkens. Da er sich nicht auf bloße philologische Arbeiten, nicht einmal auf Indien allein beschränkte, sondern sein Interesse ebenso der Psychologie des Menschen galt, unterschied sich das Indien, das er heraufbeschwor, sehr von dem Indien anderer Indologen. Diesem profunden Kenner der Weltliteratur und -dichtung hörte ich mit Wonne zu.

Zimmer war mit Christiane von Hofmannsthal verheiratet, der Tochter des Dichters, den ich ebenfalls in Heidelberg kennenlernte. Da Hofmannsthal zwar katholisch, aber jüdischer Abstammung war, galt Christiane als jüdisch, so daß Zimmer nicht in Heidelberg bleiben konnte. 1938 veranlaßte ich, daß er nach Oxford eingeladen wurde. Er kam gemeinsam mit Christiane und der verwitweten Ehefrau Hofmannsthals, aber Oxford war nicht die passende Umgebung für ihn. Er galt als zu wenig »akademisch«. In den Vereinigten Staaten wurde er hingegen sofort anerkannt. Leider starb er schon sehr früh im Jahre 1944.

Ihren Freund Friedrich Gundolf erwähnen Sie gar nicht?

Ich lernte ihn erst 1928 kennen. Als ich nach Heidelberg kam, war ich noch recht jung und er, der Sohn eines Darmstädter Mathematikprofessors, bereits sehr bekannt. Mit seinem ersten großen Werk – *Shakespeare und der deutsche Geist*[9] – hatte Friedrich Gundolf die deutsche Literaturgeschichtsschreibung nachhaltig verändert; als nächste folgten sein *George* und sein *Caesar. Geschichte seines Ruhms*,[10] in dem er der Frage nachgeht, wie man Caesar im Lauf der Geschichte jeweils gesehen, was man aus ihm gemacht hat. Diese Empfänglichkeit für Geschichte erhielt in Heidelberg allenthalben neue Nahrung. Wenn Gundolf das Schloß betrat, ließ er die Romantiker wiederaufleben, die sich dort aufgehalten hatten: Clemens Brentano, Achim von Arnim ... Er erkannte jedoch auch die in der Romantik lauernde Gefahr; seine Vorträge über Friedrich Schlegel und über *Athenäum*,[11] die Zeitschrift der Gebrüder Schlegel, über jene entscheidende Epoche von 1797 bis 1800, in der Subjektivität und Ironie ihren Einzug in die Literatur hielten, sind mir unvergeßlich. In seinen Worten lag etwas Prophetisches: Er war eine Art Magier, ein Hohepriester!

Wie verhielt er sich als Lehrer?

Der übliche Ablauf eines Seminars – der Professor und die Studenten sitzen um einen großen Tisch, der Student trägt sein Referat vor, der Professor kommentiert es – war Gundolf verhaßt. Eines Tages hielt ein Mann, der später ein einflußreicher Professor in Deutschland werden sollte und damals Gundolfs Bewunderung zu erheischen suchte, einen großen Vortrag über Schlegel. Im Anschluß daran erwartete der Vortragende Lobeshymnen. Gundolf schwieg einen Moment und sagte dann im Darmstädter Dialekt (in den er nur manchmal und meistens absichtlich verfiel): »Es war nit dumm, es war auch nit falsch, aber ganz nebensächlich.« Er konnte Wichtigtuer nicht leiden.

Er förderte seine Studenten nicht sonderlich, aber es gab solche, die er besonders schätzte und die mit ihm zusammenarbeiten wollten.

Unter seinen Hörern befand sich auch einer, der später traurige Berühmtheit erlangte: Joseph Goebbels. Kurz nach seiner Ankunft in Heidelberg im Juni 1920 hatte dieser Gundolf in dessen Sprechstunde aufgesucht; er war – wie aus einem Brief an eine Freundin hervorgeht – von dessen Persönlichkeit stark beeindruckt[12] und wollte bei ihm promovieren. Gundolf, der von der Betreuung studentischer Arbeiten entbunden war, lehnte ab und wies ihn an Freiherrn von Waldberg. Goebbels wurde einer der zahlreichen Studenten, die Gundolfs Kolleg über die Begründer der romantischen Schule belegten. Zehn Jahre später, als Goebbels als besonders erfolgreicher politischer Propagandist bekannt war, sagte mir Gundolf, er habe nicht die geringste Erinnerung an diesen ehemaligen Heidelberger Hörer.

War die Dissertation veröffentlicht worden?

Nein.

Wie stand es um Gundolf während dieser unruhigen Jahre?

Während seiner Zeit als Dekan ereignete sich jene betrübliche Geschichte um den sehr bekannten jüdischen Statistiker Emil Julius Gumbel. Als entschiedener Pazifist und Antinationalist hatte Gumbel in Deutschland die Liga der Menschenrechte gegründet. Bei einer Kundgebung 1924 forderte er die Versammlung auf, »der Toten des Weltkrieges zu gedenken, die, ich will nicht sagen, auf dem Felde der Unehre gefallen sind, aber doch auf gräßliche Weise ums Leben kamen«.[13] Der Ausdruck »Felde der Unehre« wurde von der Nazipropaganda sofort aufgegriffen. Man forderte seine Relegation. Diese Geschichte zog sich über Jahre hin. Die Studenten demonstrierten und verlangten, daß man Gumbel hinauswerfe. Gundolf hat diese Affäre viel Zeit geraubt.

Zu diesem Zeitpunkt begegneten Sie ihm regelmäßig?

Ja, zwischen 1929 und 1931 fast jeden Abend. Er starb am 12. Juli 1931. 1930 lud er mich ein, ihn und seine Frau in die

Schweiz zu begleiten. Jene Ferien gehören zu den großen
Augenblicken meines Lebens. Mürren ist ein wundervoller
Ort mit herrlichem Alpenpanorama. Gustav Cassel, ein berühmter schwedischer Ökonom, hielt sich ebenfalls dort auf.
Wenn Gundolf sich ausruhte, spielte ich mit Cassel Schach.
Sobald er verlor, wurde er wütend. Für die meisten anderen
Ökonomen hatte er, wie er mich wissen ließ, lediglich Verachtung übrig. Auf meine Frage, ob es einen einzigen Menschen gebe, der seinem Ideal eines Praktikers entspreche,
antwortete er: »Ivar Kreuger« (der König des Streichholz-
monopols). Wenig später jedoch brach dessen Imperium zusammen, und Kreuger brachte sich um.

Unvergeßlich sind mir die Spaziergänge und Gespräche
mit Gundolf. Damals in Mürren erfuhr er, daß man ihm als
erstem Preisträger den Lessing-Preis verleihen wollte. Mehr
als fünfzig Jahre später, als ich den gleichen Preis erhielt,
dachte ich an jenen Tag zurück.[14]

Nach diesem Aufenthalt in der Schweiz begab ich mich
nach Paris in die *Bibliothèque Nationale* wie auch nach
Chartres und nach Cambrai, um für mein Buch über die
Schule von Chartres zu recherchieren. Nach meiner Rückkehr besuchte ich Gundolf jeden Abend. Er war sehr einsam. George hatte wegen Gundolfs Heirat 1926 mit ihm
gebrochen. Beide haben sich nie mehr gesprochen. Dennoch vernahm ich von Gundolf niemals ein kritisches Wort
über George. Seine Haltung läßt sich mit den Worten
wiedergeben: »Von dir falle ich nicht ab, auch wenn Du
mich verwirfst.«[15] Von den Anhängern Georges, den Geor-
gianern, traf er sich lediglich noch, wenn auch selten, mit
Melchior Lechter, häufig aber mit seinem Freund Karl
Wolfskehl. Wenn jener nach Heidelberg kam, war es immer
ein Fest.

Gundolf mochte keine großen Einladungen und ging wenig aus. Hingegen liebte er es, in Antiquariaten zu stöbern.
Jeden Samstag begaben wir uns auf die Suche nach Büchern.

Wenn Gundolf einen Buchladen betrat, hatte es etwas von
Zauberei. Er machte unglaubliche Dinge ausfindig. Für derlei
Genüsse bot Heidelberg sich an. Diese Stadt, die dem
menschlichem Maßstab entsprach – man konnte alles zu Fuß
erledigen –, steckte voller Reichtümer.

Sie haben ihn sehr vermißt?

Gundolf war mein bester Freund. Seinen Tod empfand ich als
Tragödie. Er bezeichnete das Ende meiner Heidelberger Zeit.
Ich war siebenundzwanzig Jahre alt und hatte das Gefühl,
daß eine Epoche zu Ende geht. Zu Recht.

Hat Gundolf Ihnen George vorgestellt?

Nein, als ich Gundolf kennenlernte, hatte der Bruch zwischen ihnen bereits stattgefunden. Selbstverständlich kannte
und bewunderte ich Georges Werke. Ich denke beispielsweise an seine herrlichen Gedichtsammlungen *Der Stern des
Bundes* und *Das Jahr der Seele*.[16] Wenn Sie die Struktur eines
George-Gedichtes analysieren, entdecken Sie eine umfassende Beziehung zwischen Klang und Bedeutung. Bedeutung und Satzmelodie müssen ineinander aufgehen. Die Betonung liegt nicht auf einem Teil des Verses stärker als auf
einem anderen. Die Art, wie George und seine Jünger Gedichte lasen, unterschied sich sehr davon, wie man sonst
Verse auf deutsch vortrug. Das Gedicht geht in Gesang über
und erhält etwas Magisches. Das Georgesche Gedicht ist eine
incantatio, von ihm geht eine beschwörende Zauberkraft aus.
Der Zauber entsteht nicht aus der Analyse des Gedichtes,
sondern aus dem Zusammenwirken von Sinn und Klang, wie
bei einer gregorianischen Liturgie. Die Poesie Georges hat
etwas von einem kultischen Akt, dem sich auch seine Anhänger weihten: der Verehrung des Meisters und seiner Poesie.

Einige der jungen Mitglieder des George-Kreises kannte ich recht gut. Dem Dichter selbst war ich kurz begegnet, lange bevor ich die Bekanntschaft Gundolfs machte. George spielte für die Elite der deutschen Jugend eine außerordentliche Rolle, allemal in Heidelberg. Er war eine dominante Persönlichkeit und scharte junge, gebildete Menschen um sich, die ihn bewunderten. Er war *der* Meister und als solcher strikt gegen jegliche Anpassung ans Niedere oder an alles, was er für die falschen Werte der modernen Welt hielt. Seine glühenden Anhänger formierten jenen »Kreis« von Auserwählten, die den Meister umgaben. Manch andere rühmten sich, ebenfalls dazuzugehören, und gaben vor, intime Kenntnisse über ihn zu besitzen – was Gundolf zu der Aussage veranlaßte, was den »Kreis« anbetreffe, »... so wird er wie jedes Fremdartige heut schon mißbraucht von Gaunern und Gekken. Ein sichres Zeichen dafür daß einer nicht ihm angehört, ist, wenn er sich rühmt ihm anzugehören und mit seiner Kenntnis diskret oder indiskret sich wichtig macht. Der Kreis ist weder ein Geheimbund mit Statuten und Zusammenkünften, noch eine Sekte mit phantastischen Riten und Glaubensartikeln, noch ein Literatenklüngel (...), sondern es ist eine kleine Anzahl Einzelner mit bestimmter Haltung und Gesinnung, vereinigt durch die unwillkürliche Verehrung eines großen Menschen, und bestrebt der Idee die er ihnen verkörpert (nicht diktiert) schlicht, sachlich und ernsthaft durch ihr Alltagsleben oder durch ihre öffentliche Leistung zu dienen. Alles was darüber draußen gemunkelt wird ist Klatsch von Dummköpfen, Witzbolden, Schwindlern oder Verleumdern.«[17]
Als Beispiel für die Idee des Kreises, der den Meister umgibt, seien jene charakteristischen Verse zitiert:

> Wer je die flamme umschritt
> Bleibe der flamme trabant!
> Wie er auch wandert und kreist:

Wo noch ihr schein ihn erreicht
Irrt er zu weit nie vom ziel.
Nur wenn sein blick sie verlor
Eigener schimmer ihn trügt:
Fehlt ihm der mitte gesetz
Treibt er zerstiebend ins all.[18]

George spricht hier von sich selbst.

Bei meiner Reise durch Holland, als ich aus Deutschland flüchten mußte und mich auf dem Weg nach London befand, hatte mich der holländische Dichter Albert Verwey nach Katwijk, in der Nähe von Leiden, eingeladen. Wir sprachen über George, den er schon seit langem kannte und über den er mir gegenüber äußerte: »Er hat sich zum Denkmal seiner selbst gemacht.«

Die Georgianer betrachteten den Kreis als *Das neue Reich* – wie der Titel einer Gedichtsammlung Georges lautete.[19] Als Reaktion auf die Werte jener Epoche huldigten sie dem Ideal, nicht eine neue Gesellschaft, sondern einen neuen Bund, ein neues Reich, eine neue Art zu leben zu begründen. George führte die Elite des »geheimen Deutschland« an. Diese von Wolfskehl stammende Formulierung wurde zu einer der Abschnittüberschriften in *Das neue Reich*. Übrigens munkelte man, Heidelberg sei die heimliche Hauptstadt des geheimen Deutschland.

Was mich am meisten verblüffte – und mich vielleicht am stärksten dazu veranlaßte, auf Abstand zu gehen –, war der vollkommene Mangel an Humor und Ironie. Diese Leute empfanden sich als überlegen, als *Auserwählte*. Dies wie ihre tiefe Verachtung für die Weimarer Republik und die Demokratie mögen zur Erklärung gewisser politischer Entwicklungen beitragen. Sie glaubten, eine Geistesaristokratie zu bilden, die selbst die Grundlagen der deutschen Nachkriegsgesellschaft verleugnete. Man denke an den Vers Georges aus *Der siebente Ring*:

Kehrt wieder kluge und gewandte väter!
Auch euer gift und dolch ist bessre sitte
Als die der gleichheit-lobenden verräter.[20]

Sicher bewunderte ich die Kraft und Schönheit der Georgeschen Verse, aber ich konnte die Einstellung jener, die dem
Kreis nahestehen wollten, nicht gutheißen. Ich verachtete
ihre elitäre Haltung. Ihnen gegenüber machte ich den intellektuellen Werdegang Georges geltend.

Er hatte sich mit 21 Jahren, zu Beginn des Jahres 1889, bei
seiner Rückkehr aus London nach Paris begeben, wo er den
heute in Vergessenheit geratenen symbolistischen Dichter
Albert Saint-Paul, den Autor von *Les Encensoirs*,[21] traf, der
ihn mit Mallarmé bekanntmachte. Dieser lud George zu seinen dienstags stattfindenden Jours fixes in die Rue de Rome
ein. Gleichzeitig machte George die Bekanntschaft Verlaines.
Er wurde in Baudelaires Dichtung eingeführt, eine Entdek-
kung, die – wie er selbst bekannte – ein großes Erlebnis für
ihn war. Er lernte, den Worten ihren Klangwert zuzuordnen.

In Paris stieß er auf die Zeitschrift der Symbolisten *Écrits
pour l'art*. Diesen Titel griff er später für die von ihm gegründete Zeitschrift *Blätter für die Kunst* wieder auf, in der Übersetzungen der Gedichte Mallarmés, Verlaines, Saint-Pauls,
Rimbauds und anderer veröffentlicht wurden. Noch im Jahre
1907 beschwört er die Erinnerung an Villiers de l'Isle-Adam
(an dessen Beisetzung er teilgenommen hatte), an Verlaine
und Mallarmé herauf und spricht von seiner Rückkehr nach
»Franken«: »Ein rauschen bot dem erben gruss lockend/ In
freundlichkeit und fülle sich die ebnen/ Der Maas und Marne
unterm frühlicht ...«[22]

Diese Kontakte waren entscheidend für seine Vorstellung
von Dichtung, die derjenigen Mallarmés in den *Divagations*
entspricht, nämlich daß »die hohe Aufgabe der Poesie darin
besteht, das Wunder zu vollbringen, das in der göttlichen
Umsetzung der Vollendung des Menschen besteht«. An die-

sem Ideal maß George die deutsche Dichtung der damaligen
Zeit. 1893 schrieb er an Saint-Paul: »Deutschland beginnt mir
widerwärtig zu werden.«

Aus dem französischen Einfluß sollte man jedoch keine
voreiligen Schlüsse auf eine schwindende Zuneigung zu
Deutschland ziehen. Besser läßt man den Dichter selbst zu
Wort kommen. In einem unveröffentlichten französischen
Brief aus dem Jahr 1892 an Mallarmés jungen Freund, den in
Paris lebenden amerikanischen Dichter Stuart Merrill, auf
den mich der Direktor der Bibliotheca Bodmeriana in Genf-
Cologny, Martin Bircher freundlicherweise hinwies, schreibt
George: »Wenn ich den Einfluß der Franzosen in meinem
Werk anerkenne, so nur ganz allgemein und unbestimmt in
dem Grundsatz, daß man in der Poesie die höchste Schönheit, Reinheit, Erhabenheit zu suchen habe. Andererseits findet sich in meinen *Hymnen*, schlichten Freilichtgemälden,
nichts Fremdes, dort regiert im Gegenteil eine Sentimentali-
tät, die nur deutsch sein kann. In den *Pilgerfahrten* haben Sie
selbst die recht deutsche Seele entdeckt...«[23]

Jedenfalls schwand der französische Einfluß. Die deutschen Dichter, insbesondere die Gedichte der zweiten Schaf-
fensperiode Hölderlins, die von Norbert von Hellingrath
aufgefunden wurden, wie auch die Themen der griechischen
Antike rückten ins Zentrum seines Werkes. Bei seinen Anhängern gewannen vor allem das griechische Ideal und der
Begriff des großen Menschen immer mehr an Bedeutung. Einige der besten Köpfe, Autoren, die auf dem Gebiet der deutschen Literatur- und Geschichtswissenschaft Werke von
bleibendem Wert schufen, wurden von diesen Ideen beeinflußt – man denke etwa an Friedrich Gundolfs Bücher über
Goethe, Shakespeare und über Caesar, die Romantiker oder
auch an Ernst Kantorowicz' Werk über Friedrich II.[24] Für
Gundolf war der »große Mensch« etwas Entscheidendes: In
der Geschichte müsse man nach dem Wirken des Menschen,
des großen Menschen suchen und nicht nach materiellen Er-

klärungen. Was zähle, sei das, was der große Mensch gemacht habe.

Immer ist von der Homosexualität, die im George-Kreis geherrscht hat, die Rede. Wurde dieser Aspekt überinterpretiert?

Als ich siebzehn Jahre alt war, verblüffte mich zunächst jene Devise: »Den leib vergottet und den gott verleibt.«[25] Sicher eine schöne Maxime, die sich auf das Griechentum beruft, aber als ich diese Personen sah, die viel vom lebenden Gott sprachen, war ich perplex. Das verweist auf die Geschichte, die hinter dem Gedichtzyklus *Maximin* steht,[26] die Geschichte des dreizehnjährigen Maximilian Kronberger, den George in München kennengelernt hat und der im Alter von sechzehn Jahren starb. Nach seinem Tod entstand die Formulierung »den gott verleibt«. Ich fand, daß die Georgianer den Bogen überspannten und daß derartige Maßlosigkeit unzulässig sei. George hatte Schüler, die fasziniert von ihm waren. Auf einigen eindrucksvollen Fotos kann man das sehr gut erkennen. Er war von hingebungsvollen Jüngern umgeben. Ich empfand das als abstoßend. Niemals wollte ich ein Jünger sein.

Gab es auch Frauen im Umkreis von George?

Sicher. Beispielsweise Sabine Lepsius, die George schon von früher her kannte. In seiner Jugend stand er Ida Koblenz nahe, für die er eine herzliche, wenn auch wohl platonische Zuneigung hegte. Er hat ihr mehrere Gedichte und seine Verlaine-Übersetzungen gewidmet. Nach einigen Jahren kam es zu einem Bruch, dessen Ursache unbekannt blieb. Nach ihrer ersten Ehe, die nicht von langer Dauer war, heiratete Ida Koblenz den Dichter Richard Dehmel, den George verabscheute. In seinem Leben gab es sehr wohl Frauen, allerdings

nicht in der Rolle der Geliebten. Gegen Ende seines Lebens
setzte sich eine Frau, die ich von Basel her gut kannte, Edith
Landmann – Verfasserin eines Essays über die Transzendenz
der Erkenntnis –, vor allem mit der Philosophie des George-
Kreises auseinander; später veröffentlichte sie ihre Gespräche mit George.[27] George begegnete dieser klugen und ener-
gischen Frau mit Respekt.

*Manche George-Schüler waren ultranationalistisch. Hatte er
politischen Einfluß, oder bemühte er sich darum?*

Die Tragödie Georges lag in den Exzessen seiner Jünger. Insbesondere der Historiker Friedrich Wolters, Professor in
Marburg, war ein geradezu fanatischer Verehrer. Er schrieb
ein Buch, *Herrschaft und Dienst*, in dem er George zum König kürte.[28] Vor allem bestand er auf einem neuen *Staat*, dessen Herrscher George sein sollte. Anschließend verfaßte er,
mit der Zustimmung Georges, ein umfangreiches Werk unter
dem Titel *Stefan George und die Blätter für die Kunst. Deutsche Geistesgeschichte seit 1890*,[29] in dem er deutsche Geschichte und deutschen Geist fast ausschließlich in George
verkörpert sah. Als Gundolf es las, war er ernsthaft betrübt.
»Das ist pfäffisches Geschwätz!«, sagte er mir – und Gundolf
war wahrlich kein Lästermaul!
    Eben der Begriff vom Staat trug dazu bei, daß der franzö-
sische Einfluß im Werk Georges verwischt wurde. Er kam
zudem gewissen politischen Tendenzen entgegen, die durch
die unbedingte elitäre Haltung, die die George-Schüler an
den Tag legten, verstärkt wurden.

*Und der Nationalsozialismus hat diese elitäre Haltung zum
Teil vereinnahmt?*

Gewiß. Das Verhalten der Mitglieder des Kreises war jedoch
sehr unterschiedlich. Durch den Kreis ging ein tiefer Riß;

mehrere der Mitglieder waren, worauf schon Namen wie Wolfskehl, Gundolf,[30] Kantorowicz und Morwitz hinweisen, Juden. Andere Schüler, bei denen es sich jedoch nicht um sonderliche Berühmtheiten handelte, etwa Hildebrandt und von Blumenthal, hatten hingegen in den letzten Jahren enge Verbindungen zum Nationalsozialismus. So auch Graf Waldemar Uexküll-Gyllenband, dem Kantorowicz sein Buch über Friedrich II. gewidmet hatte und der sich als Freund des Autors ausgab. Als Hitler zum Reichskanzler wurde, hielt Uexküll-Gyllenband eine Rede, in der seine Sympathie für den Nationalsozialismus deutlich zum Ausdruck kam.

Noch nachhaltiger beeindruckte mich der Fall des brillanten jungen Literaturgeschichtswissenschaftlers Max Kommerell. Etwa acht Jahre nach dem Bruch mit Gundolf wurde er zu Georges Lieblingsschüler. Anfangs äußerte er seine Sympathie für die Begeisterung der jungen Nationalsozialisten, trotz der Brutalität ihrer Ausdrucksformen. Später, nach der Machtergreifung und insbesondere nachdem er sich von George gelöst hatte, verstummten die Lobeshymnen. Doch findet sich in seiner Korrespondenz nicht die geringste Anspielung auf das Schicksal seiner Kollegen, die von den Universitäten verwiesen wurden, oder auf die Verfolgungen, die ihm unmöglich entgangen sein konnten.[31]

Ich denke auch an Claus von Stauffenberg, der nach dem Attentat auf Hitler hingerichtet wurde. Von Jugend an war er von der Verehrung für den Meister durchdrungen; sie begleitete ihn sein Leben lang. Ihm verdankte er sein Sendungsbewußtsein.[32] Die Ehefrau seines Bruders berichtete, wie Stauffenberg nach einem großen Luftangriff auf Berlin vom Balkon aus einen Teil der Stadt in Flammen aufgehen sah und dabei ein Gedicht Georges rezitierte. Sicher, er hat sich Hitler widersetzt, aber – und das gilt auch für die anderen revoltierenden Offiziere – nicht wegen der Massaker an den Juden oder wegen der Exekutionen von Kriegsgefangenen in Deutschland und in den besetzten Ländern im Osten. Die

Verschwörung nahm erst Gestalt an, als die Möglichkeit eines militärischen Desasters – als Folge strategischer Fehler Hitlers – zur Gewißheit geworden war. Als ich vom Mißlingen der Verschwörung erfuhr, war ich weniger erstaunt darüber, daß es eine solche gegeben hatte, als darüber, daß diese ausgezeichneten Offiziere den elementaren Grundsatz jeder Machtübernahme – den schon der jüngste Offizier in meiner Dienststelle sich einprägen mußte – nicht beachtet hatten, nämlich die Notwendigkeit, sich zuallererst der Kommunikations- und Propagandaorgane zu bemächtigen.

Was Stefan George selbst anbetraf, so konnte man in seiner Haltung eine tiefe Zweideutigkeit, eine grundsätzliche Widersprüchlichkeit wahrnehmen. Auf der einen Seite waren seine brillantesten Adepten wie auch seine Jugendfreundin Ida Koblenz Juden; andererseits äußerte George, wie Edith Landmann berichtet,[33] im September 1933, das heißt in genauer Kenntnis der rassistischen Maßnahmen des Regimes, viele Vorbehalte gegenüber den Juden. Heute neigt man dazu, diese kritischen Bemerkungen gegenüber den Juden, die sich im Briefwechsel Georges finden, herunterzuspielen. So schrieb er an Melchior Lechter, den Illustrator einiger seiner Gedichtsammlungen, in München gebe es »nur volk und jugend. Niemand sagt dass diese immer angenehm sind · aber tausendmal besser als dieser Berliner mischmasch von unterbeamten, juden und huren!« Die Herausgeber hatten, obgleich sie sehr angesehene George-Spezialisten sind, sich darauf beschränkt, den »Berliner mischmasch« zu veröffentlichen und den Rest zu streichen. Die Leiterin des George-Archivs der Württembergischen Landesbibliothek in Stuttgart hat mir diesen Tatbestand, auf den der Stauffenberg-Biograph Professor Peter Hoffmann hingewiesen hat, freundlicherweise bestätigt.[34]

Wie es scheint, hat George nicht alle Ideale des Nationalsozialismus verworfen. In einem Brief vom 10. Mai 1933, nach Hitlers Machtergreifung, erklärt er, nachdem man we-

gen des Vorsitzes der Deutschen Dichterakademie bei ihm
vorgefühlt hatte, daß er seine Ahnherrnschaft der neuen nationalen Bewegung keineswegs verleugne und seine geistige
Mitwirkung auch nicht beiseite schiebe.[35] Gleichwohl ver-
zichtete er auf die Ehre, die man ihm erweisen wollte, und
zog es vor, nach Minusio bei Locarno ins Exil zu gehen, wo
er wenig später starb, umgeben nicht von den brillanten Köp-
fen seines Kreises, sondern von zwei getreuen Epheben.

*Von den Mitgliedern des Kreises haben Sie besonders von
Gundolf gesprochen. Gab es noch andere, die Sie bewunderten?*

An einen Mann möchte ich noch erinnern, dessen physische
wie intellektuelle Statur unvergeßlich ist: den Dichter Karl
Wolfskehl, einen Jugendfreund Georges, der ihm den jungen
Gundolf vorstellte. Wolfskehl kannte sich auf dem Gebiet
der deutschen Literatur und der Geschichte der deutschen
Sprache bestens aus, ohne freilich eine universitäre Laufbahn
anzustreben, da er über beachtliche Privateinkünfte verfügte,
die ihn von dem Zwang, einen Beruf zu ergreifen, befreiten.
Die Geschichte seiner Familie lag ihm sehr am Herzen. Sein
Vorfahr Moses ben Kalonymos hatte dem Kaiser Otto II. im
Jahre 982 bei der Schlacht von Cotrone das Leben gerettet
und war eingeladen worden, dem Kaiser nach Deutschland
zu folgen, wo er sich in Mainz niederließ. Er war der erste,
der die Kabbala über die Alpen brachte.

Zwischen 1900 und 1914 bewohnte Wolfskehl eine große
Wohnung in München, wo ihn George häufig besuchte und
wo sich die berühmten »antiken Feste« abspielten; George
verkleidete sich als Homer oder Caesar, Gundolf als Dante,
Wolfskehl als Bacchus usw. Und die Georgianer spielten mit
sehr viel Ernst.

1933 traf ich Wolfskehl erneut in Rom. Der Skriptor des
Vatikans, Monsignore Pelzer, hatte mich dorthin eingeladen,

so daß ich über die zahlreichen dort verwahrten kusanischen Manuskripte arbeiten konnte. Der intellektuelle Zerfall Deutschlands betrübte Wolfskehl sehr. Im selben Jahr entschloß er sich, ins Exil zu gehen und wählte das entlegenste und fremdeste Land, das von Europa aus gesehen am anderen Ende der Welt liegt: Neuseeland.

Niemand vermochte das Gefühl der Entwurzelung besser zum Ausdruck zu bringen als er:

> Zu Lucca sass ich lang im Land Tuskan,
> Seit unsres Tempels Fall. Dann zog der Ahn,
> Wie einst zum Nil Ur-Jakobs Karawan
> – Großkarl gebots – zum Rhein. Für ein Jahrtausend
> Sass ich am Rhein, in Ried und Städten hausend,
> Im Dienst des Herrn, der Herren, hoffend, grausend.
>
> Am Frankenrhein sog ich lateinischen Hauch
> In Rheins Wein löscht' ich, mit der Väter Brauch
> Das Sabbathlicht...[36]

In seinem Exil blieb ihm als einziger Trost, Gedichte auf deutsch zu schreiben:

> Wo ich bin ist Deutscher Geist.[37]

Er starb in Neuseeland kurz nach dem Krieg, ohne jemals wieder nach Europa zurückgekehrt zu sein.

3 Die deutschen Meister:
Eckhart und Nikolaus von Kues

Im Jahre 1927 veröffentlichen Sie mit einundzwanzig Jahren Ihre erste wissenschaftliche Arbeit. Es handelt sich um eine kritische Edition des Liber de sapiente *des französischen Philosophen Charles de Bovelles. An dieser Arbeit fallen mir zwei Dinge auf: zum einen, daß Sie sich von diesem Moment an mit dem negativen Denken befassen, das heißt mit allen Fragen der »via negationis«, mit der Frage der Annäherung an die Mysterien des Nichts, und man ahnt, daß Sie den Weg, der Sie zu Meister Eckhart führen wird, bereits beschritten haben; zum andern, daß diese Arbeit zur gleichen Zeit und sogar im gleichen Band wie Ernst Cassirers* Individuum und Kosmos in der Renaissance[1] *veröffentlicht wird. Nach dieser großartigen Arbeit an Bovelles'* Liber de sapiente *folgten Veröffentlichungen über Proklos und noch im selben Jahr über Nikolaus von Kues. Bitte erläutern Sie uns zunächst, was Sie zu diesen komplizierten Autoren, den Denkern der Negation wie Bovelles, Proklos und Nikolaus von Kues, geführt hat.*

Ich wollte das deutsche Denken begreifen. Um die Philosophie als ganze zu verstehen, muß man natürlich jede einzelne Philosophie für sich analysieren und überprüfen, ob ihre Aussagen stichhaltig sind. Man muß jedoch auch begreifen, daß jede Philosophie in einem historischen Augenblick wurzelt und durch die Geschichte, die Geschichte des Denkers, bedingt ist. Die Fragen, die sich jeweils dabei stellen, sind keine absoluten. Sie erklären sich aus der Situation dessen, der sie aufwirft. Will man also die Fragen und auch die Weise ihrer Beantwortung verstehen, so muß man die Genese des jeweiligen Denkens erfassen. Bei der Gelegenheit läßt sich mühelos erkennen, wie sehr sich das deutsche Denken vom französischen oder vom englischen unterscheidet. Welche Distinktionen werden vorgenommen, worauf beruhen sie? Um dies zu begreifen, bedarf es eines Rückblicks darauf, wie die deutsche Philosophie auf der einen Seite von Kant und der kantischen Tradition, auf der anderen von Hegel geprägt wurde.

Inwieweit das Kantische Denken selbst mit weit zurückliegenden und zu Kants Lebzeiten offenkundig vergessenen Denkströmungen verbunden war, zeigt schon der Hinweis auf das Werk des mystischen Denkers Valentin Weigel, etwa auf seine 1618 posthum erschienene Schrift mit dem Titel: *Kurtzer Bericht vom Wege und Weise alle Ding zu erkennen Das die Erkentnüß oder das Urtheil herkomme von dem Urtheiler und Erkenner und nicht von deme das da geurtheilet oder erkandt wird*...[2]

Um Hegel zu verstehen, muß man noch weiter in die Geschichte zurückgehen. Wie läßt sich die Dialektik begreifen? Bei einem solchen Versuch gewinnt man Einblick in die Bedeutung der deutschen Denktradition, die einerseits von Sebastian Franck und Jacob Böhme, andererseits und früher schon von Nikolaus von Kues und Meister Eckhart geprägt wurde. Nikolaus von Kues und Meister Eckhart wiederum lassen sich nicht begreifen, wenn man nicht noch jenen entscheidenden und weitreichenden Einfluß der sogenannten neuplatonischen Tradition bedenkt. Die große Gedankenbewegung, die vom Platonismus zu Hegel führt, gab also den Leitfaden für meine ersten Untersuchungen vor.

Ihren Worten entnehme ich zweierlei. Zum einen haben Sie sich mit Meister Eckhart und Nikolaus von Kues befaßt, weil diese sich in Ihren Augen insofern als Quellen der hegelianischen Strömung innerhalb der deutschen Philosophie betrachten lassen, als für deren Werke der grundlegende Begriff der coincidentia oppositorum *konstitutiv ist, die Frage nach dem Widerspruch, die schließlich in die Dialektik mündet.*

*Zum anderen höre ich aus Ihrer Antwort heraus, daß durch
den Bezug zum Neuplatonismus die Frage nach dem Unendlichen und der Göttlichkeit, das Problem des Übersinnlichen,
der Sehnsucht nach Gott bereits in diesem Moment große Bedeutung für Sie gewonnen hatte.*

In Deutschland ist die Spannung zwischen der Bedeutung,
die der Vernunft beigemessen wird, und der Aufwertung dessen, was die Vernunft übersteigt und zum Irrationalismus
führen könnte – wohlgemerkt »könnte«, aber nicht unbedingt muß –, wesentlich. Nur woher kommt diese Neigung,
dieses Bedürfnis, über die Vernunft hinauszugehen? Das läßt
sich nicht begreifen, wenn man nicht die deutsche Denktradition bis hin zu Nikolaus von Kues und Meister Eckhart
zurückverfolgt. Diese Dialektik findet sich weder in der englischen noch in der schottischen Philosophie und unterscheidet sich auch offenkundig von der großen cartesianischen
Tradition. Selbst die Anticartesianer haben mit diesem spezifisch deutschen Gedanken nichts gemein. Worin liegt dessen
Eigentümlichkeit begründet? Johann Georg Hamann, der
Zeitgenosse Kants, sprach stets vom Zusammenfall der Gegensätze. Darin sah er die philosophische Wahrheit, doch
schrieb er sie Giordano Bruno zu. Jene, die Hamann kannten, interessierten sich deshalb für Bruno, und Schelling griff
ihn auf. Allerdings übersah man, daß Bruno vollständig Nikolaus von Kues verpflichtet war. Auf der anderen Seite hatte
der große Neukantianer und führende Denker der Marbur-
ger Schule Hermann Cohen in der zweiten Hälfte des
19. Jahrhunderts Nikolaus gelesen und behauptet, daß das
moderne Denken von ihm seinen Ausgang genommen habe,
daß er in den Augen der Neukantianer der erste moderne
Denker sei. Es standen dem Leser jedoch nur alte Editionen
zu Verfügung, deren jüngste aus dem Jahre 1565 stammte.
Eine Neuausgabe erschien dringlich. Letztlich lassen sich,
wie ich bereits gesagt habe, auch seine Schriften nicht begrei-

fen, wenn man nicht bis zur neuplatonischen Tradition und insbesondere zu Proklos zurückgeht. Hinter dem Ensemble dieser Philosophen ermöglicht die Dialektik als Überschreitung der Vernunft das Denken des Unendlichen.

Um diese Arbeit erfolgreich durchzuführen, mußte man die traditionelle Klassifikation, die eine scharfe Trennlinie zwischen Mittelalter und Renaissance zieht, in Frage stellen.

Nikolaus von Kues wurde in Deutschland schon immer als der erste moderne Philosoph angesehen. Für Ernst Hoffmann beispielsweise war er *der* Philosoph der deutschen Renaissance.[3] Als ich ihn studierte, entdeckte ich, daß diese schulmäßige (und nach Schulen unterscheidende) Klassifikation – Antike/Mittelalter/Renaissance – grundsätzlich falsch ist. Daraufhin habe ich mich intensiv mit den Quellen beschäftigt.[4] Sicherlich kannte Nikolaus von Kues einen Teil der antiken Literatur, doch nur so, wie sie zu seiner Zeit in Übersetzungen vorlag. Wenn er vom Platonismus spricht, ist dieser also nicht mit dem Platonismus zur Zeit Platons identisch. Wie ich nachweisen konnte, handelt es sich, wenn er in seinen frühen Werken von Platonismus spricht, um die Meister der Schule von Chartres, also um den Platonismus des 12. Jahrhunderts. Andererseits kannte er auch die Platon-Interpretation der Spätantike, die des Macrobius und vor allem des *Kommentars zu Platons Parmenides* von Proklos. Er besaß auch ein Manuskript der philosophischen Werke des Apuleius, das er reichhaltig mit kritischen Anmerkungen versehen hat. Erst nach seiner Ankunft in Italien entdeckte Nikolaus die Übersetzungen der Platon-Dialoge, die in diesem Land im 15. Jahrhundert angefertigt worden waren, etwa die der *Politeia*, der *Apologie*, des *Kriton*, *Phaidon* und *Phaidros*, aber auch die im 12. Jahrhundert in Sizilien entstandenen Übersetzungen des *Menon* und des *Phaidon*.

Sie sehen, wie wichtig es ist, die Vorstellung von einem

Bruch zwischen dem Mittelalter und der Renaissance zu modifizieren und die Vorstellung vom Mittelalter selbst in Frage zu stellen; der Ausdruck taucht übrigens zum ersten Mal 1469 in Rom auf, in der schönen Würdigung des Nikolaus von Kues, seines langjährigen Patrons, die der Bischof Giovanni Andrea de Bussi seiner Erstausgabe der philosophischen Schriften des Apuleius (Rom 1469) voranstellte. Von nahem besehen ist der Ausdruck Mittelalter recht verschwommen, verdeckt er doch, indem er die Jahrhunderte vom »Ende der Antike« bis hin zur »Renaissance« – ebenfalls ein problematischer Begriff – bezeichnet, eher Differenzen, als daß er eine Einheit offenbarte.

Hat Proklos für Sie Bedeutung gewonnen, weil er als Philosoph das Verbindungsglied zwischen Plotin, dem Begründer des Neuplatonismus, und dem Renaissance-Denken darstellte?

Im Gegensatz zu Herrn Trouillard, der in Proklos den bedeutenderen und vollendeteren Philosophen sieht, habe ich immer die Überzeugung vertreten, daß Plotin der größere Denker ist. Aber aus historischer Perspektive hat vor allem Proklos die mittelalterliche Denktradition geprägt, denn Plotin war, von einigen Zitaten abgesehen, nicht bekannt. Man wußte nur indirekt von ihm, während das Werk des Proklos in einer lateinischen Übersetzung aus dem 13. Jahrhundert vorlag, und bei ihm trifft man jene Konzeption an, die für die deutsche Philosophie grundlegend wurde: die Konzeption der Seele. Diesem kühnen Gedanken zufolge ist Gott in der Seele, das *unum in anima*, das Eine in der Seele. Ebendiese Möglichkeit des »Einen in der Seele« verbindet den Menschen mit Gott und erlaubt ihm, die Grenzen der Rationalität zu überschreiten. Es läßt sich leicht erkennen, inwiefern jener Gedanke des *unum in anima* bei Meister Eckhart zentrale Bedeutung gewinnt. In jedem Menschen steckt dieser Funke, dieser Anteil am Göttlichen. Und es ist diese mystische Begründung, die später in säkularisierter Form in die Absicht der Dialektik eingeht, das rationale Denken zu überschreiten, aufzuheben. Um es kurz zu sagen: Dies zog mich an, weil ich die Grundlagen der deutschen Philosophie kennenlernen wollte.

Ihr Werk ist sehr weit gespannt. Es hat sich auf vielfältige Weise fortentwickelt, und wir haben bislang nur einige Aspekte davon näher betrachtet. Indem Ihre unterschiedlichen Arbeiten alle auf eine Interpretation des Platonismus hinauslaufen, deutet sich ein tieferliegender Zusammenhang an, eine große Treue zu Platon, auf die wir noch zu sprechen kommen. Diese Treue kennzeichnet Ihre Arbeiten, die aus dem Zeitraum von 1929 bis 1936 stammen und Nikolaus von Kues und Meister Eckhart gewidmet sind. In einem schmalen, erst im Jahre 1939 veröffentlichten Buch haben Sie dann die Kontinuität der platonischen Tradition durch das ganze Mittelalter hinweg nachgewiesen. Während dieser ganzen Zeit läßt sich Ihrer Auffassung nach der Begriff der Tradition, die Bedeutung des Erbes erkennen, der sich Ihnen als zentraler Begriff Ihrer eigenen historischen Arbeit aufdrängt. Diese Wertschätzung der Tradition, hinter der sich eine tiefe Treue zum Cassirerschen Denken verbirgt, scheint mir Ausdruck einer großen Hoffnung wie auch einer Ablehnung jener blinden kulturellen Gleichschaltung zu sein, die im Deutschland der dreißiger Jahre bereits den Horizont verdunkelte.
Können wir uns noch einen Moment lang bei Ihrem Interesse am negativen Denken aufhalten? Im Mittelpunkt dieses Denkens steht die Gottesfrage. Am Beispiel eines Selbstporträts von Roger van der Weyden, dessen Gesicht, von wo aus auch immer man es anschaut, den Betrachter anzublicken scheint, entfaltet Nikolaus eine Vorstellung von der Unendlichkeit Gottes, die ihm notwendig und unmöglich zugleich erscheint.[5] Von welchen Aspekten des Cusanischen Denkens

*fühlten Sie sich mehr angezogen, von der Metaphysik, der
Theologie oder der Kunst des Gegensatzes oder aber von den
Fragen der Kosmologie oder der Epistemologie?*

Ihre Frage ist leicht beantwortet: nicht von einem einzelnen
Aspekt, sondern von der Gesamtheit dieser Aspekte, die gerade das Denken des Nikolaus von Kues kennzeichnet und in
der seine Bedeutung als Philosoph an sich und als Ursprung
späterer Denkentwicklungen, insbesondere der deutschen
Philosophie, begründet liegt. Wollte man ihm also gerecht
werden, müßte man in jedem dieser Gebiete das Besondere
hervorheben. Ich möchte jedoch zunächst auf seine Lehre
von der Freiheit und der menschlichen Persönlichkeit zu
sprechen kommen.

*Ja, dies war besonders wichtig für Sie, denn nachdem Sie in
gewisser Weise Ihr eigenes philosophisches Projekt entworfen
hatten, beschäftigte Sie grundsätzlich die Idee des Menschen
– also die Idee seiner Freiheit in einer Welt, die scheinbar von
der Notwendigkeit regiert wird.*

Richtig. Man sieht, daß dieser Begriff der Freiheit und der
menschlichen Persönlichkeit zu Beginn des 15. Jahrhunderts
einerseits noch von der Astrologie beherrscht wurde; die
Sterne, die Gestirne, das Eingebundensein des Menschen in
den ganzen Kosmos scheinen das menschliche Schicksal entscheidend zu beeinflussen. So stieß ich beispielsweise in
einem der Manuskripte des Nikolaus von Kues, die in der
Bibliothek jenes Hospitals erhalten sind, das er in seiner
Geburtsstadt gegründet hat, auf eine längere Abhandlung.
Diese führt große Ereignisse wie etwa die Gründung der Religionen oder die Errichtung des Römischen Reiches auf
astrologische Konstellationen zurück. Aus diesem Text wird
ersichtlich, wie gut er die lateinischen Übersetzungen der
arabischen Astrologen kannte.

Andererseits gab es eine noch viel tiefergehende Lehre, nämlich die große augustinische, der zufolge alles von der göttlichen Gnade abhängt. Die ersten Schriften des Nikolaus von Kues stehen im Zeichen des großen augustinischen Lehrsatzes, der das Licht der Gnade Gottes als grundlegende Bedingung aller Erkenntnis und als leitendes Prinzip aller menschlichen Handlungen ansieht. Nikolaus wurde bald jedoch dessen gewahr, daß die Wirksamkeit dieser Gnade in enger Beziehung zu den persönlichen Handlungen des Individuums steht. Und so offenbart sich in seinem scheinbaren Rückgriff auf den heiligen Augustinus eine überraschende Differenz. Die Gnade ist nicht mehr eine göttliche Kraft, die unabhängig von Vernunft und Verdienst wirkt, sondern eher eine Kraft, die innig mit den persönlichen Handlungen des Menschen verbunden ist. Diese Vorstellung bringt Nikolaus klar und entschieden in der Abhandlung *De visione dei*, einem Dialog zwischen dem Menschen und Gott, zum Ausdruck: »Diese Kraft, die ich von Dir erhalten habe«, erklärt Nikolaus jetzt, »und in der ich ein lebendiges Abbild der Kraft Deiner Allmacht besitze, ist der freie Wille, durch den ich die Aufnahmefähigkeit für Deine Gnade vergrößern oder verringern kann.«[6]

Die grundlegende Position hat sich eindeutig verändert. Der Wille des Menschen ist nicht mehr die bloße Folge der Gnade. Vielmehr liegt jetzt die Betonung darauf, daß er zugleich die Bedingung dafür ist, wie die Gnade aufgenommen werden kann. »Blickst Du mich nicht mit dem Auge der Gnade an«, sagt er, »so liegt es an mir…«[7] Der Art und Weise, wie sich die göttliche Gnade dem Menschen mitteilt, kommt sehr große Bedeutung zu. Wie gibt sich Gott selbst seiner Schöpfung hin, fragt beklommen der Mensch. Gott aber antwortet: »Sei du dein, und ich werde dein sein« (*Sis tu tuus et ego ero tuus*).[8] Diese Worte beinhalten, meiner Ansicht nach, den Kern der Freiheitslehre. Und als ich nach einer langen Suche eine Kopie der Erstausgabe der Werke des

Nikolaus in Händen hielt, war ich nicht wenig überrascht, als ich die Entdeckung machte, daß ein Leser im 15. Jahrhundert zu derselben Schlußfolgerung gelangt war und diese Worte als Motto auf das Vorsatzblatt geschrieben hatte.

Aber wie gelangt der Mensch in jenen Besitz seiner selbst, der als Bedingung und zugleich als Folge der Gnade gilt? Die Antwort lautet: »... Du hast es in meine Freiheit gelegt, daß ich mein sein kann, wenn ich es nur will. Gehöre ich darum nicht mir selbst, so gehörst auch Du nicht mir.«[9] Eine Schlüsselstellung in allen Schriften des Nikolaus nimmt von nun an der Gedanke ein: von dir, und nur von dir selbst hängt es ab, ob du den Stand der Gnade erlangst. In einer seiner letzten Schriften, im Dialog über das »Globuswerfen«, spricht er der persönlichen Verantwortung eine noch größere Tragweite zu. Diesem Text zufolge liegen die Erstursachen nicht nur des Verhaltens, sondern des Schicksals eines Menschen im Menschen selbst.[10] Der Mensch muß für sich selbst und damit zugleich für sein gutes oder schlechtes Schicksal die Verantwortung tragen. Die ganze Kraft und Strenge einer solch bejahenden Konzeption des Schicksals läßt sich nur ermessen, wenn man sich der Umstände erinnert, unter denen er diese Behauptung aufstellt. Es sind die Worte eines alternden Kardinals, der aus seinem Bistum vertrieben wurde und alle Hoffnung verloren hat, es wiederzuerlangen. Eine solche Haltung gegenüber dem eigenen Schicksal bezeichnete ein späterer Philosoph, Nietzsche, als *amor fati*, als Liebe zum eigenen Schicksal.

Mit dem Grundsatz, daß der Mensch Herr seines Schicksals sei, geht die endgültige Ablehnung astrologischer Lehren einher. Der Einfluß der Gestirne erstrecke sich lediglich auf Ereignisse, die mit der bloß physischen Welt zusammenhängen, auf Naturphänomene wie das Wetter und das Wachstum der Ernte, während das Gebiet des Menschen, des freien und edlen Geistes – der Ausdruck stammt von Nikolaus selbst – ihnen nicht unterstehe. Dieses Werk, *De ludo globi*,[11] ist eine

Eloge auf die schöpferische Macht des menschlichen Geistes,
der seine intellektuelle Freiheit unter Beweis gestellt hat, indem er die Künste schuf – eine Vorstellung, die später im
Denken Leonardos da Vinci eine bedeutende Rolle spielen
wird. Für den Kardinal Nikolaus sind nicht nur die intellektuellen Fähigkeiten des Menschen, sondern auch die Möglichkeit des Abfalls vom Glauben und des Selbstmords Manifestationen der menschlichen Freiheit.

*Im Grunde wird Nikolaus von Kues zum Verfechter der Ver-
nunft, deren Grenzen er zugleich festsetzt. Welche Rolle spielt
der Glaube in seinem Denken?*

Was die Beziehung zwischen Vernunft und Glauben anbetrifft, so ist es wichtig, mit Nachdruck die Grenzen hervorzuheben, die Nikolaus für Vernunft und Logik zieht. Denn
Gott befindet sich jenseits des Zusammenfalls der Gegensätze, und man muß eine persönliche Anstrengung unternehmen, die einen Glaubensakt beinhaltet, um sich zu Gott zu
erheben. Dieser Glaubensakt ist nicht irrational, sondern
gründet in der Vernunft selbst. Was Nikolaus im neuplatonischen Sinne als *intellectus* bezeichnet, steht nicht im Gegensatz zur Vernunft. Aber die Vernunft selbst verweist auf die
Notwendigkeit dieser Aufhebung. Erkenntnis ohne Glaube
bleibt unvollständig. Das wissenschaftliche Forschen ist genau das Mittel, mit dem die Vernunft die Spuren des Göttlichen in der Welt erkennen kann. Gott bedient sich der Weisheit. Gott hat »alles in Zahl, Gewicht und Maß geschaffen«.[12]
Es ist die Aufgabe des menschlichen Geistes, das göttliche
Werk zu erkennen, indem er sich systematisch der Wissenschaft der Zahl bedient. Nikolaus hat auch die Mathematik
vorangetrieben, sein ganzes Leben lang befaßte er sich, wie
man dem Autographen im Vatikan und mehreren anderen
Schriften zu dem Thema entnehmen kann, mit der Quadra-
tur des Kreises. In seinen Augen war Mathematik nicht ein

Selbstzweck, sondern ein Symbol für die Erforschung des
Unendlichen mit Hilfe des endlichen menschlichen Geistes,
ganz im Sinne jener Vielecke, die, selbst wenn man eine unendliche Zahl neuer Seiten hinzufügt, niemals mit dem Kreis
zusammenfallen. In ebender Weise sollte sich der menschliche Geist dem göttlichen Wesen immer mehr anzunähern
versuchen, aber eingedenk des Begriffes der Gleichheit in ihrem präzisen Sinne ist eine Koinzidenz unmöglich.

*Wir können uns denken, daß die Lehre von der Verantwor-
tung und der Freiheit für Sie eine ganz besondere Bedeutung
erhielt, führt man sich die Umstände vor Augen, unter denen
Sie sich mit ihr auseinandersetzten, das heißt die deutsche
Kultur zwischen den beiden Weltkriegen. Wie sind Sie nun zu
Meister Eckhart gelangt? Meister Eckhart ist die Quelle,
nicht wahr?*

Er war nicht die einzige Quelle, aber ein großer Meister, der
Nikolaus von Kues inspiriert hat. Man behauptet, sein Einfluß verdanke sich dem Unterricht, den Nikolaus bei den
Brüdern vom gemeinsamen Leben erhalten habe und bei denen er auf das Ideal der Laienfrömmigkeit gestoßen sei – doch
handelt es sich hier eher um eine Legende. Richtig ist, daß er
die deutsche Mystik studiert hat – eine verschwommene und
undeutliche Etikettierung, die mehr verdunkelt als erhellt.
In Wirklichkeit ging es um die grundlegende Beziehung
zwischen der menschlichen Seele und Gott. Nikolaus war
im Besitz des wichtigsten Manuskripts von Meister Eckhart.
Er hat es kopieren lassen und mit Anmerkungen versehen;
man kann es im St.-Nikolaus-Hospital von Kues noch be-
sichtigen.

*Ich möchte gerne, daß wir die Gründe zur Sprache brin-
gen, weshalb Meister Eckhart in der Zwischenkriegszeit in
Deutschland solche Bedeutung erlangte. Könnten Sie ein*

Wort dazu sagen, insbesondere zur Frage des Menschen als Abbild der Gottheit?

Eckhart war den deutschen Philosophen nicht bekannt. Erst 1823 berichtete Hegel, er habe Franz von Baader mit Begeisterung über Meister Eckhart sprechen hören; dieser habe gesagt, dort sei bereits alles Wichtige gesagt worden. Alles Wesentliche finde sich bei Meister Eckhart.[13] Aber dessen Denken erfuhr sehr unterschiedliche Interpretationen. Die Nietzscheaner beriefen sich auf ihn und machten ihn zum Propheten, und diese abweichende Interpretation nahm dramatische Züge an, als sie zu einer politischen Frage wurde. So erklärte der Chefideologe der nationalsozialistischen Partei Alfred Rosenberg,[14] Eckhart sei die Reinkarnation Odins, der Schöpfer der arischen Philosophie, jener Philosophie, die auf der Erkenntnis gründe, daß das Blut das wichtigste Element von Identität und Macht sei. Er sei ein Feind Roms, ein nordischer Geist, ein germanischer Mensch und damit der Beginn der wahren deutschen Philosophie gewesen. Wer Eckhart nicht in diesem Sinne zu betrachten bereit war, galt als jemand, der nicht die Wahrheit sehen wollte.

Zu Beginn des Jahres 1932 hatte ich den Plan für eine Edition seiner bis dahin unbekannten lateinischen Werke entworfen.[15] Man befaßte sich sonst mit seinen volkstümlichen deutschen Predigten. In den lateinischen Schriften sprach er als Meister der Theologie, als Nachfolger des heiligen Thomas, dessen Lehrstuhl er zweimal in Paris innehatte, und in ebendiesen Schriften sind seine Grundgedanken enthalten. Er zitierte die großen arabischen und jüdischen Philosophen, vor allem Maimonides. Daß dieser Mann, der Begründer der arischen Philosophie, in der Schuld des Maimonides stand, galt natürlich als Häresie! Ich habe also den Auftrag, den die Heidelberger Akademie mir erteilt und mit dem sie mich zum Leiter dieser Edition ernannt hatte, zurückgegeben, um sie nicht in eine peinliche Situation zu bringen.

Es ist schwierig, in das Denken des Meister Eckhart über die Göttlichkeit im Menschen einzudringen. Mit welchem Werk sollte man sinnvollerweise beginnen?

In den Predigten zum Beispiel schreibt Eckhart: »Wisset nun: In allen guten Menschen ist Gott ganz, und es gibt ein Etwas in der Seele, worin Gott lebt, und es gibt ein Etwas in der Seele, wo die Seele in Gott lebt. Wenn (aber) die Seele sich heraushebt auf äußere Dinge, so stirbt sie, und Gott stirbt auch für die Seele. Deshalb (aber) stirbt er keineswegs an sich selbst; vielmehr lebt er in sich selbst (fort). Wenn die Seele vom Leibe scheidet, so ist der Leib tot, die Seele aber lebt in sich selbst (fort); so auch ist Gott für jene Seele tot, und doch lebt er in sich selbst (fort). Wisset nun: Es ist eine Kraft in der Seele, die ist weiter als der weite Himmel, der da unglaublich weit ist, so weit, daß man's nicht recht auszusprechen vermag; – jene Kraft aber ist noch viel weiter.«[16] Hier stoßen wir tatsächlich auf das Thema von Gott in der Seele, und es ist jener göttliche und zugleich unsterbliche Funke, der es uns zu sagen erlaubt, daß der Mensch in gewissem Sinne Gott, ein Teil des Göttlichen, sei. Diese Vorstellung wurde jedoch von den Schülern, den *Brüdern und Schwestern des freien Geistes*, aus dem Kontext herausgelöst und entstellt, indem sie erklärten: »Ich bin Gott. Ich bin nicht losgelöst von Gott, und wenn Ihr mich verbrennt – wie man es schon getan hat –, so könnt Ihr mein wahres Ich nicht verbrennen. Dieses Ich ist Gott.« Hier haben Sie die Lehre vom Menschen als Abbild der Gottheit, einen gewissen Vorgeschmack auf den *Übermenschen*. Jene Schüler wollten, daß der Mensch ganz auf das verzichte, was es an Menschlichem in ihm gibt, und dieser totaler Verzicht sollte zur Vereinigung mit dem Göttlichen in ihm, mit Gott, führen.

4 Von Heidelberg nach Oxford:
Flucht aus Deutschland

Sie haben von dem so lebendigen literarischen Leben in Heidelberg berichtet, von der glücklichen Zeit Ihres Studiums. Dennoch muß es auch Vorboten für die sich anbahnende Katastrophe gegeben haben?

Bereits mit dem Ende des Ersten Weltkrieges traten in Deutschland solche Vorboten auf. Die Deutschen wollten die Niederlage nicht wahrhaben. Die Menge warf Blumen auf die vorbeimarschierenden besiegten Soldaten. Schon bald hob die Propaganda an: Es war keine Niederlage, das Übel kommt von innen, von den Sozialisten, Juden und Internationalisten... In Heidelberg trat der Antisemitismus nur selten zutage. 1923/1924 mietete ich bei einer Frau ein Zimmer an. Ein anderer Student, der ebenfalls dort wohnte, war Mitglied der nationalsozialistischen Partei. Von Zeit zu Zeit lud er mich ein. So etwas wäre später undenkbar gewesen.

Gleichwohl gab es auch in Heidelberg unheilvolle Vorzeichen: Der berühmte Physiker Philipp Lenard, der für seine Untersuchungen zu den Kathodenstrahlen den Nobelpreis erhalten hatte, wurde ultranationalistisch. Und so lehnte er es nach der Ermordung des Außenministers Rathenau im Jahr 1922 ab, seine Vorlesungen auszusetzen, weil er »seine Vorlesungen nicht wegen des Todes eines Juden« unterbrechen wollte.

Wann haben Sie sich dazu entschieden, Deutschland zu verlassen?

Als Hitler im Januar 1933 zum Reichskanzler wurde, war das
Ende der Weimarer Republik gekommen. Alle Propaganda-
Apparate lagen von nun in den Händen der Partei.

In Heidelberg gab es leider unter den Lehrenden keine
große anti-nationalsozialistische Bewegung. Aber es gab
auch nur wenig aktive Unterstützung der Nazis. Der Wahl-
aufruf der Universitätsdozenten vom 3. März 1933, der traurige Berühmtheit erlangte, da er von mehr als dreihundert
Professoren unterzeichnet worden war, hatte in Heidelberg
nur drei Unterschriften erhalten: die des emeritierten Professors Friedrich Endemann, selbstverständlich die des ebenfalls bereits emeritierten Professors Philipp Lenard und die
des außerordentlichen Professors Eugen Fehrle, auf den ich
noch zurückkommen werde.[1]

Am 5. März fanden die letzten allgemeinen, einigermaßen
freien Wahlen statt. An jenem Morgen begegnete ich auf der
Alten Brücke, die über den Neckar führt, einem der ältesten
Privatdozenten der Universität, Dr. August Faust, dem Autor einer exzellenten Monographie über den Begriff der
Möglichkeit.[2] Seine demokratischen Gesinnungen waren allgemein bekannt. »Ich hoffe, daß die demokratischen Parteien
einen entscheidenden Sieg davontragen werden«, sagte er zu
mir.

Spät am Abend, als bereits deutlich geworden war, daß die
NSDAP mit der Deutschnationalen Volkspartei die absolute
Mehrheit errungen hatte, traf ich ihn wieder an der gleichen
Stelle. »Wer bin ich, ich als Individuum, daß ich mich dem
Willen eines ganzen Volkes widersetzen dürfte?« fragte er
mich. Er schloß sich dem Nationalsozialismus an, wurde
bald zu einem aktiven Parteimitglied und erhielt den Lehr-
stuhl, den er schon so lange begehrt hatte.

Mir war klar, daß die Jugend an den Beginn einer neuen
Ära glaubte. Ich mußte an die *Weltgeschichtlichen Betrachtungen* Jakob Burckhardts[3] denken, in denen er behauptet,
große geschichtliche Umwälzungen gründeten in der Sehn-

sucht nach etwas Neuem, die die Mehrheit und vor allem die
Jugend beseele. Diese Sehnsucht sei weit stärker als Gelassen-
heit und Reflexion. Genau das traf jetzt zu. Nicht nur Partei-
mitglieder begrüßten die neue Ordnung, auch zahlreiche Jugendliche sahen einen neuen Tag anbrechen. Sie waren von
den Jahren der Weimarer Republik, die nun der Vergangenheit angehörten und keinerlei anregende Symbole geboten
hatten, enttäuscht, zumal die Weimarer Republik das Problem der Arbeitslosigkeit nicht hatte lösen können; zwischen
denjenigen, die ihren Unterhalt verdienten, und den Arbeits-
losen bestand eine sehr große Kluft. Auch die Studenten
sorgten sich um die Zukunft. Die Hälfte aller Studienabgän-
ger fand keine Anstellung. Zudem kann man nur schlecht seinem Studium nachgehen, wenn man fast überhaupt kein
Geld hat! Die Studenten machten den Staat für diese Situation verantwortlich. Eine beträchtliche Anzahl von ihnen
wählten die Nationalsozialisten. Weder die SPD noch die linken bürgerlichen Parteien boten faszinierende Alternativen.

Die Situation spitzte sich rasch zu. Am Abend des 9. März
drang eine Abordnung von zehn, zwölf Leuten, die der
NSDAP und dem zur »Nationalen Opposition« gegen die
Weimarer Republik zählenden Bund der Frontsoldaten
Stahlhelm angehörten, in das Büro des Rektors ein und forderte ihn auf, die Hakenkreuzfahne zu hissen. Derlei Vorfälle
häuften sich in der Universität.

Am 31. März verabschiedete die Reichsregierung ein pro-
visorisches Gesetz zur *Gleichschaltung* der Länder mit dem
Reich, das zweifellos die Machtübernahme im Land Baden
festigte. Eigentlich handelte es sich um ein allgemeines Programm, das darauf zielte, in mehreren Gebieten des öffentlichen Lebens, insbesondere auch im universitären Leben, die
zentralen Vorgaben der Nazis durchzusetzen.[4]

Am 1. April wurden alle Geschäfte, die einem Juden gehörten oder von denen man annahm, daß sie einem Juden
oder einer von Juden abstammenden Person gehörten, mit

dem gelben Stern gekennzeichnet und von bewaffneten Braunhemden bewacht.

Äußerte denn die intellektuelle Elite keinerlei Widerstand, keinerlei Protest?

In jenen Tagen lud mich der berühmte Professor Rickert ein und fragte mich mit Wohlwollen: »Was denken unsere jüdischen Freunde?« Meine Antwort »Sie schämen sich« verstand er falsch: »Sie müssen sich nicht schämen.« Ich erläuterte ihm, daß sie sich schämten, weil solche Maßnahmen ergriffen worden seien, ohne daß die geistigen Führer der deutschen Elite – wie gemäßigt auch immer – protestiert hätten.

Er fühlte sich angegriffen: »Wozu hätte das nutzen sollen?«

Daraufhin entgegnete ich: »Herr Professor, wir haben in Ihren Vorlesungen gelernt und in Ihren Büchern gelesen, daß das Postulat, man solle eine Sache um ihrer selbst willen und nicht um ihrer Nützlichkeit willen tun, für die deutsche Philosophie charakteristisch ist und sie vom französischen Rationalismus, vom englischen Utilitarismus und vom amerikanischen Pragmatismus unterscheidet. Soll in dieser kritischen Situation etwa eine Frage der Nützlichkeit Leitlinie des Handelns sein?«

Diese Episode ist leider typisch für die Kluft, die zwischen den in Vorlesungen und Büchern verbreiteten Idealen und dem individuellen Verhalten lag. Rickert, der sein ganzes Leben lang die kantische Botschaft von einer autonomen Ethik gepredigt hatte, schrieb ein wenig später in *Grundprobleme der Philosophie*: »Deshalb sollte kein Deutscher, der in unseren Tagen innerhalb Deutschlands Kultur *wirken* will, sich gegen das Vorwiegen der national-politischen Kulturziele auflehnen. Falls seine außerwissenschaftliche Weltanschauung mit dem, was ›Forderung des Tages‹ ist, nicht übereinstimmt, sondern ihren Schwerpunkt in anderen Kulturgütern als im nationalen Staate sieht, hat er seine Ansichten über den Sinn *gegenwärtigen* Lebens der historischen Situation *anzupassen.*«[5]

Unseligerweise teilten angesehene Wissenschaftler diese Haltung. Ich denke etwa an Eduard Spranger, den Autor schöner Bücher über die Idee der Humanität und über Wilhelm von Humboldt. Er hat übertriebene Kundgebungen von Studenten mißbilligt, später aber eine offizielle Reise nach Japan angetreten, um die tiefe geistige Verwandtschaft zwischen diesem Land und Deutschland zu demonstrieren.

Ich bin schon an anderer Stelle auf Heidegger zu sprechen gekommen. Es handelt sich vielleicht um einen der schwerwiegendsten Fälle, weil er als Philosoph, dessen eigenwilliges Denken die Grundlagen des modernen Denkens umstürzen wollte, großen Einfluß hatte. 1929 erlebte ich seinen Vortrag *Was ist Metaphysik?* mit. Ich war über die Mischung von wirklicher und scheinbarer Tiefe und über die Ungeniertheit verblüfft, mit der er am Ende dem griechischen Text des *Phaidros* von Platon Gewalt antat, um seine These über »Philosophie und Existenz« zu untermauern.

Kurz nach der Machtergreifung durch Hitler wurde Heidegger Rektor der Universität Freiburg und verkündete seinen offiziellen Beitritt zur Partei. Eine seiner ersten Maßnahmen bestand darin, zu dekretieren, daß die Dekane nicht mehr gewählt, sondern vom Rektor ernannt würden. Außerdem versicherte er in seiner Rektoratsrede, daß die akademische Freiheit aus den Universitäten verbannt werden müsse.[6] Im Juni 1933 hielt er vor Professoren und Studenten der Universität Heidelberg einen großen Vortrag über die nationalsozialistische Universität, die sich nicht mit christlichen und humanistischen Idealen belasten dürfe, da diese geeignet seien, ihre ursprüngliche Kraft zu unterminieren. Er übernahm an der Universität Freiburg die Rassengesetze der Partei, denen zufolge alle Studenten nichtarischer Herkunft als jüdisch angesehen wurden, das heißt auch die christlichen Studenten, von denen nur ein Elternteil oder zwei Großeltern arischer Herkunft waren, selbst wenn die Väter im Weltkrieg für Deutschland gekämpft hatten. Und schließlich wandte er sich in einem Aufruf mit folgenden Worten an die »Deutschen Studenten«: »Nicht Lehrsätze und ›Ideen‹ seien die Regel Eures Seins. Der Führer selbst und allein ist die heutige und künftige deutsche Wirklichkeit und ihr Gesetz.« Niemals zuvor war das Wirkliche mit einem Machthaber identifiziert worden! Niemals hat sich philosophisches Denken in einem solche Maße prostituiert!

In Frankreich, wo Heidegger immer noch begeisterte Anhänger findet, hat man nichts begriffen. Man erklärte sein Verhalten mit einer temporären Verirrung. Davon kann jedoch nicht die Rede sein. Karl Löwith, der in seinen Erinnerungen von 1940 lange darüber berichtet,[7] erzählte mir, Heidegger habe ihm bei ihrem Zusammentreffen in Rom im Jahre 1936 selbst eröffnet, daß sich sein Parteibeitritt direkt aus seiner Philosophie und seiner Konzeption von der Geschichtlichkeit des Menschen herleite. Diesen Zusammenhang wies auch Jaspers anhand seines Briefwechsels und in seiner Aussage vor der Kommission zur Entnazifizierung, wo er als Zeuge in der Akte Heidegger zitiert wird, schlüssig nach; weder er noch ich machten uns auch nur einen Augenblick lang Illusionen über die Heideggersche Position. Ob Jaspers ihm jemals hat verzeihen können, weiß ich nicht.

Sind Sie persönlich bedroht worden?

Zunächst einmal war meine Arbeit betroffen. Wie ich Ihnen sagte, hatte ich den Auftrag der Akademie, die lateinischen Schriften Meister Eckharts zu edieren, zurückgegeben. Im Vatikan, wohin ich im März 1933 reiste, machte man mich mit den Dominikanern des Historischen Instituts Santa Sabine in Rom bekannt, die mir vorschlugen, mit ihnen gemeinsam die Texte zu edieren. In jenem Jahr konnte man fast kostenlos nach Rom reisen, wenn man den Nachweis erbrachte, daß man die von Mussolini organisierte Ausstellung besucht hatte! Doch weil der nationalsozialistische Staat nun einmal entschieden hatte, zum großen Ruhm des Regimes die deutsche Edition zu befördern, forderte man mich auf, nicht weiter mit den Dominikanern zusammenzuarbeiten, und signalisierte mir ein gewisses Entgegenkommen. Ich lehnte diesen Kuhhandel ab und handelte mir damit große Schwierigkeiten ein. Man verweigerte mir den Zutritt zu meinem Büro, und ich verlor alle meine Unterlagen, die Frucht von sieben Jahren Arbeit. Ich setzte meine Arbeit nach der Emigration selbstverständlich fort, aber man hatte unsere Arbeitsergebnisse kopiert, man bedrohte den Herausgeber, und die Edition mußte nach drei Heften eingestellt werden. Die deutsche Edition ist nicht schlecht, denn es haben gute Wissenschaftler daran mitgearbeitet.

Sind die Unterlagen, die sich in Ihrem Büro befanden, gestohlen worden? Hat man sie verwendet?

Ja, man hat meine Notizen und Papiere über Nikolaus von Kues benutzt. Ich hatte das Glück gehabt, in eines der wichtigsten Manuskripte des lateinischen Werkes von Meister Eckhart Einsicht nehmen zu können: den Codex 211; der Rektor des Hospitals von Kues hatte ihn mir anvertraut, und er befand sich eine gewisse Zeitlang sogar in meinem Büro. Dieses Manuskript war im Besitz von Nikolaus von Kues gewesen und enthielt seine kostbaren Anmerkungen, die ich veröffentlichen sollte. Nach dem Krieg erkundigte ich mich, wo meine Unterlagen verblieben seien; man fand sie jedoch nicht. Später, in den siebziger Jahren, erhielt ich dann einen Brief von der Heidelberger Akademie, in dem man mir mitteilte, daß man sie entdeckt habe, und mich einlud, damit ich sie wieder an mich nehmen könne. Sie hatten all die Jahre auf einem Dachboden geschlummert...

Gleichwohl bin ich mir nicht sicher, ob das Verbot, mein

Büro zu betreten, mit der Meister-Eckhart-Edition in Zusammenhang stand. Die Ereignisse überschlugen sich. Der Reichskommissar des Freistaats Baden hatte augenblicklich Maßnahmen ergriffen, um die Ziele des Nationalsozialismus zu verwirklichen. Am 5. April 1933 erließ er ein Dekret, um alle Juden aus dem öffentlichen Dienst zu suspendieren. Diese Maßnahme traf die Universität hart. Am 7. April, am Tag bevor die Universität von der Entlassungsentscheidung in Kenntnis gesetzt wurde, verabschiedete die Reichsregierung das *Gesetz zur Wiederherstellung des Berufsbeamtentums*, aufgrund dessen alle Beamten nichtarischer Abstammung in den Ruhestand zu versetzen seien. Dieses Gesetz verschloß auch Kommunisten den Zugang zum Staatsdienst. Am 11. April verteilte die Universität an alle Lehrenden, Beamte, Assistenten und Angestellten einen Fragebogen, in dem nach Namen, Beruf und Konfession beider Eltern und beider Großelternpaare gefragt wurde.

Alle füllten, wenn auch häufig widerwillig, diesen Fragebogen aus. Ich beantwortete ihn nicht, sondern schrieb einen Brief, der kürzlich von einer Historikerin in den Archiven der Universität wie auch in den Archiven der Regierung von Baden wiederaufgefunden und in Heidelberg veröffentlicht wurde. In diesem Brief erklärte ich, daß dieser Fragebogen mit den Anforderungen wissenschaftlichen Denkens unvereinbar sei, daß es als Dozent der Universität meine Aufgabe sei, diese Anforderungen zu respektieren und zu fördern und daß man übrigens auch unmöglich die rassische Herkunft mittels der Religionszugehörigkeit lediglich zweier Generationen ermitteln könne. Ich fügte hinzu, daß, soviel ich wisse, alle meine Ahnen sowohl väterlicherseits als auch mütterlicherseits die jüdische Religion praktiziert hätten.[8]

Der Chef der Gleichschaltungsbehörde bemächtigte sich dieser offenkundigen Herausforderung und verlangte sofortige Maßnahmen gegen meine Person.

In Heidelberg waren alle Professoren fotografiert worden.

Man konnte ihr Porträt für 75 Pfennig kaufen. Als ich nun zu Hause saß, stellte sich mir ein junger Mann vor, er käme aus Mannheim, sei lange arbeitslos gewesen und arbeite jetzt als Fotograf. Um Aufträge zu erhalten, wolle er alle Privatdozenten fotografieren. Ich antwortete ihm, das sei überflüssig, ich sei entlassen. Da ich gleichwohl ein Foto für meinen Paß brauchte und auch Mitleid mit ihm hatte, ließ ich mich fotografieren. Nach einer Woche hatte ich noch nichts erhalten. Ich rief in Mannheim an, und man antwortete mir, man wisse von nichts. Ganz offensichtlich war ich bedroht. Aus verschiedenen Quellen erhielt ich Warnungen, daß ein Anschlag geplant sei und daß man mir rate, so rasch wie möglich zu verschwinden.

Wie läßt sich erklären, daß ich nicht verhaftet wurde? Erst vor kurzem erfuhr ich, daß die Entscheidung darüber von Professor Fehrle abhing, der damals als Minister für die badischen Universitäten zuständig war. Nun hatte ich als Student seine Seminare über die Volksreligionen besucht, weil ich das Thema wichtig fand, auch wenn Fehrle von seinen Kollegen nicht so ganz ernst genommen wurde. Vielleicht erinnerte er sich mit einem gewissen Wohlwollen an mich. Jedenfalls hat er die Entscheidung unter dem bürokratischen Vorwand, man müsse zunächst die Zuständigkeit klären, verzögert.

War es möglich, Deutschland zu verlassen?

1933 war es noch möglich, wenn einen die Behörden nicht persönlich ins Visier genommen hatten. Sobald ich mir also – gleich nach dem Anschlag auf die jüdischen Geschäfte – über den Ernst der Lage klargeworden war, beschloß ich, meine Mutter und meine Schwester Sonja in Sicherheit zu bringen. Mein Vater, der aus Geschäftsgründen viel unterwegs war, befand sich damals in Italien, wir wollten zu ihm. Ich ließ Mutter und Schwester nach Heidelberg kommen, wo ich einen Arzt kannte, der uns das notwendige ärztliche Gutachten ausstellen würde, dem zufolge beide einen Kuraufenthalt im Ausland nötig hatten. Ohne dies hätten sie das Land nicht verlassen können. Am nächsten Tag nahm ich ein Auto, um sie nach Frankfurt zu fahren. Die Universitätsprofessoren und selbst die einfachen Privatdozenten führten damals in Deutschland ein angenehmes Leben. In meiner Nähe gab es eine Garage, in der mir rund um die Uhr ein Auto mit Chauffeur zur Verfügung stand. Der Chauffeur, ein großer blonder Junge, entsprach ganz dem germanischen Typ, den die Nazis als Vorbild priesen. Wir gingen bei der Bank vorbei – noch konnte man dort Geld abheben. Anschließend habe ich meine Mutter und meine Schwester in den Zug Richtung Schweiz gesetzt, von wo aus sie nach Italien fuhren, und ich bestieg den Zug nach Hamburg. 1935 kam meine Familie nach Belgien zurück, weil sich im Süden die Situation zuspitzte. Wenig später verstarb mein Vater. Meine Familie hatte mehrere Freunde in Belgien, insbesondere die Familie von Jacques Pirenne, dem Sohn des berühmten Historikers Henri Pirenne. Erst als ich selbst nach England geflüchtet war, konnte ich meine Schwester und meine Mutter von dort aus zu mir holen.

Warum haben Sie die beiden nicht nach Italien begleitet?

Ich wollte bis zum 12. Juli, dem Todestag von Gundolf warten. Und ich wollte die Familie Warburg von der Notwendigkeit überzeugen, die Bibliothek ins Ausland zu schaffen. Ich fuhr also nach Hamburg, um mit Fritz Saxl, dem Direktor der Bibliothek, über eine Verschickung der Bücher ins Ausland zu sprechen. Das Gesuch, das ich in seinem Auftrag an das Oberhaupt der Familie Warburg, den Bankier Max Warburg, schrieb, hatte den gewünschten Effekt. In dem Empfehlungsschreiben, das bei den Unterlagen des *Academic Assistance Council* in der Bibliotheca Bodleiana in Oxford aufbewahrt wird, erklärt Saxl, daß die Idee, die Bibliothek Warburg könne ebenso im Ausland wie in Deutschland ein Dreh- und Angelpunkt für zivilisationsgeschichtliche Studien sein, auf mich zurückgehe. Weil unverzüglich gehandelt wurde, konnte die Bibliothek von englischen Wissenschaftlern nach London eingeladen werden. Hierbei spielte Edgar Wind eine entscheidende Rolle. Dank der freundschaftlichen Beziehungen zwischen seiner eigenen und einer englischen Familie hatte er Zugang zu den Kreisen, die ihm den Weg zum *Academic Assistance Council* ebneten. Die Verhandlungen zur Rettung der Bibliothek waren erfolgreich, Ende 1933 konnte der Transfer mit knapper Not durchgeführt werden. Auf diese Weise entstand das berühmte »Warburg Institute«, das seither zur Universität London gehört.

Sein Einfluß war beachtlich. Das Institut hat den Engländern die Augen für eine Kunstgeschichte geöffnet, die sie noch nicht kannten, da sie bislang die Beschäftigung mit Kunst als eine Sache der »Kennerschaft« angesehen hatten. In seiner Funktion als »deputy director« organisierte Edgar Wind in internationalem Rahmen wichtige Tagungen und gründete 1937 gemeinsam mit Rudolf Wittkower *The Journal of the Warburg Institute*. An die Stelle einer rein ästhetischen Wertschätzung oder einer Stilgeschichte rückte nun eine Betrachtungsweise, in der Kunst als Manifestation des in der Geschichte wurzelnden menschlichen Geistes erschien.

Von Hamburg aus, wo ich mich noch etwa zehn Tage aufhielt, reiste ich nach Paris. Dort kannte ich Marcel Cachin, einen der Begründer der kommunistischen Partei, dessen Kinder als Schüler die Odenwaldschule besucht hatten. Entsprechend erhielt ich in Paris eine Einladung in die Rue Ordener Nr. 4. Ferner besuchte ich dort den Salon von Madame Klossowski, der Freundin Rilkes und der Mutter des Schriftstellers Pierre Klossowski wie des Malers Balthus. Außerdem erhielt ich eine Einladung von Charles Du Bos, der in seiner schönen Wohnung auf der Île Saint-Louis Empfänge gab. Er sang ein Loblied auf George. Zunächst mit einem weiteren George-Bewunderer – André Gide – eng befreundet, hatte er sich jedoch nach dem Erscheinen seines Buches *Dialogue avec André Gide*[9] mit diesem überworfen, da das letzte Kapitel eine recht harsche Kritik an Gides Amoralismus enthielt. Über Jahre hinweg gab es einen Briefwechsel zwischen Du Bos und Ernst Robert Curtius, der Gide in Heidelberg bekannt gemacht und einige seiner Werke ins Deutsche übertragen hatte. Ohne eigentlich ein politischer Mensch zu sein, war Du Bos doch von einer seltenen Sensibilität, die ihn unruhig werden und Gefahren für die Zukunft Europas voraussahnen ließ. Er lud Deutsche ein, die gegen Hitler waren. Bei ihm lernte ich den Grafen Kessler kennen, der mir mit großem Scharfblick die Situation in Deutschland schilderte. Bereits 1932 hatte er schriftlich geäußert, daß die ganze Schicht des intellektuellen Deutschland, »das in der mehr goetheschen, romantischen Periode seine Wurzeln hat«, völlig »Nazi-verseucht« sei, ohne zu wissen, warum.[10]

In Paris traf ich auch den dorthin zurückgekehrten Freund meines Vaters, Wilhelm Uhde, wieder. Ich mochte ihn sehr. Er hielt sich als ein Deutscher an jene große Tradition, die den Militarismus verabscheute.

Im Jahre 1933 versuchte Alexandre Koyré, den ich bereits früher in Rom kennengelernt und der eine Rezension meiner betreffenden Schriften verfaßt hatte, mich davon zu überzeugen, daß ich mich in Paris niederlassen sollte. Étienne Gilson, der sehr einflußreich war und mir sehr freundlich begegnete, schlug vor, mir ein Stipendium auszusetzen.

Haben Sie nicht einen Brief von Gilson entdeckt, der Sie betraf?

Tatsächlich fand ich zu meiner Überraschung in den Dokumenten des *Academic Assistance Council*, die in der Bibliotheca Bodleiana in Oxford aufbewahrt werden, einen Brief

vom Oktober 1933, in dem er mich dieser Institution empfahl. Das Lob, das er meinen Arbeiten aussprach, und noch
mehr das tiefe Verständnis, das er angesichts der Schwierigkeiten und Gefahren, die ich zu meistern hatte, kundtat,
rührte mich – so sehr, daß ich den Brief kopierte. Dieser
Mann, den ich zu Unrecht für ein wenig kühl gehalten hatte,
war in Wirklichkeit sehr herzlich.

Können Sie mir den Brief vorlesen?

Ich kann Ihnen einige Passagen übersetzen, er ist in Englisch
geschrieben. Übrigens in perfektem Englisch. Der Anfang
lautet: »Man hat mich um ein Empfehlungsschreiben für
Herrn Dr. Klibansky gebeten. Nichts tue ich lieber als das.
Dr. Klibansky ist, meiner Ansicht nach, so jung er auch sein
mag, einer der vier, fünf besten Wissenschaftler auf dem Gebiet der mittelalterlichen Philosophie.« Er hatte meine Dok-
torarbeit über die Schule von Chartres gelesen, die ich aufgrund der Ereignisse niemals veröffentlicht habe, und er
besaß die Liebenswürdigkeit, darüber folgendermaßen zu
urteilen: »... ich wage zu sagen, daß die Veröffentlichung zutiefst die Vorstellung verändern wird, die man sich gemeinhin
von diesem Zeitraum macht.« Was mich aber gerührt hat, ist
eine viel privatere Äußerung: »Seine Haltung zu den Ereignissen und den Menschen, die mir Gelegenheit gibt, diesen
Brief zu schreiben, war, als ich ihn dieses Jahr in Paris traf,
von solcher Geduld und Würde geprägt, daß sie meine Bewunderung hervorrief. Sollte ich irgendwann einmal in eine
ähnliche Lage geraten, so hoffe ich, dem Beispiel, das er mir
gegeben hat, folgen zu können.«
    Als ich die Dokumente des *Academic Assistance Council*
durchging, um einige Daten für dieses Buch zu verifizieren,
entdeckte ich mehr als sechzig Jahre danach, wie viele Personen sich bemüht haben, mir zu helfen.

Warum ließen Sie sich nicht in Paris nieder?

Eigentlich wäre das die naheliegende Lösung gewesen: Ich war in Paris geboren, sprach Französisch und hatte Freunde dort.

Ich erinnere mich an einen schönen Abend bei Alexandre Koyré, an dem Kojève, der Heidegger-Übersetzer Corbin, Puech und andere teilnahmen. Zwar machten sie sich wegen der Situation in Deutschland Sorgen, aber sie waren sich der wirklichen Gefahr überhaupt nicht bewußt. Auch Jacques Benoist-Méchin lernte ich kennen, er empfing mich in der Avenue de Clichy. Wir unterhielten uns lange. Er interessierte sich lebhaft für die Situation in Deutschland und war sehr gut darüber informiert. Die Perspektive, unter der er sie beurteilte, hinterließ bei mir jedoch den Eindruck, daß er sich – weit davon entfernt, die Gefahren zu erkennen – von den Tendenzen, die sich dort äußerten, stark angezogen fühlte. Ich konnte damals noch nicht ahnen, daß er später Minister der Vichy-Regierung und ein aktiver Kollaborateur werden würde. Aber die Unterhaltung mit ihm hat mir die Augen über einen gewissen Teil von Frankreich geöffnet. Ein sonderbarer Mensch, dieser Benoist-Méchin, von unersättlichem Ehrgeiz, was vielleicht auch seine Bereitschaft zur Kollaboration erklärt, die ihm 1945 ein Todesurteil einbrachte. Doch wurde er begnadigt und verfaßte anschließend ein recht bemerkenswertes geschichtswissenschaftliches Werk, *Histoire de l'armée allemande*, das 1993 in Frankreich wieder neuaufgelegt wurde.[11] Einer der Nachrufe auf ihn – er starb 1983 – berichtet, Benoist-Méchin habe dem Nachrufverfasser gegenüber gestanden, sein Leben sei verfehlt, weil nicht er, sondern »ein anderer«, nämlich de Gaulle, jenen Aufruf vom 18. Juni 1940 in Umlauf gebracht habe![12]

Ich nutzte also meinen Aufenthalt, um die französische Politik und die Personen, die ich kannte, zu studieren. Für mich lag es auf der Hand, daß Frankreich keinen Widerstand gegen Hitler leisten würde. Die Rechte verabscheute die Linke weit mehr als die Nazis. Und was die Linke anbetraf, so führte sie viele Parolen im Mund, unternahm aber nichts! Man prangerte Hitler aufs schärfste an, aber man tat nichts, um sich zu bewaffnen. Ich hatte den Eindruck, mit einem Frankreich konfrontiert zu sein, in dem jener Antagonismus fortwirkte, der bereits in den Krisen des vergangenen Jahrhunderts zum Ausdruck gekommen war und letztlich auf die Revolution von 1789 zurückging.

In jedem Fall schien mir Frankreich wenig sicher zu sein.

Sie kehrten nach Deutschland zurück, wo Sie sehr rasch in eine gefährliche Situation gerieten. Wie haben Sie entkommen können?

Kurz nach dem 12. Juli, dem Todestag von Gundolf, verließ ich Heidelberg. Ich begab mich an einen Ort, wo mich niemand suchen würde, in jenes Dorf an der Mosel, aus dem Nikolaus von Kues stammt und wo seine Manuskripte aufbewahrt werden.

Es galt, ein Mittel zu finden, um Deutschland verlassen zu können. Man mußte dreist auftreten, etwas Unerwartetes und Gewagtes unternehmen. Allzu viele Leute ließen sich durch ein medizinisches Gutachten eine Kur im Ausland verschreiben; das war nicht mehr wirksam. Ich forderte einen Diplomatenpaß an wegen der Bücher, derentwegen ich wichtige Recherchen im Ausland durchführen müsse. Zu diesem Zeitpunkt war das Ministerium zum Glück noch nicht ganz in der Hand der Partei, und so erhielt ich ihn nach längerem ungeduldigen Warten. An der holländischen Grenze tat ich sehr von oben herab. Als die Nazis den Vermerk »diplomatisches Gepäck« sahen, fragten sie mich, ob alles in Ordnung sei. Unbehindert passierte ich die Grenze, mit einigen meiner seltenen Bücher, darunter Gundolfs Geschenke.

Sie haben Holland durchquert, um das Schiff nach London zu besteigen?

Nicht sofort. Ich mußte noch meine Beiträge zur kritischen Bibliographie der Bibliothek Warburg *Zum Nachleben der Antike* zum Abschluß bringen und arbeitete in der Bibliothek von Leyden. Ich hatte ein wenig Schweizer Geld. Wissen Sie, in Holland ist das Frühstück geradezu ein Festmahl. Und so packte ich morgens Brot und Kuchen ein und lebte für den Rest des Tages von dieser schmalen Kost. Die Bibliothek von Leyden ist wunderbar. Sobald ich meine Arbeit beendet hatte, nahm ich das Nachtschiff nach London. Ende August 1933 ging ich dort von Bord, mit all meinen Kisten und gerade so viel Geld, um ein Taxi zum Hotel nehmen zu können.

Weshalb wählten Sie England zur Emigration?

Ich war mir darüber im klaren, daß der Nationalsozialismus
lange andauern und eine Bedrohung für die Zivilisation, für
die ganze Welt sein würde; nur eines würde ihm Einhalt gebieten können: Waffengewalt. Mit keinem anderen Argument würde ihm beizukommen sein. Lediglich in England
sah ich die Möglichkeit für Widerstand. Ich begab mich also
in ein Land, dessen Sprache ich nicht beherrschte, bemühte
mich, diese zu erlernen und einflußreiche Intellektuelle von
meiner Einschätzung zu überzeugen. Zunächst wollte man
nicht auf mich hören. Insbesondere in Oxford, in dem berühmten All Souls College, war der Gedanke der Appeasement-Politik geboren worden, und gerade dort hatte sie ihre
entschiedensten Anhänger. Zu dieser Zeit empfand ich heftige Bitterkeit gegenüber all jenen sehr klugen Leuten, die
ganz der Idee »Auf keinen Fall Krieg!«, bloß keinen militärischen Konflikt, anhingen.

Mir war beispielsweise noch gut in Erinnerung, daß im
März 1933 in der *Oxford University Student Union* ein Red-
nerwettstreit stattgefunden hatte, den ich in der deutschen
Presse verfolgt und dessen Thema gelautet hatte: »Nie wieder
wird dieses Haus für König und Vaterland kämpfen«, will sagen: nie wieder in den Krieg ziehen. Der Sohn Churchills
verfocht die gegenteilige These, aber sein Gegner war der
bessere Redner, und die Versammlung sprach sich für ihn aus.
Wer nicht zu den Insidern gehörte und nicht wußte, daß dieses Votum nicht im geringsten dem Inhalt, sondern der Be-
redsamkeit galt, mißverstand das Ganze. Es wurde zum Auf-

macher in den Zeitungen, auch in Deutschland und Italien. Uns war klar, daß Hitler und Mussolini darin ein Zeichen dafür sahen, daß die Engländer nichts unternehmen, sich nicht rühren würden. Wie Sie sehen, kommt mitunter kleinen Episoden historische Bedeutsamkeit zu: Diese jedenfalls hat die Diktatoren ermutigt.

Sie haben, wie Sie sagten, England Frankreich als Emigrationsland vorgezogen, weil Sie der Ansicht waren, daß Frankreich nicht entschieden genug dem Nationalsozialismus die Stirn bot. War es damals nicht recht schwierig einzuschätzen, welches der beiden Länder tatsächlich zum letzten Mittel greifen würde?

Natürlich gab es in England eine Spaltung zwischen der Rechten und der Linken, aber sie war nicht von so tiefer Aversion geprägt wie in Frankreich. Die Kreise, die Beschwichtigung, »Appeasement«, predigten, repräsentierten bei weitem nicht das ganze Land, sondern lediglich einen Teil des offiziellen England. Großbritannien hat sich in bewundernswerter Weise dem Nationalsozialismus widersetzt. Der Geist, der während des Krieges herrschte, läßt sich an einer Erinnerung illustrieren. In der schwärzesten Phase des Jahres 1940, als Deutschland mit entmutigender Geschwindigkeit in Frankreich einmarschierte, rief Sir William Beveridge, der *Master* des University College in Oxford, eine Versammlung von Deutschland-Spezialisten ein, an der ich teilnahm. Der Zweck dieser Versammlung bestand schlicht darin, darüber zu diskutieren, was man mit Deutschland nach dem Sieg der Alliierten machen solle!

Zudem muß man anerkennen, daß England sich auf bemerkenswerte Weise für die intellektuellen Flüchtlinge eingesetzt hat. Viele Personen, vor allem Professoren, haben großzügig für die Flüchtlinge gespendet. In der Geschichte der intellektuellen Bewegungen findet sich innerhalb der

Moderne keine Parallele dazu. Tausende von Flüchtlingen
sind in England angekommen, zunächst Deutsche, später
Österreicher und Italiener. Sie wurden aufgenommen und
erhielten dank des *Academic Assistance Council*, der 1933
durch die Initiative von Sir William Beveridge gegründet
worden war, eine Unterstützung. Eine gewisse Anzahl von
ihnen schlug den Weg in die Vereinigten Staaten ein; aber zunächst kamen sie nach England, und viele von ihnen erhielten
in England eine Stelle an der Universität. Die Musiker hatten
weniger Glück, denn für sie gab es einen Berufsverband, und
wo ein solcher existiert, gibt es auch Restriktionen. Da spielt
Vorteilsdenken eine Rolle. Die englischen Universitätsange-
hörigen verhielten sich jedoch wahrhaft vorbildlich.

Ich erinnere mich, daß am 3. Oktober 1933 in der Royal
Albert Hall eine große Veranstaltung zugunsten der Flüchtlinge stattfand, an der auch ich teilnahm. Es ging um einen
Appell, Fonds für die Flüchtlinge zu schaffen, bei dem unter
der Leitung von Lord Rutherford hervorragende Redner
auftraten. Einstein sprach über »Wissenschaft und Zivilisation«. Der Friedensnobelpreisträger Sir Austen Chamber-
lain, einer der Parteivorsitzenden der konservativen Partei
und früherer Außenminister (nicht zu verwechseln mit
seinem Stiefbruder Neville, der traurige Erinnerungen wach-
ruft) sprach die Dankesrede. Der Saal war brechend voll.

Außerdem muß man bedenken, daß der Erste Weltkrieg
England sehr hart getroffen hatte. Die englischen Verluste
waren außerordentlich hoch gewesen, insbesondere unter
den Offizieren. Ein großer Teil der englischen Elite wurde
während dieses Krieges ausgelöscht, weil sich die Offiziere in
der vordersten Reihe befanden und niedergemäht wurden.
England hat sich niemals ganz von diesem Verlust des besten
Teils seiner Elite erholt. Daraus erwuchs die Überzeugung,
daß jeder Krieg ein Desaster ist und mit Blut bezahlt werden
muß. Von diesem Gefühl waren ganz offensichtlich jene beherrscht, die den Krieg als solchen sowie alles, was dazu füh-

ren könnte, ablehnten. Auf der anderen Seite lag der Ablehnung auch ein politisches Kalkül zugrunde: Zwar mochte man den deutschen Nationalsozialismus nicht, aber den Kommunismus mochte man noch weniger. Man hoffte also, daß sich die Bestrebungen Deutschlands gegen die kommunistische Sowjetunion richten würden. Diesem machiavellistischen Prinzip folgend, hätte sich England dann herausgehalten. Um so größer war die Enttäuschung über den Hitler-Stalin-Pakt. Er war ein entscheidendes Element.

In England behandelte man mich äußerst liebenswürdig. Im April 1934 ernannte man mich zum *Honorary Lecturer* des King's College der Universität London. Zugleich war ich ein aktives Mitglied des Warburg-Instituts. Anschließend ging ich nach Oxford, wo Oriel, ein sehr schönes College, mich gastfreundlich aufnahm.

Neben meiner Arbeit hatte ich das Glück, an einem interessanten gesellschaftlichen Leben teilnehmen zu können. Ich genoß die Freundschaft von Madame Jenny de Margerie, einer begeisterten Rilke-Leserin, sowie ihres Gatten, des Ersten Sekretärs der französischen Botschaft in London, Roland de Margerie. Sie kamen aus Berlin, wo sie zwischen 1922 und 1933 im Dienst der französischen Botschaft gestanden und enge Beziehungen zum literarischen Milieu in Deutschland unterhalten hatten. Da der Botschafter in London, Monsieur Corbin, ledig war, übernahm Madame de Margerie die Pflichten der Gastgeberin, die sie auf bewundernswerte Weise erfüllte. Regelmäßig lud sie französische Schriftsteller und andere in ihren Salon ein, wo ich unter anderem Jacques de Lacretelle und Nicolas Berdjajew kennenlernte.

Eines Tages sagte sie mir, daß sie mit ihrer Freundin, der Dichterin Edmée Fels, Comtesse de La Rochefoucauld, nach Oxford kommen wolle, weil diese ein paar ausgewählte Studenten, die sich für Literatur interessierten, kennenzulernen wünschte. Ich stellte am Balliol College eine kleine Gruppe zusammen. »Wenn Sie die Wahl hätten, welchen französischen Schriftsteller würden Sie gerne persönlich kennenlernen?«, fragte sie die Studenten. Sie erwartete, Namen wie Gide, Claudel oder Valéry genannt zu bekommen. Völlig falsch. Einmütig entschieden sich die Studenten für Montherlant. Man muß sagen, daß damals die Tetralogie *Les jeunes filles* so sehr in Mode war, daß jeder hoffnungsvolle Verführer sich für Costals aus *Pitié pour les femmes* hielt![1]

Zu Beginn des Krieges wollte Madame de Margerie mir ihre Sammlung von Erinnerungen an Rilke anvertrauen, an jenen Dichter, der ihr teuer war. Leider konnte ich dies nicht annehmen. Meine Dienststelle berief mich nach London.

Sie sind nicht nur akademischen und sozialen Aktivitäten nachgegangen. Sie wurden später vom Geheimdienst Großbritanniens angeworben.

Meine Arbeiten über Platon und die anderen akademischen Tätigkeiten standen lediglich an zweiter Stelle. 1938, fünf Jahre nach meiner Einreise, erhielt ich die englische Staatsbürgerschaft. Zu Kriegsbeginn trug man mir eine streng geheime Tätigkeit im Zentrum des sogenannten *Political Warfare Executive* an. Es handelte sich um das, was man auf englisch *Political Intelligence* nennt, also um eine geheimdienstliche Tätigkeit. Die Aufgabe bestand darin, sich so genau wie möglich – und ohne dabei der eigenen Subjektivität zu erliegen – über die Intentionen des Gegners, das heißt die Intentionen der führenden Feinde sowie über deren Stimmung und über die Moral der Bevölkerung, klarzuwerden. Ich arbeitete in der Nähe von Bletchley Park. Das war, wie Sie wissen, das große Zentrum für die Entschlüsselung des deutschen Funkverkehrs. Haben Sie schon einmal von *Enigma* gehört, dem Apparat, der es ermöglichte, selbst die geheimsten Botschaften der Deutschen zu entschlüsseln?[2] Das steht allerdings auf einem anderen Blatt. Während sich jedoch das Leben derer, die in Bletchley arbeiteten, unter sehr spartanischen Bedingungen abspielte, war meine Geheimdienststelle in einem der schönsten Schlösser Englands untergebracht, dem Schloß Woburn der Herzöge von Bedford. In meinem Büro hing ein wunderbarer Canaletto.

Die Philosophie ist eine ausgezeichnete Hilfe, um so gut wie möglich verzerrte, allzu subjektive Urteile auszuschließen. Bei vielen Generälen, Militärs und Politikern habe ich beobachtet, wie sie sich von Emotionen hinreißen ließen und welch geringe Rolle das Verstandesurteil, der logische Schluß dabei spielten. Allzu häufig trugen Vorurteile den Sieg davon. Was ich während dieses Krieges erlebte, ließ mich eine sehr schlechte Meinung von den Militärs fassen – beispielsweise beim Italienfeldzug, der der Urteilsfähigkeit des militärischen Oberkommandos keineswegs zur Ehre gereicht. Man mußte also Methoden entwickeln, die es erlaubten, soweit wie möglich subjektive Urteile über die Geschehnisse in Deutschland und leider auch in Italien auszuräumen.

Als Sie sich in England befanden, waren Sie selbstverständlich gerettet, aber Sie wußten, daß viele von den in Deutschland Verbliebenen bedroht waren, litten und ermordet wurden. Sprach man damals in London über diese Fragen? War die Verfolgung der Nicht-Arier und später die systematische Vernichtung der Juden ein Gesprächsgegenstand?

Über Vernichtung sprach man nicht, denn die Idee der Endlösung nahm erst bei der berühmten Wannseekonferenz im Jahr 1942 Gestalt an. Aber die Bedrohungen und Gefahren ließen sich nicht übersehen. Um an einen Fall zu erinnern, der mir sehr naheging: Im Mai 1939 erhielt ich in London Besuch von meinem Vetter Erich Klibansky, dem Sohn jenes Onkels, der das Internat leitete, das ich, noch ein Kind, nach meiner Ankunft in Frankfurt besucht hatte. Erich selbst, der Autor von Werken über die Quellen historischer Erkenntnis,[3] war in Köln Direktor des ersten jüdischen Gymnasiums im Rheinland. Man bot ihm in Cambridge eine Stelle an, und ich, überzeugt davon, daß sich die Situation in Deutschland nur verschlechtern könne, bedrängte ihn, sie anzunehmen. Er lehnte es jedoch ab, aus Deutschland fortzugehen, bevor nicht alle Schüler des Gymnasiums in Sicherheit wären. Das Ziel jener Englandreise wie das mehrerer anderer bestand darin, Kinder dort unterzubringen. Er hat auf diese Weise ungefähr 135 Schülern zur Flucht verholfen. Seine Möbel waren bereits verschifft, als der Krieg ausbrach. Er konnte Deutschland nicht mehr verlassen. Als erstes nahm man ihm seine Bücher. 1942 wurde er mit seiner ganzen Familie in die Nähe von Minsk deportiert und dort ermordet. Bis heute haben die weißrussischen Behörden es nicht erlaubt, eine Gedenktafel anzubringen.

Während des Krieges gab es in Deutschland eine Gruppe junger Studenten, die *Weiße Rose*, die zu den ersten gehörten, die das Regime anprangerten. Diese jungen Leute waren wirkliche Widerstandskämpfer, nicht wie die Militärs später, die mit ihren Waffen erst eingreifen wollten, als man bereits wußte, daß Deutschland verloren war. Der Widerstand jener jungen Leute hingegen basierte auf einer Idee. Im Jahr 1991 nahm ich sehr bewegt an einer Gedenkveranstaltung in Hamburg für die Mitglieder der *Weißen Rose* teil, bei der die noch Lebenden und die Eltern jener, die man umgebracht hatte, zusammenkamen.[4]

Wir wußten, daß es keinen wirksamen Widerstand gegen das Regime gab. Gleichwohl gab es Leute, die Hitler so wenig schätzten, daß sie freiwillig ins Exil gingen, obgleich sie nicht zur Kategorie der Bedrohten zählten, wie etwa mein lieber Freund Bernard Groethuysen, ein Schüler Diltheys, der Anglizist Hübner, ein Schüler Husserls, und der klassische Philologe Kurt von Fritz. Andere litten unter der Situation wie etwa Karl Jaspers, der, nachdem er nicht mehr unterrichten durfte, bereit war, mit seiner jüdischen Frau gemeinsam das befreiende Gift zu schlucken, falls es tatsächlich zu der drohenden Deportation kommen sollte. Andere wiederum wie Ernst Robert Curtius, der Philosoph Theodor Litt und der klassische Philologe Karl Reinhardt wählten für sich die sogenannte »innere Emigration«, indem sie die Teilnahme an allen Veranstaltungen des Regimes verweigerten und von allem absahen, was als ein Zeichen der Zustimmung hätte gewertet werden können. Es gab auch Helden wie die Mitglieder der *Weißen Rose* oder den Pastor Bonhoeffer, der aus England zurückkehrte, um gegen das Regime Widerstand zu leisten, und der hingerichtet wurde.

Ebenso wußten wir von Militärs, die sich widersetzten und zu England in Kontakt treten wollten. Es war falsch, sie nicht ernst zu nehmen und zurückzustoßen. Überdies wurden viele deutsche Emigranten als Feinde angesehen, die Situation war keineswegs einfach. Hier handelt es sich um ein Problem, auf das wir jetzt nicht hinreichend eingehen können, dazu müßte man die Geschichte neu aufrollen. Auf jeden Fall hat man sie zurückgestoßen, und viele Deutsche reagierten darauf mit Bitterkeit. Man vertraute ihnen nicht. Das ist eine Tragödie. Man verurteilt *die* Deutschen, obgleich es Deutsche gab, die sich wirklich von Hitler befreien wollten. Jene traten sicher nicht für Hitler ein, aber was sollten sie tun? Was hätten *wir* in einer solchen Situation getan?

Auf seiten der Alliierten war man sich vor dem Krieg nicht über die Gefährlichkeit und Grausamkeit des Hitler-Regimes im klaren, auch wenn man sehr wohl wußte, daß es schlecht stand und daß man den Flüchtlingen helfen und sie aufnehmen mußte, was auch nicht immer einfach war.

Eines Tages erhielt ich in Oxford einen Brief von einem früheren Mitschüler aus der Odenwaldschule, einem gewissen Fuchs, in dem er mir berichtete, daß er und seine Familie verfolgt würden, und mich bat, ob ich ihm helfen könne, indem ich ihn nach England einlud. Selbstverständlich sagte ich zu. Ich mochte diesen Fuchs nicht sonderlich, denn zu der

Zeit, als ich ihn gekannt hatte, war er in einer Weise als Kommunist aufgetreten, die ich nicht schätzte. Die von meiner Schule so hochgehaltene Vorstellung, daß das Individuum zu respektieren sei, hatte er verworfen und war dafür eingetreten, daß alles von einer kollektiven Grundlage aus geschehen solle. Das war das glatte Gegenteil zu den Prinzipien, auf die sich meine Schule berief und denen zufolge die Entwicklung des Individuums gefördert werden müsse. Ein zweiter Brief folgte, in dem er mich bat, nicht herumzuerzählen, daß sein Bruder Klaus Fuchs, der bereits in England war, und seine Schwester Kommunisten seien. Man konnte die englischen Behörden in dieser Frage nicht hinters Licht führen. Als ich einige Zeit nach dem Krieg erfuhr, daß Klaus Fuchs in Los Alamos am Bau der Atombombe mitgearbeitet und von 1942 bis 1949 in der Lage war, nukleare Geheimnisse an die Russen weiterzuleiten, konnte ich es kaum fassen.[5] Hätten meine Warnungen möglicherweise daran etwas geändert? Ich weiß es nicht.

Ich schlage vor, daß wir uns der Frage zuwenden, wie sich der Krieg auf Wissenschaftler auswirkte, sowohl auf jene, die bereits mit der Machtergreifung der Nationalsozialisten nach England oder den Vereinigten Staaten ins Exil gingen, als auch auf jene, die in Deutschland blieben und sich schließlich in gewissem Maße den Manipulationen fügten, die das Regime ihnen aufzwang.

Eine ernsthafte und umfassende Antwort würde mehrere Bücher füllen. Ich beschränke mich hier darauf, von meinen eigenen Erfahrungen zu berichten. Kurz nach meiner Ankunft in England begegnete ich im Jahr 1933 einem ungarischen Wissenschaftler, der aus Deutschland kam und sehr gut deutsch sprach. Ich traf ihn in den Räumlichkeiten der *Royal Society* in London, die gerade das Burlington House am Piccadilly bezogen hatte, wo sich das Sekretariat der *Society for the Protection of Science and Learning* befand. Dieser Herr namens Leo Szilard lud mich in sein Hotel am Russell Square ein und berichtete mir, er habe fliehen müssen. Das war zu jener Zeit erstaunlich. Ich hatte mich verstecken und fliehen müssen, weil ich sowohl mit meiner Meister-Eckhart-Edition als auch mit meiner Antwort auf den offiziellen Fragebogen zu meiner Herkunft den Haß der Nationalsozialisten in Berlin auf mich gezogen hatte. Aber daß ein Gelehrter, der in der physikalischen Forschung tätig war, fliehen mußte, war seltsam. Ich fragte ihn nach dem Grund. Er antwortete mir, er sei am Kaiser-Wilhelm-Institut, dem Zentrum für Theoretische Physik in Berlin-Dahlem, beschäftigt gewesen, habe eine Zeitlang mit Albert Einstein zusammengearbeitet und sich mit den Möglichkeiten der Atomenergie befaßt. Tatsächlich war ihm gerade am Vortag unseres Zusammentreffens, während er auf der Southampton Road vor dem Imperial Hotel auf das Umschalten der Ampel wartete, die Idee gekommen, daß es einer Kettenreaktion bedürfe, und er faßte diese Idee, noch ohne zu wissen, daß man eine schlichte Kernspaltung hervorrufen kann.

Die Möglichkeiten der Atomenergie waren derart, daß man sich die Folgen nicht vorstellen konnte. Die Regierung, die die Resultate einer solchen Forschung in den Händen hielte, wäre im Besitz einer Macht, die durch nichts in der Welt würde ausgeglichen werden können. Und ebendamit befaßte sich Szilards Forschung. Wir wissen heute, daß sein Zugang, die Durchführung, die er erwog, falsch war. Aber die Idee der Kettenreaktion geht auf ihn zurück. Zunächst glaubte ich, er übertreibe. Er hatte eine Art zu sprechen, die die Dinge ein wenig – ich will nicht sagen: auszuschmücken, aber doch aufzubauschen schien. Während ich ihn näher befragte, gewann ich jedoch den Eindruck, daß er wußte, wovon er sprach. Er war kein eloquenter Redner, aber ein sehr ernsthafter Mensch, und er beeindruckte mich dermaßen, daß ich mir in meinem Tagebuch Notizen machte, was ich im allgemeinen nicht tue. Kaum zehn Tage später, Anfang September 1933, traf ich ihn erneut und anschließend noch mehrfach. Er kam recht häufig nach Oxford, wo er Professor Francis Simon sehr gut kannte, den späteren Sir Francis Simon, der im Clarendon-Laboratorium in Oxford die niedrigste Temperatur erzeugte, die man jemals erreicht hatte. Szilard erzählte mir von seiner Arbeit. Er war unglücklich, weil er nicht die Möglichkeit hatte, sich ganz seinen Forschungen zu widmen. Er mußte sich damit begnügen, im Krankenhaus St. Bartholomew in London zu arbeiten und die Instrumente, die sich dort befanden, zu benutzen.

Ich erinnere mich, daß ich, als ich bei Kriegsbeginn im Jahre 1939 zu einer Zusammenkunft nach London fuhr, auf Professor Simon traf. Wir reisten zusammen, und er redete mit mir über die Verwendung der Atomenergie. Für mich war es unvorstellbar, laut darüber zu sprechen; der Krieg hatte gerade begonnen, und die Möglichkeit von Spionage stand uns sehr deutlich vor Augen. Überall hingen Plakate, die vorschrieben, man möge Stillschweigen bewahren, und da kam nun jemand und sprach über die Atombombe! Ich sagte zu ihm: »Wäre es nicht besser, wenn wir schwiegen?« Er schaute mich an und antwortete: »Die deutschen Physiker kennen die Möglichkeiten sehr genau. Das ist kein Geheimnis, das man vor den Deutschen schützen müßte.«

Später, im Februar 1943, hatte mit der Schlacht von Stalingrad die erste große Katastrophe für Deutschland stattgefunden, eine Katastrophe, die sich vor dem deutschen Volk nicht verheimlichen ließ. Man kennt die Inszenierungskunst Hitlers, die Paraden, das ganze wagnerianische Theater ... aber diesmal ging es nicht allein darum, die Moral des Volkes aufrechtzuerhalten, sondern wieder zu stärken. Wie sollte man das tun ohne einen bedeutenden militärischen Sieg, auf den kaum Aussicht bestand? Von diesem Moment an tauchten in der deutschen Propaganda Hinweise auf eine Geheimwaffe auf. Diese Propaganda kam, das war klar, von ganz oben. Die Geheimwaffe sollte das Gefühl der Niederlage kompensieren und Hoffnung verbreiten. Fest steht: Selbst die von einer Diktatur verbreiteten Lügen müssen noch auf etwas Konkretem basieren, sonst ist man nicht mehr glaubwürdig, und das wäre das Fiasko. Es mußte also ein Kern von Wahrheit darin stecken. Wie sah die Geheimwaffe aus? Das war die große Frage.

Technisch war zweierlei denkbar: entweder die berühmten Raketen V1 oder V2 oder die Atombombe.

Man wußte noch nicht, worum es sich handelte. Von diesem Moment an wurden auf internationaler Ebene Anstrengungen unternommen, um die Art der Geheimwaffe zu bestimmen. Die Vorbereitungen dazu waren sehr komplex. Es gab eine internationale Zensur. Die gesamte deutsche Post, die Europa verließ, wurde abgefangen und darauf hin untersucht, ob sie nicht irgendein Indiz enthielte. Denn eins ist klar: Eine Geheimwaffe entsteht nicht aus dem Nichts. Sie erfordert die geballte Anstrengung einer großen Anzahl von Leuten. Wo konnte man ein solches Ballungszentrum finden? In welchen Bereichen hatten die Behörden für besonderes Stillschweigen gesorgt? Dies sind die beiden wesentlichen Faktoren. Man mußte die beiläufigste Erwähnung, den geringsten Beweis aufspüren. Neben den ausländischen und diplomatischen Missionen gab es noch eine weitere sehr wichtige Informationsquelle: die zahlreichen ausländischen Arbeiter, von denen viele Franzosen waren, und zwar sowohl Zwangsarbeiter als auch Freiwillige. Man verdiente gut in Deutschland und ging deshalb auch aus freien Stücken dort zur Arbeit. Diese Arbeiter merkten, was vor sich ging, und hatten Kontakte zu ihren jeweiligen Landsleuten. In bestimmten Regionen gab es starke Konzentrationen ausländischer Arbeiter.

Es existierte also eine ganze Reihe von Informationsquellen, die ich hier nicht alle aufzählen werde, manche unterlagen größerer Geheimhaltung als andere. Zu den wichtigsten gehörten die Luftaufnahmen, die jeden Tag gemacht wurden und auf einer Methode basierten, die sich in England »operation research« nannte: Mit Hilfe eines Minimums an Flugbewegungen galt es, ein Maximum des Geländes zu erfassen. Auf diese Weise fotografierte man tagtäglich gewaltige Flächen des deutschen Gebiets; die Fotografien wurden in einem Zentrum nicht weit von London analysiert; wer dort arbeitete, hatte unmittelbar Bericht zu erstatten, falls ihm etwas Ungewöhnliches, aus dem Rahmen des Normalen Herausfallendes aufgefallen war. Eines schönes Tages bemerkte eine Mitarbeiterin des Luftwaffendienstes *Womens's Auxiliary Air Force (WAAF)* – sie hieß Miss Babington Smith – auf dem abfotografierten Terrain ein Etwas, das offensichtlich für Flugmanöver gedacht war und das sie nicht zu identifizieren vermochte. Es handelte sich um eine Art Katapult. Dies war der erste Hinweis auf die Raketen.

Dann stieß der polnische Widerstand auf einen seltsamen, unerklärlichen, langen Gegenstand von der Form einer Granate, den man noch nie zuvor gesehen hatte. Es handelte sich tatsächlich um eine Rakete, die in die Ostsee geschossen worden, jedoch viel weiter geflogen und in Polen heruntergekommen war. Man fertigte eine Abbildung an und verzeichnete die unglaublichen Ausmaße. Es gelang, diese Zeichnung nach England zu bringen. Es fand sich noch manch anderer Hinweis. So wußte man, daß nahe bei Peenemünde an der Ostsee viele ausländische Arbeiter beschäftigt waren. Peenemünde wurde bombardiert, der berühmte Peenemünder Luftangriff richtete gewaltige Zerstörungen an, die das Raketenprogramm um sechs Monate zurückwarfen, um sechs für die Vorbereitung der Invasion wesentliche Monate. Leider wurden dabei sehr viele Arbeiter getötet.

Bei der zweiten Möglichkeit handelt es sich tatsächlich um die möglichen Hinweise auf den Bau einer Atomwaffe. Man wußte um die Bedeutung, die die Deutschen schwerem Wasser beimaßen.

Die Rakete war offensichtlich von großer Bedeutung, aber wir wußten auch, wie Sie richtig bemerken, daß man schwerem Wasser außergewöhnliches Interesse entgegenbrachte. Zunächst hatte bereits vor Kriegsbeginn eine Notiz in einer öffentlichen deutschen Zeitung unsere Aufmerksamkeit erregt. Sie untersagte die Ausfuhr von Uran aus der ehemaligen Tschechoslowakei. Hier handelte es sich um eine offizielle und öffentliche Weisung. Zweitens lagen uns Berichte aus Norwegen vor, daß die Deutschen den dortigen Anlagen von schwerem Wasser enorme Bedeutung beimaßen.[6] Wie Sie wissen, findet sich Uran vor allem im Kongo; dorthin aber konnten die Deutschen nicht gehen, Norwegen war also die Hauptquelle für schweres Wasser. Wir sahen, daß alles zur Nutzung bereitstand. Man mußte wissen, wofür. Wozu dies alles, wenn es lediglich theoretischer Forschung dienen sollte? Die Deutschen rechneten damit, es zu verwenden. Es lag auf der Hand, daß die Gefahr der Atombombe reell war. In wissenschaftlichen Kreisen wußte man sehr genau, daß eben die Deutschen mit diesen Forschungen begonnen hatten und daß es Ende 1938 Otto Hahn und Fritz Strassmann in Berlin gelungen war, die erste Kernspaltung hervorzurufen.[7] Selbst der Ausdruck Kernspaltung war damals noch keineswegs geläufig. Zu Beginn des Jahres 1939 schrieb Hahn an seine Mitarbeiterin Lise Meitner, die wegen ihrer jüdischen Abstammung 1938 nach Stockholm hatte flüchten müssen, daß man die Kernspaltung erfolgreich durchgeführt habe. Sie warnte augenblicklich ihren Neffen in Kopenhagen, Otto Frisch, einen außerordentlich intelligenten Mann, der mit Niels Bohr zusammenarbeitete.[8]
Frisch schrieb an seinen Freund Millikan in Birmingham

und bat, nach England kommen zu können. In diesem Augenblick waren die Möglichkeiten, Atomenergie zu nutzen, Wirklichkeit geworden. Szilard befand sich bereits in den Vereinigten Staaten. Er hatte gesagt, er würde »ein Jahr vor der Kriegserklärung« dorthin gehen, und tatsächlich hatte er sich Anfang 1938 dort niedergelassen. Er besuchte Einstein, den er als ganz junger Mann in Berlin kennengelernt hatte. Einstein begriff die enormen, entscheidenden Möglichkeiten dieser Entdeckung, und sie verfaßten jenen berühmten Brief an Roosevelt, in dem es sinngemäß heißt: »Es besteht kein Zweifel, daß die Deutschen daran arbeiten. Wenn wir uns nicht beeilen, werden sie uns zuvorkommen.« Hier liegt der Ursprung des Manhattan-Projekts. Szilard setzte alles ins Werk, um eine Kettenreaktion herbeizuführen. Er brachte den Italiener Fermi dazu, das unentbehrliche Geld zu beantragen, um die notwendigen Experimente durchführen zu können. Sie erhielten es schließlich in Chicago und arbeiteten unermüdlich. Am 2. Dezember 1942 gelang es ihnen, eine Kettenreaktion auszulösen.

Kennen Sie das Buch von Richard Rhodes über die Atombombe? Es ist ein exzellentes, mit dem Pulitzer-Preis ausgezeichnetes, auf Quellen basierendes Buch, das die Schwierigkeiten verdeutlicht, die man Szilard in den Vereinigten Staaten machte.[9] Dieser Mann, der wahrhaftig sein Leben für den Bau der Atombombe hingegeben hat, befand sich, nachdem es ihm gelungen war, die Amerikaner zu alarmieren, in einer ziemlich schwierigen Situation, da der mit der militärischen Leitung beauftragte General Grove ihm mit außergewöhnlichem Argwohn begegnete. Der General hielt ihn für einen Spion und ließ ihn überwachen. Es gibt Berichte der amerikanischen Polizei, aus denen hervorgeht, daß man Szilard bei einer Zusammenkunft mit zwei anderen Wissenschaftlern observiert und daß Szilard bei dieser Gelegenheit eine fremde Sprache gesprochen habe. Es handelte sich um die beiden ungarischen Gelehrten Teller und Wigner! Allerdings muß man zugeben, daß Szilard manchmal ein wenig indiskret war.

Nach dem erfolgreichen Bau der Bombe hat er jedoch alles, wirklich alles getan, um bei Präsident Truman vorgelassen zu werden und ihn davon zu überzeugen, daß man die Bombe nicht auf bevölkerte Gebiete, nicht auf Menschen abwerfen dürfe, sondern die Japaner warnen und ihnen lediglich damit drohen solle, was passieren würde. Truman lehnte dies ab. Szilard war anschließend dermaßen angewidert, daß er, wie Sie wissen, jegliche Arbeit, die in irgendeinem Zusammenhang mit Atomenergie stand, aufgab und sich ein vollkommen neues Arbeitsfeld suchte, die Biologie. Er wurde zu einer Kapazität auf dem Gebiet der Delphine und schrieb auch darüber.[10] Er war einer der aktivsten Teilnehmer bei den Pugwash-Konferenzen und konzentrierte all seine Energien auf das Überlebensproblem der Menschheit. Er gründete den »Council for a Livable World« (Rat für eine lebenswerte Welt), dessen Aufgabe darin bestand, Gelder zu sammeln, um bei den Kongreßwahlen jene Kandidaten zu unterstützen, die sich für die Sicherheit in der Welt engagierten. 1959 teilte er sich mit Eugen Wigner den Preis »Atoms for peace«. Ich hatte ihn in meiner Funktion als Gründer und Präsident der kanadischen Gesellschaft für Wissenschaftsgeschichte und Wissenschaftsphilosophie während meiner fünfzehnjährigen Amtszeit nach Montreal eingeladen. Aber er konnte die Einladung nicht annehmen, weil er bereits erkrankt war. Er starb 1964. Bei allem, was die Atombombe anbetrifft, darf man ihn nicht vergessen.[11]

Haben Sie auch mit Einstein selbst Kontakt gehabt? Sind Sie ihm begegnet?

Ja, im Jahr 1933. Wie Sie wissen, verachtete das offizielle Deutschland Einstein. Die Zeitungen hetzten gegen ihn und machte ihn zum Gegenstand einer gegen seine Person gerich-

teten Propaganda. Königin Elisabeth, die Königinmutter von
Belgien, eine vornehme Dame, die sich sehr für Musik interessierte, lud Einstein nach Belgien ein. Als man sich darüber
klar wurde, daß der deutsche Geheimdienst ihn bedrohte,
glaubten die Belgier ihn nicht beschützen zu können. Die
Königinmutter riet ihm deshalb, sich nach England zu begeben.

Ich begegnete ihm, denn ich lebte in London bei einem seiner engsten Freunde, bei A. S. Yahuda, den ich von Heidelberg her kannte. Yahuda stammte aus der Familie der Sas-
soon, einer alten Familie aus Bagdad. Er selbst war in
Jerusalem geboren. Als ausgezeichneter Hebraist war er als
erster Jude seit der Judenvertreibung im Jahre 1492 vom spa-
nischen König zum Professor ernannt worden. Er hatte Spanien verlassen, um in Sankt Petersburg Forschungen anzu-
stellen. Sein Buch *Die Sprache des Pentateuch*[12] hat 1932/33
insbesondere in der englischen Presse für viel Wirbel gesorgt.
Es verfolgte eine revolutionäre These. Aufgrund einer Analyse der in jenen fünf Büchern verwandten Metaphern gelangte Yahuda zu der Feststellung, daß alle Metaphern des
alten, sich gerade erst zur Schriftsprache entwickelnden Hebräisch auf dem Ägyptischen beruhten. Der Verfasser des
Pentateuch mußte jene Sprache also perfekt beherrscht haben; somit konnte es sich nur um Moses selbst handeln. Einstein schätzte dieses äußerst kontrovers aufgenommene
Werk sehr.

Um mich auf dem laufenden zu halten, was in Deutschland
geschah, las ich das damals führende deutsche Presseorgan,
die *Frankfurter Zeitung*, ein liberales Blatt, eine der großen
europäischen Zeitungen, deren sich die Nazis selbstverständlich bemächtigt hatten, aber die dennoch eine wichtige Zeitung blieb. Am Tag meines Zusammentreffens mit Einstein
hatte ich gerade auf der ersten Seite eine scharfe Attacke voller Beschimpfungen und unflätiger, heftiger Beleidigungen
des Physikers Lenard gegen Einstein gelesen. Als ich am

Abend Einstein selbst sah, sagte ich zu ihm: »Wissen Sie, daß in dieser Zeitung ein sehr persönlicher Angriff auf Sie abgedruckt worden ist?« Ich zeigte ihm den Artikel. Einstein antwortete mir sehr ernst: »Lenard hat große Dinge geleistet.« Das war alles. Ich fragte ihn daraufhin, was er denn geleistet habe, und er erklärte mir, worin Lenards Meriten bestanden.[13]

Im Jahr 1933 sagten sich mehrere der Emigranten, darunter Szilard und ich, daß dieser Exodus von Intellektuellen, die vor dem Nazi-Regime flohen, eine positive Seite haben könnte, wenn die besten Wissenschaftler in einer Modell-Universität versammelt wären. Manche sahen eine solche in der Schweiz. Ich dachte an die Universität von Jerusalem. Szilard hatte mehrere Vorstöße unternommen, um diese Idee voranzutreiben. Ich führte eine lange Unterredung mit Einstein, den ebenfalls die Idee von einer Universität der Exilierten bewegte und der sich sehr für die Schaffung eines physikalischen Instituts an der Universität Jerusalem interessierte. Gleich am 30. Mai 1933 hatte er seinem Freund Max Born, Professor in Göttingen, geschrieben, daß es großartig wäre, da ein solches Projekt zur Gründung eines Instituts mit internationalem Renommee führen könne, daß er aber wenig Hoffnung habe, weil in den entsprechenden Kreisen der Universität Jerusalem »vollständiger Scharlatanismus« regiere. Er stand der Universität Jerusalem sehr kritisch gegenüber, deren Direktor Magnes eine Art amerikanisches College daraus gemacht hatte. Damals unterstand die Universität einem internationalen Verwaltungskomitee, zu dem vor allem der Physiker Tullio Levi-Cività in Italien und der Mathematiker Jacques Hadamard in Frankreich, ein angeheirateter Cousin des Hauptmanns Dreyfus, gehörten. Einstein schrieb mir einen Brief, in dem er mir den Auftrag erteilte, jene Verwalter aufzusuchen und ihnen das Projekt zu erläutern. Ich reiste also nach Paris und Rom. Im großen und ganzen befürworteten die Verwalter die Idee, und ich verfaßte ein Memorandum, das über die Vorschläge berichtete. Man mußte nur Geld dafür auftreiben, vor allem aber mußte die Universität Jerusalem einer Reform ihrer Lehrpläne zustimmen. Es gab jedoch tiefe Zwistigkeiten innerhalb der Institution. In einer Notiz vom 7. Oktober bedankte sich Einstein bei mir, als er sich bereits auf dem Weg nach Amerika befand.[14] Am 18. November 1933 schrieb er mir dann ein weiteres Mal, um sich für mein »wenig erfreuliches, aber wunderbar deutliches« Memorandum zu bedanken. Ich zitiere den Schluß des Briefes: »Wenn nicht die Mehrheit jener, die davon betroffen sind, willens ist, der Sache ohne Vorbehalte zu dienen, läßt sich dieser Sumpf nicht austrocknen. Es scheint, als sähen wir uns nun der traurigen Feststellung gegenüber, daß wir anderen Juden zwar herausragende Individuen hervorbringen, aber unfähig dazu sind, eine normale Gemeinschaft zu bilden. Herzlich der Ihre, A. Einstein.«

Letztlich hing das Ganze entscheidend von Einsteins Willen ab, selbst nach Jerusalem zu gehen. Er schätzte meine Empfehlungen, wie er mir noch vor seiner Abreise in die Vereinigten Staaten mitteilte, aber statt sich zu engagieren, zog er es vor, jene glänzende Stelle anzunehmen, die man ihm am *Institute for Advanced Study* in Princeton angeboten hatte, wo er sich ganz seiner Forschung widmen konnte.

Um noch einmal auf die Entwicklung der Atombombe zurückzukommen: Wie Sie eben völlig zu Recht sagten, gab es unwiderlegbare Anzeichen dafür, daß die Deutschen grundsätzlich die Absicht hatten, früher oder später die Atombombe zu entwickeln. Aber gab es deutliche Hinweise dafür, wie das Projekt voranschritt? War die Verwendung von schwerem Wasser nicht eher ein Zeichen für einen bislang nur sehr begrenzten Erfolg? Hatte man damals, in irgendeinem Augenblick des Krieges, eine Vorstellung vom Forschungsstand der Deutschen?

Wir standen vor einem Rätsel. Ich betrachte die Situation natürlich nur von meinem Standpunkt aus, und ich kann nicht
so tun, als hätte ich alles gewußt. Gleichwohl hatte ich den
Eindruck, daß die Deutschen daran arbeiteten. Was sie im
einzelnen taten, erfuhr man später. Kurz nach der deutschen
Kapitulation befand ich mich im Hauptquartier des Generals
Montgomery in Bad Oeynhausen in Westfalen. Damals war
er General und noch nicht Marschall. Ich erfuhr, daß man
wichtige, im deutschen Hauptquartier entdeckte Papiere
dort hingebracht hatte, die von Major Simmons, dem Bibliothekar von Birmingham, selbst gesichtet worden waren.

Dieser Mann hatte in wenigen Tagen Großartiges geleistet.
Die Deutschen hatten alles durchorganisiert. Als erstes sah
ich eine riesengroße Landkarte. Sie stellte die *Operation See-
löwe* dar, den Plan zur Invasion Englands, auf der mit bunten
Stecknadeln die ersten Tage der Invasion markiert waren. Ein
kleines gedrucktes Handbuch, das an die Militärpolizei verteilt werden sollte, enthielt die Liste der Personen, die unverzüglich verhaftet werden sollten, samt all der Orte, wo sie zu
finden seien. Ein erstaunliches Buch, angesichts der Menge
von Namen, die es enthielt. Ich öffnete es, und einer der ersten Namen, auf den mein Blick fiel, war mein eigener. Diese
Liste wurde im September 1945 im *Manchester Guardian*
veröffentlicht.

Das zweite, was ich zwischen jenen Papieren fand, war ein
ausführlicher Bericht über die Verwendungsmöglichkeit der
Atomenergie, unterzeichnet von Werner Heisenberg. Leider
kann ich Ihnen nicht sagen, wo sich der Bericht heute befindet, wahrscheinlich in den Archiven von Alexandria, nahe bei
Washington. Ich las dieses umfangreiche Dokument, aber da
ich kein Physiker bin, kann ich keine Details wiedergeben.
Der Offizier und Bibliothekar, der sich heute in Oxford befindet, gab mir alle Auskünfte für weitere Nachforschungen.
Dennoch erinnere ich mich genau, daß aus diesem Dokument hervorging, daß die Atomenergie zwar außer Frage

stehe, die praktischen Schwierigkeiten jedoch außerordentlich gewichtig seien und es beträchtlicher Summen Geldes, vor allem aber auch ausreichender Zeit bedürfe. Der Bericht endete damit, daß man mit der Herstellung der Bombe in einer nahen Zukunft nicht rechnen und sie also für die Zwecke dieses Krieges nicht bald eingesetzt werden könne. Ich bin mir sicher, daß dies der grundlegende Sinn des Berichts war.

Ich wollte Sie gerade schon danach fragen, wie Sie die Haltung Heisenbergs einschätzen, der auf der einen Seite in seinen autobiographischen Werken wie Der Teil und das Ganze[15] *erklärt, wie sehr er sich damals dem Bau der Atombombe durch die deutsche Regierung entgegengestellt habe, indem er die Regierung unaufhörlich von den Umsetzungsschwierigkeiten zu überzeugen und auf diese Weise das Ganze zu verzögern gesucht habe; auf der andern Seite aber kann man in einer Aufzeichnung, die in Farm Hall in der Nähe von Cambridge 1945 gemacht wurde, wo man die deutschen Wissenschaftler in einem Landhaus interniert hatte, von Heisenberg folgende Äußerung lesen: »Man kann sagen, daß in Deutschland größere Mittel zum erstenmal im Frühling 1942 zur Verfügung gestellt wurden, nach der Sitzung mit Rust, als wir ihn überzeugten, daß wir den absolut sicheren Beweis dafür hätten, daß die Sache machbar sei.«[16] Dieser Satz scheint gerade das Gegenteil zu belegen, nämlich daß Heisenberg das Nazi-Regime davon zu überzeugen suchte, daß die Atombombe machbar sei. Hat er nicht in gewisser Weise a posteriori schlicht etwas hinzugedichtet?*

Man kann mit Sicherheit sagen, daß Heisenberg seine eigene Haltung bewußt falsch darstellt. Man weiß, daß die deutschen Wissenschaftler höchst intensiv an der Atombombe arbeiteten, nicht mehr in Berlin, weil dort die Situation schwierig geworden war, aber in Hechingen, im Süden, in der Nähe von Stuttgart, und daß sie Geld dafür wollten.

Sie erhofften sich zweierlei: die notwendigen Mittel dafür zu erhalten und den Führer zu überzeugen. Hitler hingegen wollte von der Atombombe nichts wissen, und diese Information haben wir aus zuverlässiger Quelle, nämlich von Hitlers Reichsminister für Bewaffnung und Munition, Albert Speer, dessen Memoiren sehr lesenswert sind.[17] Warum? Auf den ersten Blick hätte man denken können, daß eine geheime und entscheidende Waffe auf Hitlers Phantasie großen Eindruck gemacht haben müßte, zumal er diese Art von Überraschungen liebte. Aber dies war keineswegs der Fall, da die Atomphysik als etwas Negatives, als jüdische Erfindung angesehen wurde. Alles, was mit Relativitätstheorie und Atomenergie zusammenhing, galt als jüdische Physik. Hier hatte Lenard eine bedeutende Rolle gespielt. Ihn achtete Hitler. Er war der erste angesehene Wissenschaftler und Nobelpreisträger, der zu Hitler gekommen war, und eben der sagte nun, daß die Relativitätstheorie der deutschen Moral zuwiderlaufe, daß sie ein zersetzendes Element sei. Als hingegen Wernher von Braun seine Idee von der Rakete Hitler unterbreitete, reagierte dieser enthusiastisch.[18]

In diesem Zusammenhang sollte man auf einen weiteren Satz Heisenbergs aus dem aufgezeichneten Gespräch in Farm Hall hinweisen. Heisenberg fragt sich, weshalb die amerikanischen Wissenschaftler mit solchem Vorsprung vor den deutschen Physikern erfolgreich waren.[19] Er vergißt dabei völlig, daß unter den »amerikanischen Physikern« eine Menge deutscher Juden waren und man folglich nicht sonderlich verblüfft sein mußte, daß diese Physiker ihr Know-how mitgebracht haben. Dieses Vergessen Heisenbergs im Jahre 1945 ist, nach all dem, was man erfahren hat, einigermaßen erstaunlich.

Es ist sehr wichtig, die Fähigkeit zu vergessen deutlich hervorzuheben, die bei so großen Geistern wie Heisenberg recht unerfreulich ist. Nach dem Krieg besuchte Heisenberg Francis Simon und sagte zu ihm: »Ach, wissen Sie, die Nazis, hätte man sie noch fünfzig Jahre machen lassen, wären sie ganz vernünftig geworden.« Hier handelt es sich um einen Mann, der, wie man seinen Antworten entnehmen kann, nichts versteht und kurz danach zum Moralisten wird. Es sind die anderen, die die Sünde begangen haben. Die tragen die Verantwortung. Dabei hätten sie doch allzugern die Bombe gebaut! Es ist leicht, heute so zu tun, als hätten sie es nicht gewollt. Sie versuchen ganz schlicht das »Nicht-Können« in ein »Nicht-Wollen« zu verkehren.

Von der psychologischen Seite her muß man sagen, daß diese Leute sehr wohl den herrschenden Terror kannten. Selbstverständlich wußten sie nicht über alle Schrecken Bescheid, denn sie wollten nicht darüber Bescheid wissen, aber die Schrecken existierten, und das wußten sie alle. Selbstverständlich billigten sie sie nicht. Und so konnten sie sich später sagen: »Immerhin haben wir dieses Regime nicht gewollt!« Aber während des Krieges spürte man nichts davon. In ihren Forschungseinrichtungen in Hechingen taten sie ohne jeglichen Vorbehalt ihr möglichstes, um die Arbeit an der Atomkraft voranzutreiben. Das Gegenteil vorzugeben ist falsch.

Es gibt noch weitere Zeugenaussagen, die das, was Sie sagen, bekräftigen. In der von Max Dresden verfaßten Biographie des holländischen Wissenschaftlers Hendrik A. Kramers findet sich eine sehr interessante Anekdote: Kramers, der während der Zeit der Besatzung in Holland lebte, erfuhr plötzlich, daß Heisenberg als hoher Würdenträger des Nazi-Regimes anreisen würde und seinen alten Kollegen wiedersehen wollte, mit dem er so viele Vorarbeiten zur Matrizenmechanik gemeinsam durchgeführt hatte. Kramers läßt Heisenberg geradeheraus wissen, daß er unter diesen Umständen absolut keine Lust hat, Heisenberg wiederzusehen, da er einen Feind repräsentiert, der Holland besetzt hält. Heisenberg antwortet ihm:

»Aber hör' mal, das macht nichts. Wir werden uns trotzdem wiedersehen und über Physik sprechen.« Kramers empfängt Heisenberg. Er öffnet die Tür, und Heisenberg legt sofort los: »Aber warum bist du gegen das Projekt eines Europa unter deutscher Herrschaft? Deutschland wird die Einheit Europas wiederherstellen, etc.« Kramers schließt augenblicklich die Tür wieder zu.[20]

Auch Niels Bohr, der nicht sonderlich argwöhnisch war, hatte den Eindruck, daß Heisenberg ihn bei seinem Besuch aushorchen, daß er Bemerkungen und Informationen von ihm hören wollte. Bohr war sehr, sehr vorsichtig. Heisenbergs Haltung ist typisch für einen großen deutschen Wissenschaftler, der keineswegs ein gewalttätiger Nazi war. Er befürwortete nicht die Exzesse des Nationalsozialismus, aber er diente ihm. Und die diesem Regime dienten, sind schuldig, denn ohne sie hätte das Regime nicht tun können, was es getan hat.

In jedem Fall war für Hitler die Geheimwaffe nicht die Atombombe, sondern die Raketen V1, V2 oder gar V3. Über die V3 weiß man nicht sehr viel, aber dem zufolge, was man darüber sagt, handelte es sich um eine wirklich schreckliche Waffe. Man arbeitete daran. Die V1 habe ich kennengelernt. Zweimal bin ich ihnen glücklich entkommen. Solange man sie hörte, geschah nichts. Erst wenn das Geräusch aufhörte, wurde es gefährlich. Man hatte also ein wenig Zeit, um sich von den Fenstern zu entfernen und vor den Glasscherben in Deckung zu gehen – so daß man, wenn die Rakete nicht in das Haus selbst einschlug, doch einigermaßen geschützt war. Man konnte etwas tun. Gegen die V2 konnte man gar nichts tun. Und die zerstörerische Kraft der V3 war, so sagte man mir, so groß, daß es wirklich ein Desaster gewesen wäre.

Soweit also die Geheimwaffe, die uns stark beschäftigte. Wir praktizierten wirklich eine intelligente »Intelligence«, einen aufgeklärten Aufklärungsdienst, indem wir alle Anzeichen im weitesten Sinne, die in die eine oder die andere Richtung wiesen, sammelten und interpretierten.

Da Sie begonnen haben, gewissermaßen kursorisch, einige Methoden anzugeben, mit deren Hilfe man die Geheimnisse des Feindes aufdecken konnte, sollten wir auf den philosophischen Aspekt des Verfahrens zurückkommen.

Was man als »Aufklärungsarbeit« bezeichnet, ist schlicht eine Synthese aus geschichtswissenschaftlichen und logischen Vorgehensweisen. Dem Historiker geht es nicht anders. Der Historiker will die Vergangenheit erkennen, eine Vergangenheit, an die man sich als solche nicht mehr erinnern kann. Wie also kann er sie erkennen? Durch die Interpretation von Dokumenten im weitesten Sinne des Wortes ... von Steinen, Fossilen, wenn es sich um das weit zurückliegende Altertum handelt, oder auch von geschriebenen Dokumenten. Eine solche Interpretation muß, soweit dies möglich ist, alle Subjektivität ausschalten. Es geht nicht darum, eine Sache mehr in dem einen als in dem anderen Sinne zu verstehen. Man muß sich einer Deutungsregel unterwerfen. Und, philosophisch gesprochen, ist in Kriegszeiten die Situation die gleiche. Sie interpretieren die Gegenwart, eine Gegenwart, die Sie sich nicht als solche vor Augen führen können, eine Gegenwart, die Sie erkennen möchten, zu der Sie aber keinen direkten Zugang haben. Wie kann man sie erkennen? Durch die Interpretation von Dokumenten im weitesten Sinne des Wortes. Um welche Dokumente handelt es sich?

Da gibt es zunächst einmal die Deklarationen des Feindes, seine Propaganda, das, was der Feind sagt. Die Interpretation der Propaganda steht an erster Stelle, denn jeder Totalitarismus, jeder Diktator ist sehr verletzlich. Seine Propaganda folgt gewissen Richtlinien. Man kann mit Gewißheit daraus ablesen, was er anderen weismachen möchte. Wir wußten, daß die deutsche Regierung während des Krieges jeden Freitag die Propaganda-Richtlinien für die jeweils kommende Woche ausgab. Wir konnten entsprechend bis zu einem gewissen Grade Rückschlüsse auf den Sinn von Direktiven ziehen und daraus die Absichten des Feindes ablesen. Ich will nicht zu sehr ins Detail gehen, aber das ist die grundlegende Idee, der Ansatz.

Man kann Rückschlüsse auf die Intentionen des Feindes ziehen, indem man analysiert, was über bestimmte Gegenstände in den Zeitungen und im Radio gesagt wird – Fernsehen gab es damals noch nicht. Selbstverständlich muß man die Propaganda auf intelligente Weise nachvollziehen, indem man, was ich nicht besonders liebe, Qualitatives quantifiziert. Nehmen wir als Beispiel die Invasion Norwegens. Jede Woche verfolgten wir, was über Norwegen gesagt wurde. Wir fertigten Graphen an. Zunächst fielen die Äußerungen über Norwegen manchmal sogar anerkennend und allemal nicht feindlich aus. Dann wurde ein anderer Ton angeschlagen. An die Stelle von lobenden Worten trat eine gewisse Kühle, der schließlich – keineswegs nur vereinzelt – Bemerkungen darüber folgten, daß Norwegen den Schiffen des Feindes Schutz bot. Weshalb diese plötzliche Veränderung? Auf diese Weise wurde die Nation psychologisch auf eine Handlung vorbereitet. Wenn man so Woche für Woche von nahem die emotionale Tonlage dessen, was gesagt wird, quantitativ verfolgt, kann man Rückschlüsse auf die Intentionen ziehen. Dies ist die Anwendung einer logisch-historischen Methode. Ich könnte zahlreiche solcher Beispiele aufzählen, und ich kann Ihnen versichern, daß die Methode Resultate erzielte.

Mir scheint dies um so interessanter, als man gewöhnlich glaubt, demokratische Gesellschaften seien viel verletzlicher, viel leichter bedroht durch die Analysen eines Gegners.

Ganz im Gegenteil! In Demokratien herrscht Unordnung. Jede Zeitung sagt etwas anderes. Wenn der Feind etwas entschlüsseln will, muß er zuvor entscheiden, welche Zeitung wichtiger ist als die anderen. Selbstverständlich hat auch das seinen Wert, aber man kann niemals mit Gewißheit Rückschlüsse ziehen.

Läßt sich nicht daraus, unter anderem, eine philosophische Lehre ziehen? Die nämlich, daß dasjenige Regime, dessen Ideologie die Freiheit des Menschen gänzlich einschränkt, letztlich unendlich viel berechenbarer ist als das andere – was uns zu Ihren Studien über die Freiheit führt. Gibt es nicht einen Zusammenhang zwischen Ihren Studien über die Freiheit und der Methode, die Sie angewandt haben?

Was die Möglichkeit der Prognose anbetrifft sicher. Gleichwohl muß man immer der Tatsache Rechnung tragen, daß derjenige, der die Macht innehat, möglicherweise seine Meinung ändert. Man kann nicht sicher sein, daß diese immer gleichbleibt. Bei Hitler wußten wir allerdings, daß er eine fixe Idee hatte, der zufolge man niemals Boden aufgeben durfte. Wir wußten dies, aber wir sahen auch den Unterschied zwischen ihm und den Generälen. Auf jeden Fall ließen sich Rückschlüsse ziehen. Und daraus ergab sich natürlich die Notwendigkeit, Spione einzusetzen, Leute in eine gehobene Stellung beim Feind einzuschleusen, damit sie Informationen liefern konnten.

Zusammenfassend würde ich sagen, daß es sich schlicht um die Anwendung gewisser logischer Verfahrensweisen auf die historische Erkenntnis handelt; und an der historischen Methode ist nichts Außergewöhnliches, nichts Erstaunliches. Es geht darum, die Techniken anzuwenden, deren man sich bei der Erforschung der Vergangenheit bedient, und dies in einer Weise, die das subjektive Element soweit wie möglich – vollkommen geht das nie – ausschließt, also das Interesse, die Prägung und die Erfahrung des Interpreten, die immer, trotz allem, mit hineinspielen und die stets ein subjektives

Element bilden. Aber dieses Element gilt es zu reduzieren; auch wenn der Historiker stets ein Kind seiner Zeit und in seinen eigenen Vorurteilen befangen bleibt, sollten diese soweit wie möglich in der Erkenntnis der unmittelbaren Gegenwart ausgeschieden werden.

Letztlich beruht die Erkenntnis der Vergangenheit wie der Gegenwart demnach darauf, daß man sich strikt an eine rigorose Analyse hält, oder anders gesagt, daß man sich bei der Analyse der möglichen »Tiefenstruktur« eines Regimes oder einer Ideologie strikt an die Oberfläche, an das, was es von sich zeigt, das heißt an seine Propaganda, hält. Steckt nicht letztlich die ganze Realität eines totalitären Regimes in seiner Propaganda? Läßt sich nicht, wie Sie sagen, alles erkennen, unter der Voraussetzung, daß man mit den Methoden, die Sie genannt haben, seine Propaganda zu lesen weiß?

Ja, selbstverständlich. Freilich besteht auch die Möglichkeit, daß die Dinge sich zum Schlechten wenden, man aber anderen weismachen will, es stehe gar nicht so schlecht. Schon der Versuch, zu zeigen, daß es gar nicht so schlecht steht, ist bedeutsam. Derlei würde man nicht demonstrieren, wenn nicht die Machthaber fürchteten, das Volk glaube, die Dinge stünden schlecht. Die Dinge müssen also schlecht stehen, wenn Anstrengungen unternommen werden, das Gegenteil glaubhaft zu machen! Es gibt keine Propaganda ohne einen Kern von Wahrheit. Welches ist der Kern? Er läßt sich mit großer Wahrscheinlichkeit aufdecken. Viel wichtiger als das Studium der Propaganda ist jedoch die Analyse, die sichtbar zu machen versucht, wie die reale Macht funktioniert. Man muß die Situation derer studieren, die die Entscheidungen treffen, die Pläne derer, die die Macht innehaben, und verfolgen, wie diese Pläne dann von den Generälen und der sie ausführenden Armee angenommen und mit welchen materiellen Mitteln sie umgesetzt werden.

Aber wir haben bislang nur von der Propaganda des feindlichen Regimes gesprochen. Wir dürfen nicht vergessen, welche Bedeutung die Propaganda der Alliierten, vor allem die britische Propaganda während des Krieges hatte. Die BBC (*British Broadcasting Company*) sendete nach Deutschland hinein. Flugzeuge warfen Flugblätter ab... Diese direkte Propaganda stand unter der Leitung von Richard Crossman, einem Mitglied des New College, der wegen seines bewegten Ehelebens Oxford hatte verlassen müssen. Erfolgreich warf er sich auf die Politik und hätte sicher unverzüglich als Labour-Abgeordneter Karriere gemacht, wenn ihn nicht das *Ministry of Economic Warfare* eingestellt hätte, damit er die Propaganda gegen Hitler wirkungsvoll organisiere. Er war für diese Aufgabe sehr begabt. Er sprach gut deutsch; er hatte sich vor dem Krieg in Deutschland aufgehalten und dort Reportagen für die BBC gemacht. Während des Krieges wurden seine Sendungen in Deutschland sehr genau verfolgt; als er eines Tages aufgrund eines Irrtums das Bombardement eines Berliner Bahnhofs ankündigte, protestierten einige Deutsche auf dem Umweg über die Schweiz schriftlich, weil in ihren Augen die Verbreitung falscher Nachrichten der BBC nicht würdig war![21]

Es gab auch indirekte Propaganda, *black propaganda*, die darauf zielte, die deutschen Kriegsanstrengungen zu torpedieren, indem sie falsche Gerüchte in Umlauf setzte. Sie wurde von einem geistreichen Mann, dem Journalisten Sefton Delmer, geleitet, der teilweise in Deutschland ausgebildet worden war. Er kannte den SA-Chef Röhm, und er war der erste, der Hitler in München interviewt hatte. Er erfand die Figur »der Chef«, einen deutschen, patriotischen und nationalistischen, allerdings hitlerfeindlichen Offizier, der – vorgeblich in Deutschland – Radioansprachen an die Mitglieder seiner Geheimorganisation hielt. 1942, nachdem der mächtige Sender »Aspidistra« in Crowborough gebaut worden war, startete Delmer seine berühmteste, in der deutschen Armee sehr erfolgreiche Sendung unter dem Titel »Soldatensender Calais«, die beliebte Musik und Anekdoten über das mehr oder weniger skandalöse Verhalten gewisser Offiziere brachte.[22]

Sie waren also der Experte für deutsche Fragen. Wie kam es dazu, daß Sie sich mit Italien befaßten?

Tatsächlich hatte ich diese Methoden für Deutschland entwickelt. An Italien dachte ich nicht im geringsten. Ich hatte mich in Italien mehrfach aufgehalten und war jedesmal gut aufgenommen worden. Sie wissen, daß die italienischen Faschisten vor 1938 eine andere Haltung einnahmen als die Nazis. Ein Philosoph, auf den wir schon zu sprechen kamen, Giovanni Gentile[23] – der wichtigste nach dem antifaschistisch denkenden Benedetto Croce[24] –, lud mich ein und sagte mir, er verabscheue die Nazis. Anschließend ließ er mich wissen, daß er sich gern an der *Festschrift* für Cassirer, die ich vorbereitete, beteiligen würde, und sandte mir eine Studie über die Transzendenz der Zeit in der Geschichte. Als Croce, der ebenfalls seine Mitarbeit zugesagt hatte, erfuhr, daß Gentile an dem Buch mitwirken würde, zog er seinen Beitrag zurück. Bei Gentile schien es sich anfangs um eine Geste der Solidarität zu handeln. Er war international geachtet. Wie aber seine erst kürzlich veröffentlichte Privatkorrespondenz belegt, wollte er in Italien keineswegs als Philosemit gelten. Und wenige Jahre später, noch nach dem Sturz Mussolinis, sang er in seinen politischen Abhandlungen ein Loblied auf den Faschismus und verfocht die These, das italienische Volk habe den Krieg gewollt.

Ende Oktober 1942 fand die Schlacht um El Alamein nahe der ägyptischen Grenze statt. Es war der erste englische Sieg, der erste große Sieg nach so vielen Niederlagen. Die Schlacht war noch nicht einmal wirklich siegreich beendet, da entschied man bereits, daß das nächste Ziel die Invasion und Be-

setzung Italiens sein solle. Für diese Operation war aus ge-
heimdienstlicher Perspektive noch nichts vorbereitet. Wenn
man ein Land besetzen will, muß man wissen, wie dieses
Land verwaltet wird, wie die Verkehrswege, die Landwirt-
schaft und alle übrigen Dinge beschaffen sind... Man muß
auch die Persönlichkeiten des Regimes kennen. Nichts davon
lag bislang vor! Es war kaum zu glauben. Wir mußten einen
»Aufklärungsdienst Italien« mit allen Einzelheiten aus dem
Boden stampfen. Da man wußte, daß ich für Deutschland etwas geschaffen hatte, sagte man sich: »Vertrauen wir ihm Italien an« und bat mich, die Verantwortung dafür zu übernehmen. Ich habe mich heftig dagegen gewehrt, indem ich
deutlich machte, daß dies genau der Dilettantismus sei, den
ich schon immer verurteilt habe. Sicher, ich sprach Italienisch. Ich kannte mehrere italienische Bibliotheken, ein wenig die italienische Dichtung und hatte Italien und den Vatikan schon besucht. Auch waren mir einige italienische
Philosophen vertraut. Man stellte mir dann denjenigen vor,
der bislang dafür verantwortlich gewesen war. Er beherrschte
das Italienische nicht, kannte aber sehr gut die Vettern des
Königs, mit denen er gemeinsam den Tee einnahm; er hatte
eine Villa nahe der ihren... Ich mußte einsehen, daß ich qua-
lifizierter war als er!

Das Wissen über Deutschland prädisponierte einen keineswegs zum Spezialisten für Italien. Ich mußte wirklich Tag
und Nacht arbeiten. Ich kannte mich mit dem Nationalsozialismus gut aus, aber nicht mit der Organisation der faschisti-
schen Partei Italiens. Man mußte all diese Handbücher über
die Regionen Italiens produzieren, eines für jedes der achtzehn »compartimenti« des Landes und drei Bände für Italien
als Ganzes. Dazu brauchte man zunächst einmal Personal.
Ich hatte zur Bedingung gemacht, daß ich es selbst aussuchen
durfte. Die Abfassung dieser Handbücher war für mich eine
zusätzliche Tätigkeit. Meine Hauptaufgabe bestand darin, zu
wissen, was in Italien vor sich ging. Im Verlauf von zwei Jah-

ren wurde ich dann doch nach und nach zum Experten für die politischen und militärischen Persönlichkeiten Italiens. Am Ende waren wir gut informiert über die Personen, auf die es ankam, die Intrigen, die sie entzweiten, und die Kämpfe um die Macht.

Auch hier handelte es sich wiederum einfach um ein methodisches Vorgehen. Man brauchte Archive. Ich hatte hervorragende Archivare, beispielsweise jenen großen Wissenschaftler, der später zum Direktor der Sammlung abendländischer Manuskripte der Bibliotheca Bodleiana wurde, meinen Freund Richard Hunt.

Selbstverständlich mußte man mit den Archiven umgehen können. Um ein triviales Beispiel anzuführen: Die Amerikaner wollten eiligst wissen, wie viele Kroaten sich in Deutschland befänden, und zwar wie viele waffenfähige Männer, also keine Kinder, sondern Leute zwischen 18 und 60 Jahren. In einem bestimmten Augenblick war das wichtig. Ich erinnere mich noch an den dringlichen Telefonanruf. Meine Assistenten lächelten, es war sehr einfach. Unsere Archive über ausländische Arbeiter in Deutschland enthielten ein Dossier »Kroaten«, in dem ein Zeitungsausschnitt den monatlichen Lohn eines Arbeiters angab. Da sich die Deutschen in ihren Radiosendungen in kroatischer Sprache mit der Summe rühmten, die sie monatlich an kroatische Arbeiter austeilten, war es äußerst einfach, auf die Anzahl der Kroaten zu schließen, die in Deutschland arbeiteten.

Noch ein anderes kleines Beispiel. Die Amerikaner wollten Einzelheiten über die Ernte in der Toskana wissen. Auch das war sehr einfach. Eine meiner Mitarbeiterinnen sagte: »Die Bauern machen dies oder jenes zu einer bestimmten Zeit im Jahr, das ist seit Vergil so, die Bauern ändern sich nicht.«

Es bedurfte zahlreicher sehr detaillierter Informationen vor allem über die Personen, und auch hier war wiederum methodisches Vorgehen gefragt. Es ging darum, die Informationen zu klassifizieren, sie Überschriften zuzuordnen. Die Informationen mußten aufgegliedert, unter verschiedenen, sorgfältig kategorisierten Rubriken mehrfach aufgeführt werden, kurzum, es bedurfte gut geführter Archive.

Sie haben also alle Ereignisse des Italienfeldzuges mitverfolgt?

Die Vorbereitungen waren selbstverständlich geheim. Nichts durfte erwähnt werden, es sei denn kodiert. Die Landung im Süden hieß »Operation Husky«. Dieser Feldzug verlief relativ einfach. Beim Italienfeldzug war das anders. Als ich erfuhr, daß man Anstalten dazu traf, die Meeresenge bei Messina zu überqueren und in Richtung Norden zu marschieren, mochte ich es nicht glauben. Von Hannibal über Byzanz und die Goten bis hin zu Garibaldi hat die Geschichte gezeigt, daß man, um Italien zu erobern, es vom Norden oder der Mitte her angreifen muß. Denn es gibt im Süden anfänglich nur eine Straße zwischen dem Meer und den Felsen, und es müssen mehrere Flüsse überquert werden, was jedesmal Gefahren in sich birgt. Die Pläne waren im Quartier General Eisenhowers in Algier entworfen und in Washington gebilligt worden. Sie zeugten von vollständiger geschichtlicher Ignoranz. Aber ich war ein *Political Intelligence Officer*, und meine Meinung zu militärischen Fragen hatte kein Gewicht! Der Fehler mußte bei jeder Flußüberquerung und bei der Schlacht bei Monte Cassino teuer bezahlt werden. So viele alliierte Soldaten wurden getötet. Ich denke vor allem an die polnische Armee, wobei die Polen später zu den Feierlichkeiten des Waffenstillstandes nicht einmal eingeladen wurden! Ich erinnere mich, wie ich während des Kalabrien-Feldzuges eine Rede hörte, die Gentile im Marcellustheater in Rom hielt. Er ermahnte die Italiener, in die Schützengräben zu gehen; er wollte ihnen einreden, sie hätten den Krieg gewollt und müßten nun das Vaterland verteidigen. Diese Ansprache eines Mannes, den ich kannte und für intelligent hielt, hat mich sehr getroffen.

Sie haben das Tagebuch Mussolinis aus den Jahren 1942 und 1943 veröffentlicht.[25] *Wie ist es Ihnen in die Hände gefallen?*

Das erste Exemplar dieses Tagebuchs, das nach England gelangte, wurde mir von einem Offizier übergeben, der aus einem Gefangenenlager hatte entkommen können. Es war wie ein kleines grünes Buch als Supplement des *Corriere della Sera* vom 9. August 1944 veröffentlicht worden. Ich fügte den Bericht von Admiral Maugeri hinzu, der Mussolini an den Ort seiner Gefangenschaft begleitet hatte, nachdem dieser im Juli 1943 abgesetzt worden war. Maugeri, der Chef des Marine-Geheimdienstes, war ausgesprochen klug und scharfsinnig; er nahm seit der Okkupation Roms am Widerstand gegen die Deutschen teil. Ich lernte ihn nach dem Waffenstillstand 1945 kennen, und wir sprachen viel über Mussolini und den Krieg.

Ich habe die Entwicklung Mussolinis studiert, vom Volksschullehrer zum sozialistischen Agitator und Verehrer Nietzsches, den er auf seine Weise auslegte, bis hin zum Parteiführer, der einen ausgezeichneten Riecher dafür hatte, die Schwächen anderer aufzuspüren und auszubeuten, sowie zum brillanten Redner, der die Massen in seinen Bann zog und nicht nur die Journalisten, sondern auch gewisse Botschafter und bedeutende Repräsentanten ausländischer Staaten beeindruckte. Es schien mir dringend notwendig, einen Text zu veröffentlichen, der ihn in seinem wahren Licht zeigt, und damit die Geburt eines Mythos zu verhindern. Die Erinnerungen, die ich kommentiert habe, umfassen die Geschehnisse von der Schlacht bei El Alamein bis zum Sturz Mussolinis und führen zugleich die Geschichte Europas seit der Geburt des Faschismus vor Augen. Der Text zeigt einen skrupellosen Opportunisten, einen Schauspieler, der zum letzten Mal in die Rolle des Napoleon schlüpft, einen Zyniker, der seinen Landsleuten gegenüber voller Verachtung ist, und schließlich einen Spieler, der fühlt, daß das Glück ihn verlassen hat. Seinem eigenen Geständnis zufolge hat es sich am 28. Juni 1942 von ihm abgewandt, an jenem Tag, an dem, wie er meinte, General Auchinleck Rommels Vormarsch auf Alexandria zum Stillstand brachte. Der Hochmut verflüchtigte sich; es blieb der sichtbare Wunsch nach Propaganda, Rache und Rechtfertigung.

Für mich bestand die Bedeutung Mussolinis, sein Einfluß auf den Verlauf des Krieges in seinem aus seiner Persönlichkeit resultierenden Konflikt mit Hitler. Da doch, zumindest in seinen Augen, seine Priorität als Diktator ihn dazu berechtigt hätte, Hitler Ratschläge zu erteilen, war er in seiner Selbstliebe zutiefst gekränkt, als er feststellte, daß Hitler sich nicht die geringste Mühe gab, Mussolini über seine militärischen Unternehmungen auch nur zu informieren. Dieser entschied im Oktober 1940 daraufhin seinerseits, gegenüber Griechenland eine Kriegserklärung auszusprechen, von der Hitler erst aus den Zeitungen erfahren würde. Statt des schnellen und glorreichen Marsches auf Athen, den Mussolini anvisiert hatte, blieb sein Feldzug jedoch in gefährlicher Weise stecken. Die Deutschen mußten intervenieren. Im April 1941 durchquerten sie Jugoslawien und besetzten Griechenland innerhalb von sechs Wochen, vom militärischen Standpunkt aus gesehen eine glänzende Leistung. Aber der Plan Barbarossa, der Einmarsch in Rußland, verzögerte sich dadurch um sechs Wochen. Statt am 15. Mai begann er erst am Morgen des 22. Juni. Für die deutsche Armee war dieser Aufschub fatal, da sie erst im Dezember in Sichtweite vor Moskau anlangte und unter den Auswirkungen eines besonders harten Winters litt.

Als ich nach dem Waffenstillstand die Gelegenheit hatte, deutsche Offiziere zu befragen, haben zwei von ihnen mir bestätigt, daß sie in der Ferne die Kuppeln des Moskauer

Kremls gesehen haben... Alle Transportmittel waren gefroren. Sie mußten um den Rückzug kämpfen.

Die Alliierten befanden sich bereits 1944 auf deutschem Boden, als Hitler an Mussolini einen bitteren Brief schrieb, in dem er ihm vor Augen führte, daß sein unangebrachtes Griechenland-Abenteuer Deutschland daran gehindert habe, sich zum Herrn von Gibraltar zu machen, und den Ereignissen einen anderen als den von ihm erhofften Verlauf gegeben habe.

Was mich in erster Linie interessierte, war die Tatsache, daß weder soziologische Faktoren noch die militärische Strategie, noch die natürlichen Ressourcen und ebensowenig der Mut der Kämpfenden oder die Moral der Bevölkerung ausreichen, um die wesentlichen Entscheidungen zu erklären. Man muß den Einfluß der Individuen berücksichtigen, in diesem Fall den Antagonismus zwischen Mussolini und Hitler. Die Entscheidung, in Griechenland einzufallen, geht auf einen einzigen Mann zurück – wie die Akten des von Mussolini einberufenen geheimen Kriegsrats belegen, die ich ebenfalls veröffentlicht habe.

Sie sind noch mit keinem Wort auf die französische Exilregierung eingegangen. Hatten Sie während des Krieges keinen Kontakt zu den Franzosen in London?

Freilich hatte ich Kontakte zu ihnen. Ich stand mit Dejean in Verbindung, der im Kabinett de Gaulle mit der Außenpolitik befaßt war. Ohne Geheimnisse zu verraten, versuchte ich ihm Ratschläge zu geben, die die Reibungspunkte verringern sollten.

In der Tat waren die Kontakte mit dem General und seinem Gefolge nicht einfach. Die Persönlichkeit des Generals selbst erleichterte die Dinge auch nicht unbedingt. Ich erinnere mich an einen der wenigen Urlaubstage, den ich in meinem Oriel-College in Oxford verbrachte. Der *Provost*, Sir David Ross, Herausgeber und Übersetzer von Aristoteles,

der damals auch Rektor der Universität Oxford war, sagte zu
mir: »Es ist schade, daß Sie letzte Woche nicht dagewesen
sind. Das College hatte den General de Gaulle zum Abend-
essen eingeladen. *He is lacking the conversational sixpence*
(Er kann nicht für fünf Pfennig weltläufige Konversation machen)!«

Schwerer wog, daß de Gaulles Niederlage vor Dakar vom
23. bis 25. September 1940 die englisch-französischen Beziehungen noch mehr belastet hatte. Manche französische Offiziere, so mutig sie auch sein mochten, machten sich nicht
klar, daß sich hinter dem Lächeln hinreißender junger Frauen
ein Spion Vichys verbergen konnte. Als die Flotte de Gaulles,
unterstützt von einem britischen Geschwader, sich in der
Hoffnung, die Stadt einzunehmen und auf diese Weise einen
Brückenkopf in Afrika zu gewinnen, vor Dakar zeigte, standen die Kanonen des Vichy-treuen Generalgouverneurs
Boisson bereit.

Im November 1942 fand die Landung in Casablanca wie
auch die in Oran und Algier statt, ohne daß de Gaulle davon
in Kenntnis gesetzt worden war. Ich erinnere mich an die totale Geheimhaltung, die die Pläne dieser mit dem Deckwort
»Torch« bezeichneten Operation umgab. Die Kränkung, die
de Gaulle dadurch empfand und die noch dadurch verstärkt
wurde, daß man auf die dringenden Bitten Präsident Roose-
velts hin General Giraud zum Verwalter der afrikanischen
Territorien ernannte, hat sich wahrscheinlich während der
folgenden Jahre auf seine Politik gegenüber den »Angelsach-
sen« ausgewirkt. Ein weiteres Beispiel für den Einfluß eines
Individuums auf die weltgeschichtlichen Ereignisse.

6 Die Kinder des Saturn

Sie haben nach der Kapitulation Deutschlands Ihre akademischen Arbeiten wieder aufgenommen?

Ich hatte sie niemals ganz unterbrochen. Den Editionsplan für die Texte Platons und der Platoniker, des *Corpus Platonicum Medii Aevi*, hatte ich bereits vor dem Krieg entworfen. Der erste Band erschien 1940.[1] Zudem begründete ich gemeinsam mit meinem Freund Richard Hunt die *Mediaeval and Renaissance Studies*; die ersten beiden Bände erschienen während des Krieges.[2] Die deutsche Version von *Saturn und Melancholie* war vor der Kriegserklärung fertiggestellt worden. Die letzten Druckfahnen wurden, ebenso wie die für mein Buch *The Continuity of the Platonic Tradition*, im Juli 1939 nach Deutschland zurückgesandt.[3] Vor Ablauf des Jahres 1939 erhielt ich von dem deutschen Verleger ein Belegexemplar des Platon-Buches. Er hatte es vor der Invasion Hollands dorthin schicken können, und von dort wurde es an mich weitergeleitet. *Saturn und Melancholie* hingegen konnte nicht mehr gedruckt werden. Als ich nach 1945 als britischer Offizier wieder nach Hamburg gelangte, traf ich den Verleger. Unter Tränen erklärte er mir, er habe den ganzen Bleisatz des Buches zerstören müssen. Als kriegswichtiges Material sei er beschlagnahmt worden. Wir mußten also noch einmal ganz von vorne anfangen.

Als Sie 1933 aus Deutschland fortgingen, war die Arbeit an Saturn und Melancholie *schon recht weit fortgeschritten. Haben Sie sie mit Panofsky und Saxl in England abgeschlossen?*

So einfach ging das nicht. Panofsky hatte 1933 seine Profes-
sur in Hamburg verloren und war in die Vereinigten Staaten
emigriert. Die Notwendigkeit, sich eine neue Existenz aufzubauen – ein Schicksal, das so viele deutsche Intellektuelle
traf –, nahm all seine Energien in Anspruch, so daß er an dem
Buch nicht mehr weiterarbeiten konnte. Also setzten Saxl
und ich die Arbeit fort. Fritz Saxl hatte während jener Jahre,
als Aby Warburg sich in der berühmten Klinik des Psychia-
ters Ludwig Binswanger in Kreuzlingen behandeln ließ,
nicht nur dafür gesorgt, daß die Bibliothek benutzbar blieb,
sondern sie zudem in eine öffentliche Institution umgewan-
delt. Als großer Fachmann für astrologische Manuskripte hat
er das Verzeichnis der astrologischen Manuskripte im Vatikan und später auch der britischen Bibliotheken erstellt. Dabei handelt es sich um Meisterwerke.[4]

1937 konnten wir, wie ich eben bereits gesagt hatte, das
Manuskript von *Saturn und Melancholie* dem deutschen Verleger zusenden. Die letzten Fahnen erhielten wir im Sommer
1939. Im September brach der Krieg aus. Nach dem Krieg
war alles zerstört ... und niemand wollte mehr etwas in deutscher Sprache lesen. Wir mußten also die uns erhalten geblie-
benen Erstentwürfe übersetzen. Saturn gilt als derjenige, der
alle Unternehmungen verzögert, und die Völker der Antike
hätten bestimmt im Schicksal dieses Buches einen weiteren
Beweis dafür gesehen.

1948 starb Saxl. Aus dem Deutschen zu übersetzen war ein
ungemein schwieriges Unterfangen, insbesondere was die
von Panofsky verfaßten Teile anbetraf. Es hat fast zwanzig
Jahre benötigt, bis das Buch 1964 in London und New York
auf englisch erschien.[5]

Welchen Sinn maßen Sie wie auch Panofsky, dessen Interesse
insbesondere dem Dürerschen Kupferstich Melencolia I *galt,*[6]
der Tatsache bei, daß das Gefühl der Melancholie jahrhun-
dertelang gewaltige Beachtung fand? Welche Bedeutung

*hatte die Melancholie im philosophischen Sinne für die Ge-
schichte des Genies wie auch für die Temperamentenlehre?*

Ganz offensichtlich handelte es sich hier um ein grundlegen-
des Thema in der Kunstgeschichte und auch um eine zentrale
Frage für Dürer. Nur wenigen Kunstwerken wurden so viele
Interpretationen zuteil wie diesem Kupferstich – alchimisti-
sche, astrologische, religiöse, numerologische, je nach der gedanklichen Ausrichtung der Interpreten. Panofsky war der
große Dürer-Spezialist, während für meine Arbeit Dürer
nicht so sehr im Mittelpunkt stand. Ich interessierte mich
mehr für die Geschichte der Melancholie, angefangen von
der griechischen Medizin und Philosophie bis in unsere
Gegenwart. Die Melancholie unterscheidet sich von allen
anderen Begriffen. Wenn man einen Begriff untersucht, so
erkennt man gewöhnlich die Wahrheit des Horazischen
Ausspruches, dem zufolge sich Worte mit den Blättern der
Bäume vergleichen lassen: Sie entstehen, wachsen und ster-
ben wieder ab.[7] Bei der Melancholie verhält es sich vollkommen anders. Das Wort stammt aus der Antike und hat sich
vom 5. Jahrhundert v. Chr. bis heute erhalten. Das Wort lebt
fort, doch seine Bedeutung wandelt sich ständig. Deshalb ist
die so häufig aufgeworfene Frage »Was ist Melancholie?«
falsch gestellt, denn sie geht von einem Etwas aus, das die
Melancholie beständig ausmacht. Das aber ist nicht der Fall.

*Sie haben wesentliche Unterschiede in den Melancholievor-
stellungen der Lehre von den »quattuor humores«,[8] der Phy-
siologie, der medizinischen Philosophie der alten Griechen
und schließlich der Temperamentenlehre nachgewiesen. Berichten Sie uns ein wenig von dieser Entwicklung.*

An diesem Thema läßt sich das grundlegende Problem illustrieren, wie das Physische und das Psychische ineinander
verwoben sind, wie die Handlungen des Menschen sein Ver-

halten, mit seiner Physis, seinem Temperament zusammenhängen, wie sie durch seine Konstitution determiniert sind.
Der Begriff »Temperament« ist eine Übersetzung des griechischen Wortes *krasis*, das die Vermischung der »Humores«
bezeichnet. Von den vier »humores« erzeugt die schwarze
Galle, die Melancholie, die meisten Probleme. Je nachdem,
welche Rolle sie spielt, welches Gewicht ihr im Einzelfall zukommt, ist sie mehr oder weniger ausschlaggebend für den
individuellen Charakter.

Manche Mediziner der Antike hielten die schwarze Galle,
die *melancholia*, für eine krankhafte Degeneration sei es der
Galle oder des Blutes. Sie bot ihnen ein charakteristisches
Bild für Morbidität. Im Gegensatz zu dieser gänzlich negativen Sichtweise skizziert der Text *Problema* XXX,I, der Aristoteles zugeschrieben wurde, aber tatsächlich von Theophrast stammt, ein umfassendes Bild von den mannigfaltigen
Möglichkeiten der Melancholie, wobei er mit der Frage einsetzt, weshalb alle außergewöhnlichen Menschen – ob in der
Philosophie, der Politik oder den Künsten – offenbar Melancholiker waren.[9]

Platon hatte für den Dichter den Begriff des göttlichen
Wahns (*theia mania*) geprägt. Theophrast, der Schüler des
Aristoteles, konnte jedoch nicht einräumen, daß dieser Wahn
übernatürlichen Ursprungs sei. Der göttliche Wahn bei Platon beschwor die Erinnerung an ein in »überhimmlisches«
Licht getauchtes Jenseits herauf, das man nur in Augenblik-
ken der Ekstase wiederfinden könne. Bei Theophrast ist das
Bild vom Genie seines transzendenten Charakters entkleidet.
Auf eine bloße Verkettung von Ursachen und Wirkungen reduziert, erhält es einen legitimen Status. Die Melancholie
wird zu einer Form des Erlebens, in der das göttliche Licht
nur als schlichtes Gegenstück zum Schatten erscheint und
der Weg zu ihm dämonischen Gefahren ausgesetzt ist.

Einzig die in Platons *Phaidros* getroffene Unterscheidung
zwischen dem göttlichen Wahn und dem Wahn als mensch-

licher Krankheit ermöglichte die begriffliche Trennung von natürlicher und pathologischer Melancholie, wie sie sich in Theophrasts *Problem* niederschlägt. Während Theophrast zufolge die Melancholie den Menschen für Beschäftigungen des Geistes prädisponiert, so machen mehrere Jahrhunderte später dem großen Arzt Rufus von Ephesus zufolge – einer der Hauptquellen der arabischen Medizin – umgekehrt die Beschäftigungen des Geistes den Menschen für Melancholie empfänglich.

Eine von der Kirche bekämpfte Vorstellung?

Aufs heftigste, und zwar in dem Maße, in dem mit der Ära des Christentums die negative Vorstellung von Melancholie vorherrschend wurde. Man konnte sie nur noch als Laster betrachten, das man mit der sündhaften *acedia*, der Mutter der *tristitia*, gleichsetzte. Diese Gleichsetzung wurde dadurch erleichtert, daß die äußeren Symptome der Sünden wie etwa Furcht und Hoffnungslosigkeit ein der Melancholie sehr ähnliches Bild abgeben.

Ein noch radikaleres Gemälde entwirft eine der bemerkenswertesten Frauen des 12. Jahrhunderts, Hildegard von Bingen.[10] Sie faßt die Melancholie als eine himmlische Gewalt auf, die die göttliche Vorsehung über die Menschheit im allgemeinen und über bestimmte Individuen im besonderen verhängt hat, um sie für begangene Sünden zu bestrafen und um mit Hilfe dieser leidvollen Erfahrung zukünftige Sünden zu verhindern. Den Ursprung der Melancholie sieht Hildegard von Bingen im Sündenfall. Sie beschreibt, wie sich nach dem Sündenfall – infolge des schlechten Atems der Schlange und der Verführung des Teufels – der »humor melancholicus« im Körper Adams ausbreitete. Wäre der Mensch im Paradies geblieben, wäre sein Gemüt vor allen schädlichen Stimmungen gefeit gewesen; aber die Menschen wurden traurig, ängstlich und wankelmütig im Geiste, so daß weder ihre Beschaffenheit noch ihr Verhalten gut sind. Von allen Darstellungen der vier Temperamente, die die heilige Hildegard mit geradezu klinischer Perfektion anfertigt, hebt sich das der Melancholie durch die besonders düstere Atmosphäre, in die es getaucht ist, hervor. Diese Porträts sind gleichsam um einen einzigen Punkt herum komponiert: das sexuelle Verhalten, das durch das Temperament, von dem es abhängt, geprägt ist. Die heilige Äbtissin war die erste (und blieb auch lange Zeit die einzige), die die männlichen und weiblichen Typen gesondert behandelte. Mit einer seltenen begrifflichen Präzision beschreibt sie den männlichen Melancholiker als einen von höllischer Begierde angetriebenen Sadisten, der dem Wahnsinn verfällt, wenn er seinen Appetit nicht zu stillen vermag, der die Frauen, die er liebt, zugleich haßt und am liebsten in seiner »wölfischen« Umarmung ermorden möchte. Ein Wesen, dessen Kinder, die ohne Zärtlichkeit empfangen wurden, alle ebenso unglücklich, verdorben, verpönt und menschenfeindlich sind wie ihr Vater. Manchmal aber – und hier zeigt sich ein überraschend positiver Aspekt – sind sie gleich ihm »tüchtig und verständig in den Werken ihrer Hände« und arbeiten gern.[11]

Es existieren freilich noch andere Beschreibungen des Melancholikers. Im Gegensatz zu jener extremen Sichtweise beleuchten sie mehr den Denker und sein Leiden. So beschrieb Boccaccio Dante als *malinconico e pensoso* (melancholisch und nachdenklich); Dante selbst betrachtete Melancholie eher als etwas Negatives. Petrarca wiederum steuerte neue Aspekte bei, die die Auffassung von Melancholie nachhaltig prägen sollten: ihre paradoxe, nämlich Verzweiflung und Wollust zugleich erzeugende Wirkung.[12]

Vergessen wir auch nicht eine neue Form der Melancholie, die schon vor Petrarca von den Medizinern des Abendlandes, vor allem der Schule von Montpellier, dargestellt und in einer speziellen Abhandlung des katalanischen Gelehrten Arnauld de Villeneuve gewürdigt wurde: die Melancholie der Liebe.[13]

Sie tritt unter dem seltsamen Namen des *amor hereos* oder des *amor heroicus* auf, einem Ausdruck, der auf die lateinische Übersetzung des Avicenna zurückgeht, welcher in seinem arabischen Text die Wurzeln des griechischen »eros« bewahrt hatte, indem er die »erotische« Liebe als eine *sollicitudo malinconia* beschrieb. Ebendieser *amor heroicus* sollte später in das Vokabular von Dichtern eingehen, zum Beispiel in das des Geoffrey Chaucer.

Welche Stellung nimmt Saturn in dieser Entwicklung des Melancholiebegriffes ein?

Gleichzeitig mit der durch die Übersetzungen arabischer Autoren vermittelte Verbreitung des astrologischen Denkens in Europa entfaltet sich ein neues Erklärungsmoment. Die Melancholie wird mit Saturn in Verbindung gebracht, dem verhängnisvollen, Unglück bringenden Planeten, der in der neuplatonischen Tradition auch zugleich das Gestirn der erhabenen Kontemplation ist. So erscheinen im XXI. Gesang von Dantes *Paradiso* dem Dichter die »anime speculatrici« (die schauenden Seelen) in der Saturnsphäre, und von dieser Sphäre aus steigt die leuchtende Stufenleiter der Kontemplation bis zur Anschauung des Göttlichen empor.[14]

Einige Jahrhunderte später entwickelt Marsilio Ficino eine bemerkenswerte Synthese. Die Melancholie, die ihn zunächst ängstigt, hält er nun in Wirklichkeit für eine einzigartige Gabe, denn Saturn sei nicht nur der gefährlichste, sondern auch der edelste der Planeten. Die Kinder des Saturn besitzen Ficino zufolge die zu geistiger Arbeit notwendigen Eigenschaften, aber zugleich wirke sich die geistige Arbeit ihrerseits auf die Menschen aus und unterwerfe sie der Herrschaft des Saturn. Folglich seien Intellektuelle für Melancholie prädestiniert. Saturn führe die Menschen zur Kontemplation höchster Realitäten und bringe außergewöhnliche Philosophen hervor, die stark von allem Transzendenten an-

gezogen seien. Nichtsdestoweniger unterstreicht auch Ficino, daß die Denker, die sich der intensivsten Kontemplation hingeben, in einem ganz besonderen Maß unter Melancholie leiden. Er war zu sehr in den herrschenden medizinischen und astrologischen Lehrmeinungen befangen und
hatte selbst zu sehr die Bitterkeit der Melancholie und die
Bösartigkeit des Saturn am eigenen Leibe erfahren,[15] um
nicht ihre negativen Auswirkungen deutlich hervortreten zu
lassen. Ficinos ganzes Bestreben ist darum auf das praktische
Ziel ausgerichtet, die melancholischen *viri litterati* vor den
ihrem Temperament innewohnenden Gefahren – vor Labili-
tät, Geistesschwäche, Depression und Demenz – zu bewahren.

Welch ein Gegensatz zwischen der astralen Besorgnis des
Ficino und der Haltung eines Giovanni Manardo! Dieser
Mediziner aus Ferrara hatte in seiner Jugend Pico della Mirandola bei dessen Kritik der Astrologie geholfen. Manardo,
der später als »eine der Berühmtheiten der italienischen Medizin« bezeichnet wurde, schreibt in seinen *Epistolae medi-*
cinales an einen Freund, »den die schwarze Galle erregt«:
»Versorg' Dich nicht mit Medikamenten von den Küsten Indiens, laß' nicht den Äskulap aus der Hölle wieder aufferste-
hen, damit er Dich befreie! Du hast in Dir selbst die notwendigen Gegenmittel (*Intra te ipsum habes antidota*); niemand
kann besser Dein Arzt sein als Du selbst... Du hast Deine
Heilung selbst in der Hand«, sofern du den Geist auf die un-
vergänglichen Wirklichkeiten richtest, die über diese Welt
hinausgehen. Gleichwohl hält Manardo es für angemessen,
eine Liste von »menschlichen Heilmitteln« hinzuzufügen,
»die Gott selbst aus dieser Erde geschaffen hat und die nicht
vernachlässigt werden sollten«.[16]

Nach Pico della Mirandola macht gerade die Möglichkeit,
entweder zu einem Gott oder einer Bestie zu werden, den
Menschen aus. Die Situation, sich auf einem schmalen Grat
zwischen zwei Abgründen zu bewegen, die Ficino und seine

zahlreichen Anhänger dem saturninischen und melancholischen Typus zuschrieben, lasse in jenen auserwählten Wesen den Eindruck entstehen, als erhöben sie sich über das bequeme Niveau des Gewöhnlichen.

Auf diese Weise entstand vor dem geistigen Hintergrund des Florentiner Humanismus und im Bewußtsein einer als tragisch erlebten Freiheit der Begriff des Genies, das sich in Leben und Werk von den alltäglichen Moralmaßstäben und den gewöhnlichen Kunstregeln entbunden fühlen durfte.

Die Melancholie wäre somit ein Zeichen der Überlegenheit?

Der Einfluß dieser Denkweise trat in ganz Europa zutage, nirgends jedoch so stark wie bei den elisabethanischen Schriftstellern. Wie viele Personen, die gerne anerkannt sein wollten, sahen tatsächlich in diesem Temperament ein Zeichen intellektueller Überlegenheit.

Den differenziertesten und vollständigsten Überblick lieferte Robert Burton, ein Geistlicher und ein *Fellow* von Christ Church in Oxford, in seinem Buch *The Anatomy of Melancholy*.[17] Ihm zufolge ist die Welt ein Theater, und die ganze Menschheit nimmt daran teil, alle spielen Komödie, ohne daß wir uns davon ausnehmen könnten. Spielen wir nicht vor uns selbst ebenfalls Theater? Wie also kann man diesem Wahnsinn, der Melancholie, entkommen? Indem man sich tatkräftig an der literarischen Produktion beteiligt? Aber welchen Charakter hat diese Produktion? »Wir weben immer dasselbe Tuch und flechten unablässig denselben Strick; und wenn es eine neue Erfindung gibt, dann handelt es sich bloß um eine Rassel oder ein Spielzeug, das eitle Personen für eitle Leser, die selbst nichts zu erfinden vermögen, zusammengebastelt haben.« Es gibt nichts Neues – so die tiefe Überzeugung des Melancholikers Burton.

Die enge Verknüpfung zwischen Wahnsinn und Melancholie kommt in den aufeinanderfolgenden Strophen des Gedichts zum Ausdruck, das sein Werk zusammenfaßt und dessen Refrain zunächst lautet:

> Anderes Glück vergällt mir die
> süßeste Lust: Melancholie.

dann aber:

> Anderes Leid – Gold gegen die
> schmerzvollste Lust: Melancholie.[18]

Melancholie erscheint mithin als Quelle tiefsten Schmerzes wie auch der mit diesem Schmerz verbundenen Freude. Die Maske des Demokrit, des lachenden Philosophen, hinter der Burton sein Werk produziert, nimmt zugleich die Züge von dessen philosophischem Gegner Heraklit an, des melancholisch weinenden Philosophen. Das Thema dieser beiden Gesichter wird in dieser oder jener Form in den folgenden Jahrhunderten immer wieder aufgegriffen.

In seiner Untersuchung der Symptome der Melancholie hat Burton die Hypothese aufgestellt, daß die Melancholie ein gesellschaftliches Übel sei; zu dessen Behandlung schlägt er entsprechend im Resümee seines Werkes eine Veränderung des gesamten Gesellschaftsgefüges vor.

Mehrere Autoren sehen also Melancholie als eine Gefahr an?

Gewiß, eine Gefahr, die Luther hervorgehoben hat. Der Glaube an Gott muß heiter sein. Derjenige, dessen Geist von Traurigkeit gepeinigt wird, muß das Schlimmste befürchten, denn Satan selbst ist der *spiritus tristitiae*, Melancholie demnach das vom Teufel bereitete Bad. Während Dürers *Melencolia I* von Ficino inspiriert ist und Melancholie mit Saturn verknüpft, bringen die vier Gemälde Lukas Cranachs – desjenigen Malers, der Luther am nächsten stand – Melancholie nicht mehr mit Saturn, sondern mit dem Satan in Verbindung.

Bei Luther und den Protestanten lernen wir also noch ein weiteres Gesicht der Melancholie kennen. Das verblüffendste an der Geschichte der Melancholie ist ihre Wandlungsfähigkeit. Sie kann als das pure und schlichte Leiden auftreten, ein unerträgliches Leiden, das zum Selbstmord treibt, wie etwa in den *Leiden des jungen Werthers*, einem Werk mit unvergleichlichem Nachhall, von dem Napoleon sagte, er habe es sechsmal gelesen. Andere sehen in der Melancholie eine Quelle erlesener Freuden. Zu Beginn des 18. Jahrhunderts erklärt der englische Kritiker Joseph Addison, daß Schönheit ihm ein großes Vergnügen bereite, wenn sie mit einem sanften Hauch von Melancholie einhergehe. Sein Freund Sir Richard Steele spricht von einer ruhigen und eleganten Befriedigung, die das gemeine Volk Melancholie nennt und die die besondere Freude gebildeter und tugendhafter Menschen sei. Das »Plaisir mélancolique«, die melancholische Freude, wird zu einem gängigen Ausdruck unter den Gebildeten des Jahrhunderts.

In dieser Untersuchung über Melancholie, die Sie auch nach dem Erscheinen des Buches 1964 überarbeiteten und erweiterten, wie auch in anderen Schriften begegnen wir Ihrem Interesse an dem, was im menschlichen Wesen von ihm selbst abhängt, und an dem, was sich im Gegensatz dazu, wie wir schon bei Nikolaus von Kues gesehen haben, als Notwendigkeit darstellt. Ihr Interesse an der Melancholie deckt sich demnach grundsätzlich mit der philosophischen Sorge um die Freiheit, um die Freiheit, man selbst zu sein und nicht dem nachzugeben, was in uns das physische Temperament, mithin die Seite von Notwendigkeit ist?

Völlig richtig, und ich begegne dieser Fragestellung noch bei Kant. Sieht man nicht tatsächlich, wie sehr er in seiner *Anthropologie* noch der Lehre von den vier Temperamenten verbunden ist?[19] Sie spielt eine grundlegende Rolle. In seinen

Augen ist der Melancholiker jemand, der ein »Gefühl vor das Erhabene«,[20] einen Sinn für die Freiheit hat. Auch wenn er natürlich stets gefährdet ist, gesteht ihm Kant doch eine sehr würdige Position zu. Die melancholische Gemütsverfassung scheint am meisten mit der »echten Tugend ... aus Grundsätzen« zusammenzustimmen.[21] »Alle Ketten von denen vergoldeten an, die man am Hofe trägt, bis zu dem schweren Eisen des Galeerensklaven sind ihm [dem Melancholiker] abscheulich.«[22] Im 19. Jahrhundert wandelt sich der Begriff, außer bei den Medizinern, vollständig. In der Dichtung des 19. Jahrhunderts und auch beispielsweise bei Kierkegaard spielt die Physis überhaupt keine Rolle mehr. Melancholie steht hier für das Gefühl der Gottesferne des Menschen; die daraus resultierende Schwermut – oder *Tungsind*, wie Kierkegaard es nennt – bezeichnet also einen grundlegenden Aspekt der menschlichen Existenz, der nichts mit der physischen Konstitution des Menschen zu tun hat: den Abstand zwischen dem Menschen und Gott. Die Melancholie erscheint mithin im 19. Jahrhundert als eine tragische Grundgegebenheit des Menschen, die sich in der Dichtung ausdrückt. Vor allem dieser Aspekt hat mich ganz besonders gereizt. Zu Recht insistieren Sie darauf: Die Gegenüberstellung zwischen der Freiheit und der Notwendigkeit bleibt bestehen.

Spielte in den Kreisen, in denen Sie sich bewegten, die Psychoanalyse eine Rolle?

Sie hatte durchaus Einfluß. Im universitären Milieu war man mit dem Denken Freuds vertraut, aber man erkannte es nicht an. Selbstverständlich entwickelte Freud, wenn er von historischen Gegenständen sprach, stets interessante Hypothesen. Zudem ging er wundervoll mit der deutschen Sprache um. Aber verglichen mit der Gefühlsintensität, wie sie bei Dichtern der Melancholie, etwa bei einem Baudelaire (»Jette ce livre saturnien/Orgiaque et mélancolique«[23]), bei einem Verlaine, zum Ausdruck kam, schien Freud ganz an der Oberfläche zu verbleiben, weit von dem entfernt, was wirklich bedrohlich ist und was in den Augen der französischen Dichter das tragische Moment der Melancholie ausmacht.

Im 19. Jahrhundert wird die Unkenntnis des Warum der Dinge zum beunruhigenden und ständig wiederkehrenden Thema. Man begegnet ihm bei Giacomo Leopardi,[24] bei dem österreichischen Dichter Nestroy, später bei Verlaine. Wenn man einen Melancholiker befragt, so Kierkegaard, welches die Ursache für seine Melancholie sei, welches Gewicht ihn bedrücke, so wird er antworten: »Ich weiß es nicht, ich kann es nicht erklären«. Darin bestehe das Unendliche der Melancholie.

Diese Thema kam bereits in der französischen Dichtung des 14. Jahrhunderts auf und kennzeichnet die Entdeckung der Subjektivität, wie sie sich beispielsweise in den Versen Eustache Deschamps', eines hohen Beamten am Hofe Karls V., zeigt. In seiner Ballade »De nature suis melancolieux« endet jede Strophe mit »Muser souvent et si ne say pourquoi« (»Ruhelos oft, ohne zu wissen, warum«). Das gleiche Motiv des »Ich weiß nicht, warum« findet sich bei Charles d'Orléans und anderen zeitgenössischen Dichtern.

Nicht den Grund zu kennen ist der Grund für den Schmerz. Weshalb messen die Menschen des Abendlandes dem eine solche Bedeutung bei? Während der vielen Jahrhunderte, die auf Platon und Aristoteles folgten, herrschte die fundamentale Überzeugung vor, daß jede Handlung ihren Grund habe. Für den Platonismus der Spätantike galt: *voluntas dei est origo certissima rerum* (Der Wille Gottes ist der sicherste Ursprung der Dinge). Alles hat seinen *logos*, und dieser *logos* läßt sich begreifen. Dem Bewußtsein der neuzeitlichen Melancholiker zufolge entzieht sich uns hingegen der Grund, und mit dem Verlust des Grundes geht der Sinnverlust einher. Im Jahre 1910 verlieh der junge italieni-

sche Philosophiestudent Carlo Michelstaedter diesem Gefühl des Verlustes in einem schönen Buch Ausdruck, bevor er
sich umbrachte: »Die Melancholie ist ein sachter, regelmäßi-
ger Regen, weil sie dem Menschen die unendliche Monoto-
nie, die Unveränderlichkeit, das Fehlen eines Ziels der Dinge
mitteilt.«

*Herrscht dieses Gefühl auch noch in der Literatur Ende des
20. Jahrhunderts vor?*

Die Verzweiflung darüber, nicht den Grund zu kennen, setzt
voraus, daß man an eine grundlegende Ordnung glaubt; die
durch den Sinnverlust hervorgerufene Angst gründet auf der
Überzeugung, daß das Leben und die Geschichte einen vor-
gegebenen Sinn haben oder haben sollten. Heute scheinen
derlei Fragen nicht mehr von Belang zu sein. Selbstverständlich wird der Mensch stets an dem Abstand leiden zwischen
dem, was er will, und dem, was er kann. Und die Depression
im medizinischen Sinne besteht fort. Aber die Melancholie als
Grundhaltung des Menschen gegenüber der Welt beschränkt
sich lediglich auf einige literarische Zirkel. Gewisse soziolo-
gisch ausgerichtete Philosophen, namentlich die Väter der
Frankfurter Schule, versuchten die Melancholie des Menschen auf die Gesellschaft zu übertragen und diese dafür verantwortlich zu machen. Ein solcher Versuch von Autoren, die
nicht wenig Anerkennung gefunden haben und die sich doch
darin gefallen, den beständigen Niedergang der gegenwärtigen Gesellschaft zu konstatieren, ruft ein Lächeln hervor.
    Nach den barbarischen Erfahrungen im 20. Jahrhundert
hat sich das Klima, das die Melancholien von einst nährte,
grundlegend verändert. Welchen Sinn kann Melancholie
nach Auschwitz und Hiroshima, nach der systematischen
Anwendung hochentwickelter Massenvernichtungstechno-
logien noch haben?
    Eine neue Problematik tut sich auf.

Welches waren nach der enormen Anspannung während des
Krieges Ihre Empfindungen, als Sie nach der Kapitulation
Deutschlands ins normale Universitätsleben zurückkehrten?

Ich habe nicht sofort nach Kriegsende meinen Dienst quit-
tiert. Erst Anfang 1946 bin ich nach Oxford zurückgegangen.
1945 wurde ich zunächst in offizieller Mission nach Deutschland geschickt. Es ging darum, die Einstellung unterschied-
licher Bevölkerungsgruppen, insbesondere der Professoren,
gegenüber dem Zusammenbruch des Regimes zu eruieren.
Ich stand, wie bereits erwähnt, im Dienste des Hauptquar-
tiers von General Montgomery in Bad Oeynhausen. Dort
traf ich Nicolas Nabokov wieder, den ich bei Wilhelm Uhde
in Paris kennengelernt hatte, als ich noch Student gewesen
war. Als sehr begabter Musiker hatte er für den russischen
Tänzer und Ballettmeister Sergej Diaghilew ein Ballett komponiert. Der amerikanische General und Kommandant der
Besatzungstruppen vertraute ihm nun die Leitung der kulturellen Angelegenheiten in der amerikanischen Zone an. In
dieser Funktion organisierte Nabokov in den Trümmern
Berlins das erste große Symphonieorchester mit den Musikern, die er auftreiben konnte. Es war die Zeit der Entnazifizierung, und deshalb fiel ihm auch die Aufgabe zu, das Verhalten der Orchesterleiter während des Dritten Reichs zu
untersuchen.

So kam es, daß er sich auch mit Wilhelm Furtwängler befassen mußte, der als Nazi galt. Richtig ist, daß sich Furtwängler von Goebbels mit dem Titel des *Preußischen Staats-*
rats hatte auszeichnen lassen. Und er hatte die Berliner
Philharmoniker in Stockholm dirigiert, was die nationalso-

zialistische Propaganda dahingehend ausschlachtete, daß die großen Musiker hinter dem Regime stünden. Kurzum, er war in den Augen der Amerikaner verdächtig. Indessen bewiesen mehrere Zeugenaussagen, daß er einer Reihe von jüdischen Musikern geholfen hatte. Besonders verblüfft war Nabokov, als er zwischen den offiziellen Papieren einen Brief Furtwänglers aus dem Jahre 1933 auffand, in dem dieser dafür eintrat, daß meine Entlassung aus der Universität rückgängig gemacht werden solle. Die Randnotiz eines hohen Beamten aus dem Reichsministerium für Wissenschaft, Erziehung und Volksbildung verdeutlichte, daß ich keine Chance hatte, ließ aber einiges über das Verhalten Furtwänglers erkennen: »Können Sie mir einen Juden nennen, für den Furtwängler nicht eintritt? Aber im Ernst, auch wenn ich es wollte, könnte ich für diesen Dr. Klibansky nichts unternehmen, weil er ja Privatdozent an der Universität Heidelberg ist und somit mir nicht untersteht.« Beide Furtwängler-Biographien, die von Prieberg und die von Shirakawa, zitieren diesen Brief, der sich mittlerweile im Bundesarchiv in Koblenz befindet.[1] Hingegen entspringen die Details, die in der Besprechung beider Biographien in der *New York Review of Books* stehen und denen zufolge mir Furtwängler bei der Abfassung meines *curriculum vitae* geholfen habe, allein der blühenden Phantasie des Rezensenten!

Ich habe mich gefragt – und beide Biographen stellten mir dieselbe Frage –, weshalb sich Furtwängler, der mich kaum kannte, derart für mein Schicksal interessiert haben mochte. Ich war seiner Mutter mehrfach bei Marianne Weber begegnet, und sie hatte sich mir gegenüber äußerst liebenswürdig verhalten. Möglicherweise hat sie ihrem Sohn von mir erzählt und aus ihrer Entrüstung über meine Entlassung keinen Hehl gemacht.

Fest stand jedenfalls, daß Furtwängler keineswegs Antisemit war. Das einzige, was ihn interessierte, war die Musik, und er hielt es für seine Pflicht, unter den gegebenen Umständen in Deutschland zu bleiben und für den Erhalt des musikalischen Niveaus zu sorgen, indem er das herausragendste Orchester des Landes leitete.

Welche Art von Leuten haben Sie in Deutschland befragt?

Ganz unterschiedliche. Zuerst begab ich mich zum Hospital von Bethel, einer Anstalt für epileptische Kinder, ganz in der Nähe von Bielefeld, um den Direktor Friedrich Baron von Bodelschwingh kennenzulernen. Ihm war es gelungen, seine Kranken zu retten, obgleich die Politik der Nazis vorsah, daß Unheilbare zu vernichten seien; ich wollte ihm meine Hochachtung ausdrücken. Er erzählte mir, wie der Leiter des Gesundheitsdienstes der SS ihm in seinem Büro gegenübergesessen und zu ihm gesagt habe: »Wissen Sie denn nicht, daß schon bei Platon steht, man müsse die anormalen Kinder beseitigen?«

»Wie haben Sie denn Ihre Kranken retten können?« fragte ich ihn. Daraufhin antwortete dieser würdige und mutige Pastor schlicht: »Der Herr hat einen Schutzwall um uns errichtet.«

In Hamburg traf ich den berühmten Anglizisten Professor Emil Wolf, einen Freund Cassirers, mit dem er sich jedoch schließlich überworfen hatte; voll Bitterkeit erklärte mir Wolf, im Vergleich zu denen, die in Deutschland hätten ausharren müssen, seien die Emigranten Glückskinder gewesen.

Anschließend nahm ich als Beobachter am Prozeß gegen den Kommandanten und die Wachmannschaft des Konzentrationslagers Bergen-Belsen teil, das nicht weit von Lüneburg, südlich von Hamburg, liegt und traurige Berühmtheit erlangt hat. Während der Sitzungen saß ich nur wenige Schritte von den Angeklagten entfernt, gegenüber von dem weiblichen Folterknecht Irma Graese, einer Frau mit Augen von unvergeßlicher Härte.

Man hatte bei den örtlichen Behörden darauf bestanden,

daß die Bürger von Lüneburg bei den Zeugenaussagen anwesend sein und zuhören sollten. Da saßen sie mit ihren Frühstücksbroten, und noch habe ich das Rascheln des Butterbrotpapiers im Ohr, wenn sie, während von Grausamkeiten berichtet wurde, ihre Mahlzeit auspackten.

Während der Pausen ging man auf den Marktplatz. Ich verwickelte die Einwohner in Gespräche:

»Bergen-Belsen ist nicht weit von hier. Was wußten Sie von dem, was dort vor sich ging?«

»Nichts.«

»Sie erinnern sich nicht an jenen Tag im März, an dem ein Zug von einem englischen Flieger bombardiert wurde und Gefangene entkamen, weil die Bewacher den Zug verlassen hatten?«

Sie waren über meine Kenntnisse überrascht und noch verblüffter, als ich ihnen sagte, daß es die Bewohner von Lüneburg gewesen seien, die die Gefangenen wieder ergriffen hätten.

»Aber es waren Kriminelle. Sie trugen gestreifte Häftlingskleidung ...«

Betroffen war ich auch beim Anblick der großen Zahl von Flüchtlingen, sogenannter *displaced persons*, wie man damals sagte, die aus dem Osten kamen, polnische Juden und andere Überlebende. Unter ihnen befanden sich sehr junge Mädchen, die ein wenig Deutsch sprachen. Eine von ihnen sagte mir, sie habe einen Onkel in Brooklyn, aber es gelinge ihr nicht, mit ihm in Verbindung zu treten. Ich fragte sie nach der Adresse. Die Antwort des Onkels besitze ich noch. Das Bild dieser verstörten Gesichter werde ich nie vergessen.

Sie fanden ein Land vor, das in Schutt und Asche lag?

Ja, ich war von den Ruinen erschüttert, mitunter aber auch von dem Kontrast zwischen den Trümmern und dem, was noch stand, wie etwa das prachtvolle, ganz weiße Hotel At-

lantic in Hamburg, in dem alliierte Offiziere untergebracht
waren und in dessen Weinkellern die Nazis beste Weine in
Hülle und Fülle gehortet hatten. Auf wundersame Weise war
auch der Frankfurter Bahnhof den Bombenangriffen entgangen, die nahezu die ganze schöne Altstadt vernichtet hatten.
Er war vollständig beleuchtet, als ich eines Abends spät dort
anlangte. Hunderte von Personen befanden sich dort, Gruppen von Soldaten und Gruppen von Frauen. Schatten lösten
sich aus der einen oder anderen Gruppe, kamen wieder
zusammen... Von weitem hatte ich den Eindruck von einem
Ballett.

Ich ließ mein Auto und meinen Adjutanten beim Hotel
zurück und machte mich zu Fuß auf den Weg durch die
dunklen, mir gleichwohl vertrauten Straßen, um nach dem
Haus meiner Eltern zu sehen. Nach einigen Minuten hörte
ich die Schreie einer Frau; ich beeilte mich und sah mich einem schwarzen Soldaten gegenüber, der mit einem Revolver
drohte. Gerade noch rechtzeitig hatte er dank meiner Ta-
schenlampe meine Uniform erkannt. Die Frau rettete sich.
Ohne weitere Vorfälle gelangte ich zu meinem Haus und
fand nur Trümmer vor.

Im Gegensatz dazu war der inmitten des Grüneburgparks
gelegene Prachtbau des Chemiekonzerns IG-Farben, der in
Auschwitz die Häftlinge für sich hatte arbeiten lassen, unbe-
schädigt. Er wurde zum Hauptquartier der US-Army.

Kues ist glücklicherweise verschont geblieben.

Glücklicherweise! Ich hatte befürchtet, daß die Stiftung des
Nikolaus von Kues zerstört sein würde. Wie Sie wissen,
gründete der Kardinal ein Hospital, um dreiunddreißig Personen – die Zahl entspricht den Lebensjahren Christi – auf-
zunehmen. Bis heute hat sich diese Tradition erhalten. Der
größte Teil der Bibliothek mit den Manuskripten des Nikolaus befindet sich in dem Hospital. Nun liegt es aber ganz in

der Nähe einer der wenigen Brücken, die zwischen Trier und
Koblenz über die Mosel führen, und ebenfalls ganz in der
Nähe der alten römischen Straße, die von den Befestigungs-
anlagen des Limes in den Süden Galliens und nach Italien
führt und während des Krieges das Industriegebiet Frankfurt
mit den militärischen Kriegsschauplätzen im Süden und Westen Frankreichs verband. Angesichts der strategischen Bedeutung dieser Brücke war es wahrscheinlich, daß sie zum
Ziel von Bombenangriffen werden würde, was mit der völligen Zerstörung des Hospitals von Kues und all seiner Reichtümer einhergegangen wäre.

Jedesmal wenn ich mit britischen oder amerikanischen Offizieren der Luftwaffe zusammentraf und bei allen Zusammenkünften mit Mitgliedern amerikanischer Organisatio-
nen, die der unseren glichen, versuchte ich ihnen begreiflich
zu machen, daß eine Zerstörung dieses historischen Bauwer-
kes als ein Verbrechen gegen die Kultur in die Geschichte eingehen würde. Bei jeder dieser Gelegenheiten fragte ich die
Amerikaner, was sie davon halten würden, wenn die Frei-
heitsstatue zerstört würde.

Als ich kurz nach der Kapitulation Deutschlands erstmals
wieder nach Kues kam, war ich verblüfft darüber, daß ich
vom Bürgermeister und von den Alten im Dorf wie ein Ret-
ter begrüßt wurde. Ein Kommandant der amerikanischen
Armee hatte ihnen von der Fürsprache eines Engländers erzählt, der Kues kenne.

Mein Erstaunen wuchs, als ich vor etwas mehr als zehn
Jahren in dem ansonsten ernstzunehmendem Buch *Deutschland, deine Denker* las,[2] ich sei auf den Luftmarschall Arthur
Harris (»Bomber Harris«) zugegangen, um ihn darum zu bitten, Kues nicht zu bombardieren. Da dieser überhaupt nichts
von dem großen deutschen Denker wußte, habe er sich keineswegs beeindruckt gezeigt, und ich sei im Glauben, gescheitert zu sein, wieder fortgegangen. Aber die bei der Unterhaltung anwesenden Offiziere hätten, ohne das Wissen

von Harris, anschließend Kues von der Liste der Luftan-
griffsziele gestrichen. All dies ist reine Phantasie! Ich bin niemals auf Arthur Harris zugegangen. Die gleiche Geschichte
war kurz zuvor sowohl im *Stern* als auch in einer Kölner Ta-
geszeitung erschienen. So entstehen Legenden. Eine andere,
die ich in einer Lokalzeitung las, kursierte unter den alten
gutherzigen und leichtgläubigen Leuten in Kues: Ein Engel
habe menschliche Gestalt angenommen, um das Hospital zu
beschützen...

*Haben Sie bei dieser Reise auch ihre Freunde in Heidelberg
wiedergesehen?*

Im Anschluß an meinen Besuch in Frankfurt reiste ich nach
Heidelberg, mit einer großen Tasche voller Vorräte: Kaffee,
Sardinen. Ich war im Dienst, aber ich wollte Marianne Weber
einen Besuch abstatten. Sie weinte, als sie mich wiedersah. Sie
hatte gegen Ende des Krieges wirklich ein sehr entbehrungs-
reiches Leben führen müssen. Meine Aufgaben ließen mir
nicht die Zeit, meine anderen Freunde, meine alten Professoren wieder zu treffen.

Bei meinem ersten Besuch in Heidelberg ging ich selbstverständlich zur Universitätsbibliothek, und auf der großen
Treppe sah ich eine beträchtliche Anzahl von Kisten. Der
verantwortliche amerikanische Offizier – Heidelberg war
das Hauptquartier der 7. amerikanischen Armee – sagte mir:
»Was wir damit machen sollen, wissen wir nicht. Es handelt
sich um Material, das die deutsche Wehrmacht mitgenommen hat, als sie Italien verließ. Es ist völlig belanglos.«

Ich ließ eine Kiste öffnen, und was sah ich? Das Tagebuch
des Oberkommandanten der italienischen Armee, Ambro-
sio, sowie andere außerordentlich wichtige Dokumente für
die Geschichte Italiens während des Krieges.

»Also, Sie interessieren sich dafür? Wollen Sie es haben?«
Als ich zu bedenken gab, daß ich nicht imstande sei, all dieses

Material zu transportieren, schlug er mir vor, mir ein Flugzeug zur Verfügung zu stellen. Es bedurfte nur noch eines Ortes, wo ich all dies in England würde lagern können. Ich hatte nicht mehr meine große Suite als Büro; nach der Kapitulation Italiens war mein Büro in ein Haus gegenüber dem St.-James-Park, in die Nähe des Außenministeriums, verlegt worden. Ich wußte, daß ich zwei Wochen später nach England zurückkehren würde. Freundlich versprach der Offizier, sich zu gedulden.

Als ich nach London kam, ging ich ins Außenministerium und bat, den Chef-Bibliothekar zu sprechen. Leider war Stephen Gaselee, den ich gut kannte, ein renommierter Latinist, unter anderem berühmt für sein *Oxford Book of Medieval Latin Verse*, gestorben. Die Dame, die vorübergehend seinen Platz einnahm, wollte die Verantwortung nicht übernehmen, sagte mir aber: »Wir haben hier den Professor Woodward, der über den Krieg schreibt. An ihn müssen Sie sich wenden. Er wird von diesem bislang noch unbekannten Material begeistert sein.« Leider war er nicht anwesend. Es handelte sich um den angesehenen Historiker Llewelyn Woodward, später Sir Llewelyn.

Einige Tage später erfuhr ich, daß er – mitnichten erfreut, da diese Entdeckung seine Arbeiten nur verzögern würde – es wütend abgelehnt habe, das Material anzunehmen; und so sah ich mich gezwungen, diesen abschlägigen Bescheid den Amerikanern mitzuteilen. Wie man mir mitgeteilt hat, befinden sich diese Schätze heute in den Archiven von Alexandria.

Einige Monate nach Ihrer Rückkehr nach England endete Ihr Dienst, und Sie kehrten nach Oxford zurück; aber schon 1946 zogen Sie nach Montreal um. Weshalb diese Abreise?

Der Krieg war für mich eine schwierige Zeit gewesen. Meine sehr verantwortungsvolle Aufgabe hatte all meine Energie in

Anspruch genommen, zumal ich durch sie auch von all den
Greueln erfuhr. Nach den Turbulenzen des Krieges war mir
die ruhige und elegante Atmosphäre in Oxford zwar angenehm, gleichzeitig jedoch recht fremd geworden. Als ich die
Einladung Kanadas – eines Landes, von dem ich kaum mehr
als eine vage Vorstellung hatte – erhielt, willigte ich ein.

*Was bedeutete Montreal für Sie, als Sie sich 1946 entschieden,
dorthin zu gehen?*

Zunächst wollte ich keine endgültige Zusage geben. Da war
einmal Oxford, aber man hatte mir auch am Warburg Institut
die Stelle eines Forschungsdirektors angeboten. Ich stellte
die Bedingung, daß ich für einige Monate nach Großbritannien würde zurückkehren können. Nach zwei Jahren sollte
ich eine Entscheidung treffen, und meine Wahl fiel auf Kanada. Warum habe ich mich für die McGill-Universität entschieden? Die Bibliotheken von Oxford waren besser, insbesondere für meine eigene Arbeit. Indessen reizte mich diese
ganz neue Umgebung in jeder Hinsicht. Die Studenten mit
ihrer Aufgeschlossenheit und ihrer Wißbegier gefielen mir.
Also packte ich meine Bibliothek zusammen und ließ mich
endgültig in Montreal nieder.
  Ich fand die Stadt besonders interessant wegen der englischen und französischen Elemente, die so gut wie unverbun-
den nebeneinander existierten. Außerdem begegnete ich dort
bemerkenswerten russischen und polnischen Persönlichkeiten, die vor dem bolschewistischen Regime geflohen waren.
Ich fühlte mich wohl in Montreal; nach einiger Zeit lernte ich
auch die Studenten und die französischsprachigen Lehrkräfte
der Universität von Montreal kennen, an der ich von 1947 an
einundzwanzig Jahre lang vor allem am Institut für mittelalterliche Studien Albertus Magnus als Gastprofessor tätig war
– wie Sie wissen, eine sehr schöne, ja ich würde sogar sagen,
einzigartige Institution. Dort lehrten einige sehr bedeutende

Dominikaner von großem geistigen Format. Es herrschte dort ein zugleich kraftvoller und feinsinniger Geist.

Ich bedauerte, daß es keinen intensiven Dialog zwischen den beiden Gemeinschaften gab. Ich lud also junge Philosophieprofessoren zu meinen Vorlesungen an die McGill-Universität ein und ermunterte französischsprachige Studenten, an meinen in Französisch gehaltenen Seminaren teilzunehmen. Es kam zu einem bemerkenswerten Austausch. Wir lasen Bücher, für die sich die Franzosen interessierten und von denen die englischsprachigen Studenten noch nie gehört hatten, Autoren, die in den Lehrprogrammen ihrer Universitäten nicht vorkamen. Ich lud französische Gelehrte ein, unter anderem Michel Foucault, und es ergaben sich leidenschaftliche Diskussionen, an denen sich die Studenten aktiv beteiligten.

Ich empfand Montreal als eine außergewöhnliche Stadt. Es ist, wie ich kurz nach meiner Ankunft schrieb, die einzige Stadt, in der man für einen Dollar – so viel kostete damals eine Taxifahrt von der McGill-Universität zur Universität von Montreal – nicht nur von einer Universität zur anderen, sondern von einer Welt in eine andere fährt. Es handelte sich tatsächlich um zwei Welten, die kaum miteinander sprachen, zwei sehr reiche Welten, die auf große Traditionen zurückblicken konnten, aber leider keine grundlegenden Beziehungen miteinander unterhielten. Ich war der Meinung, daß diesen jungen Menschen einzigartige Möglichkeiten offenstünden, wenn sie sowohl ihre eigene Tradition als auch die der anderen kennenlernten. Ich sah aber auch die – institutionellen – Schwierigkeiten. Zunächst einmal gab es keine Möglichkeit, sich einen Teil der einen Ausbildung im anderen Milieu anrechnen zu lassen. Außerdem litt die französischsprachige Seite unter einer gewissen Schwäche: Sie war nicht genügend in der großen französischen Tradition verwurzelt. Der Sprachunterricht schien mir mangelhaft: Man kannte sich nicht hinreichend in der großen französischen Dichtung, der großen französischen Literatur aus. Man stürzte sich ganz aufs Gegenwärtige, anstatt die Bedeutung dieser Tradition kennenzulernen, die es meiner Ansicht nach dem französischsprachigen Studenten erlaubt hätte, eine herausragende Rolle auf dem amerikanischen Kontinent zu spielen. Hätte er die geistigen und literarischen Schätze seiner eigenen Tradition besser gekannt, hätte er sich die andere Tradition zu seinen Zwecken aneignen können.

Um den Sprachunterricht zu verbessern, mußte man beim Fundament beginnen. Ich erklärte mich deshalb zu Beginn der sechziger Jahre dazu bereit, an einer »école normale«, einer Institution für Lehrerausbildung, Philosophieunterricht zu erteilen. Ich ließ die Studenten sehr viel schreiben.

Das war nicht das einzige Mal, daß Sie einen Unterricht erteilten, der sich von der traditionellen Universitätslehre unterschied.

In der Tat. Der rührige und intelligente jesuitische Pater des Loyola-College, Pater O'Connor, ein Mann von bemerkenswertem Enthusiasmus und ebensolcher Energie, hatte die Idee, ein Institut zu gründen, das Thomas-Morus-Institut, das Erwachsenen, die sich ihren Lebensunterhalt verdienen mußten oder aufgrund des Krieges nicht die Universität hatten besuchen können, eine universitäre Ausbildung ermöglichen sollte, indem sie sich einem intensiven Lektüreprogramm unterwarfen und an Abendkursen teilnahmen. Sie konnten auf diese Weise innerhalb von sieben oder acht Jahren eine »licence« – eine Art Staatsexamen – der Universität von Montreal erlangen. Dank dieses Instituts erhielten zahlreiche Erwachsene einen Universitätsabschluß und eine Anstellung, die eine Universitätsausbildung voraussetzte. Ich hatte Hunderte von Studenten am Thomas-Morus-Institut, und noch heute passiert es mir, daß ich auf einem Spaziergang durch die Straßen Montreals vom einen oder anderen gegrüßt und an diese Kurse erinnert werde.

Sie hatten Tausende von Studenten. Haben Sie einige von ihnen in besonderer Erinnerung?

Selbstverständlich. Ich beschränke mich darauf, einen von ihnen zu erwähnen. Kurze Zeit nach meiner Ankunft in Kanada hatte ich einen ausgezeichneten Studenten, einen jungen Costaricaner namens Oduber Quiros, der seine Magisterarbeit über die Dialektik bei Platon schrieb. Er war von dem diktatorischen Regime seines Heimatlandes ins Gefängnis gesteckt worden und hatte entkommen können. Seine Ernsthaftigkeit und seine Reife imponierten mir. Häufig sprach er mit mir über den Staatsstreich, den er mit einer Gruppe von Freunden vorbereitete, um sein Heimatland zur Demokratie zurückzuführen.

In dem Augenblick, als er plötzlich nach Costa Rica gerufen wurde, um dieses Vorhaben durchzuführen, nämlich Ende des Jahres 1948, mußte er sein Examen machen. Seine Magisterarbeit hatte er glücklicherweise fertig geschrieben, aber noch nicht die maschinenschriftliche Endfassung liefern können. Um durchzusetzen, daß er von seinem Examen befreit würde und seine schriftliche Arbeit so, wie sie war, vorlegen konnte, schrieb ich damals: »Seine plötzliche Abreise ist höherer Gewalt geschuldet; er hat einer Pflicht gehorcht, die ihn dazu zwang, sich in sein Heimatland zu begeben.« Ich wußte, wie sehr er an seinem Studium hing, daß er aber dazu beitragen wollte, in seinem Land die soziale Gerechtigkeit wiederherzustellen und dabei die Freiheit des Individuums zu bewahren. Wenig später erhielt ich ein Telegramm: »Sieg!«

Nach seiner Rückkehr von der Front schickte er mir die Proklamation der *Junta Fundadora de la Segunda Republica*, deren Sekretär er war. Ich habe sie ebenso aufbewahrt wie den Verfassungsentwurf von 1949, ein für die damalige Zeit außergewöhnliches Dokument. Er sah nicht nur die vollständige Gleichheit von Männern und Frauen vor dem Gesetz vor, sondern auch das Recht auf Gesundheit und soziale Sicher-

heit. Er schaffte sogar das stehende Heer ab – was für Latein-
amerika bemerkenswert ist. Oduber schrieb mir, er habe bei
der Abfassung dieser Texte ständig die in den Philosophiekur-
sen erlernten Prinzipien im Sinn gehabt und sich darum bemüht, sie so, wie er sie verstanden habe, umzusetzen.

Seine politische Karriere war glänzend, 1974 wurde er zum
Präsidenten der Republik. Gegen Ende seiner Präsidentschaft im Jahr 1978 – die Verfassung untersagte eine unmittelbare zweite Amtszeit – brachte einer meiner Kollegen an der
McGill-Universität die Idee auf, man könne ihm einen Ehrendoktor verleihen. Leider ängstigten sich einige Kollegen
wegen der Affäre Vesco,[3] die Quiros' Vorgänger – nicht ihn
selbst – zu Fall gebracht hatte, und so wurde dieser Plan fal-
lengelassen.

Nach seiner Präsidentschaft blieb er national wie international sehr aktiv und widmete einen Teil seiner enormen
Energie dem Umweltschutz. Costa Rica ist das einzige Land
der Welt, in dem 20 Prozent des Territoriums zum Natur-
schutzgebiet erklärt wurden. Leider hatte Oduber Quiros viel
unter der politischen und ökonomischen Einmischung der
Vereinigten Staaten in seinem Land zu leiden. Er starb 1991.

Ich hatte noch andere Studenten, die in zahlreichen Beru-
fen großartige Karrieren gemacht haben, selbst in der Philosophie! Manche von ihnen wurden zu Freunden.

Mir sind die kanadischen Studenten aufgrund ihrer Be-
geisterungsfähigkeit, ihrer Lebendigkeit, ihres Unterneh-
mungsgeistes stets sympathisch gewesen. So gründeten sie
beispielsweise an der McGill-Universität eine Vereinigung
der Philosophiestudenten. Als Dekan konnte ich ihnen stets
ein wenig Geld zur Verfügung stellen, damit sie in der Lage
waren, die Philosophen, die sie kennenlernen wollten, einzu-
laden. Ich bestand darauf, daß sie sich mit ihnen selbst trafen,
daß sie sie selbst zum Essen einluden, ohne Professoren.
Kurz nach 1968 empfingen sie einen damals besonders berühmten Mann: Herbert Marcuse. Ich hatte ihn bereits zuvor

kennengelernt, denn die Regenten der Universität von Kalifornien wollten wegen seiner linken politischen Haltung
1968 seinen Vertrag nicht verlängern. Er war Gastprofessor
in San Diego. Der dortige Dekan hatte mich gebeten, zu Mar-
cuses Gunsten zu intervenieren, und so schrieb ich an die
Universitätsleitung in San Diego, ich käme gerade von einem
internationalen Philosophiekongreß in Wien, wo ich einen
Aufruf verfaßt hätte, in dem bekräftigt würde, daß die Gedankenfreiheit für alle universitäre Praxis grundlegend sei.
Und nun wolle man ausgerechnet in Kalifornien die Methoden des Kommunismus übernehmen!

Der Vorsitzende der Vereinigung der Philosophiestudenten war ein intelligenter junger Mann. Er wußte, daß die Philosophen, zumindest einige von ihnen, nicht vor Eitelkeiten
gefeit sind, und als er Marcuse eingeladen hatte, hatte er zugleich zwei der hübschesten Studentinnen gebeten, vor dem
Eingang zum Restaurant mit einem Marcuse-Buch herumzu-
schlendern, auf dessen Einband sich ein Foto des Autors befand. Was sie denn auch taten. Als Marcuse kam, sagte eine
der Studentinnen: »Aber Sie sind doch Professor Marcuse.
Wir lesen gerade Ihr Buch, und jetzt treffen wir Sie doch tatsächlich selbst!« Marcuse war entzückt. Er hielt – wie er später sagte – die Studenten der McGill-Universität für die intel-
ligentesten, denen er jemals begegnet sei. Das ganze konnte
nur gelingen, weil er ein sehr eitler, in seinem Privatleben sehr
bürgerlicher Mensch war, obgleich er sehr antibürgerliche
Positionen vertrat.

An der Universität von Montreal drückte sich die studen-
tische Begeisterung in anderer Weise aus. So um die sechziger
Jahre herum konnte ich sehen, wie sich die Entwicklung der
Provinz Quebec auf sie auswirkte. Sie politisierten sich. Sie
sprachen mit mir über ihre Hoffnung auf Unabhängigkeit.
Quebec erwachte. Um die Atmosphäre zu beschreiben, die
noch unter dem 1959 verstorbenen Duplessis geherrscht
hatte, muß man nur daran erinnern, daß Duplessis beim Va-

tikan die Amtsenthebung des Erzbischofs von Montreal verlangt und auch erwirkt hatte, schlicht weil dieser dazu aufgefordert hatte, für die Streikenden in der Asbest-Industrie zu beten. Zu Beginn der sechziger Jahre gehörten die französischsprachigen Studenten zur Avantgarde jener politischen und kulturellen Bewegung, aus der Wortführer wie der Schriftsteller und Cineast Hubert Aquin hervorgingen, dessen Ruf bis nach Frankreich gedrungen ist.

War die Lehre an der französischsprachigen Universität von Montreal damals anders als an der McGill-Universität?

Die französischsprachigen Institutionen standen deutlich unter dem Einfluß einer klerikalen Tradition, allerdings waren die lehrenden Dominikaner auch recht aufgeschlossen. Ich erinnere mich an einen von ihnen, Pater Noël Mailloux, der in Quebec das Studium der Psychoanalyse einführte. Er wollte zeigen, in welcher Weise die Psychoanalyse von der Natur sprach und sich in einen umfassenderen gedanklichen Rahmen sehr gut einfügte. Neben den Professoren, die eine thomistische Tradition vertraten, brachte der Kapuzinerpater Camille Bérubé, ein herausragender Scotist, den Studenten eine andere Tradition näher. Außerdem erhielt die Universität regelmäßig Besuch von hervorragenden Professoren aus Frankreich wie Henri-Irénée Marrou und Paul Vignaux.

Was die McGill-Universität anbetrifft, so würde es zu weit führen, die ganze Geschichte des Fachbereichs Philosophie und seines Lehrplans darzustellen. Als ich 1946 dort anlangte, war der Fachbereich klein. Ich habe seinen Ausbau miterlebt und konnte mit personalpolitischen Entscheidungen diese Entwicklung vorantreiben. So gelang es mir, den großen Wissenschaftsphilosophen Mario Bunge und den Berkeley-Spezialisten und Sprachphilosoph Harry Bracken für den Fachbereich zu gewinnen. Nach den Ereignissen von 1968 in Polen konnte ich Leszek Kołakowski, der sein Land

schnellstens hatte verlassen müssen, dort aufnehmen. Leider
fehlte es der Universität an den Mitteln, ihn zu halten, und so
nahm er eine Einladung nach Berkeley in die Vereinigten
Staaten an. Heute lehrt er in Oxford.

*Ihre Sorge um den Dialog war nicht auf die Lehre be-
schränkt. Sie haben die* Société Canadienne d'Histoire et de
Philosophie des Sciences (Kanadische Gesellschaft für Geschichte und Philosophie der Wissenschaften) *als ein Forum
für diejenigen Gruppen gegründet, von denen Sie hofften,
daß sie miteinander in Kontakt treten würden. Es handelte
sich damals um die einzige zweisprachige Philosophie-Insti-
tution dieser Art in Montreal. Mittlerweile hat sie sich, wie
man weiß, über ganz Kanada hin ausgebreitet. Ihre erste
Blüte trieb diese Gesellschaft jedoch an der McGill-Universität. Und sie erblühte, wie man mir sagte, nicht zuletzt dank
eines exzellenten Sherry.*

Zunächst wurde die Gesellschaft 1959 gegründet und lange
Zeit von mir geleitet. 1972 legte ich den Vorsitz nieder und
wurde zum Ehrenvorsitzenden. Hinter der Gesellschaft
stand die Idee, daß Geschichte und Philosophie nicht isoliert
voneinander betrachtet werden dürften. Ich fand, daß die
Wissenschaftshistoriker in Nordamerika wie auch anderswo
Gefahr liefen, zu Antiquitätenhändlern zu verkommen. Sie
maßen allein der Geschichte Bedeutung bei, ohne dabei einen
Gedanken auf wissenschaftliche Wahrheit zu verschwenden.
Die Philosophen hingegen diskutierten im Vakuum, ohne
sich über die historische Bedingtheit ihres Standpunktes Re-
chenschaft abzulegen. Sie sahen überhaupt nicht, daß die von
ihnen verwendeten Begriffe keineswegs absolute Gültigkeit
hatten, sondern in besonderen Situationen entstanden und
durchaus anfechtbar waren. Die historische Sichtweise sollte
ihnen bewußt machen, daß auch sie das Produkt einer gewissen historischen Konstellation waren.

Schon immer hatte mich der Zusammenhang von Wissenschaft und Geschichte beschäftigt, anders gesagt: der historische Charakter jeglicher Wissenschaft, der Anspruch der Geschichtsschreibung auf Wissenschaftlichkeit, ihr gemeinsames Ziel bei der Suche nach Wahrheit. Diese Probleme bewegten mich seit meiner Jugend. Seit meinen Vorkriegsbegegnungen mit Einstein erörterte ich sie. Um ihnen auf den Grund gehen zu können, rief ich die *Canadian Society for History and Philosophy of Science* ins Leben.

Die Erkenntnis der Geschichte wirft die Frage nach der Objektivität unserer geschichtlichen Erkenntnis auf, was wiederum eine gründlichere Untersuchung des vieldeutigen Begriffes der Objektivität nach sich zieht. Ich war dieser Frage bereits 1936 in meinem für die Cassirer-Festschrift verfaßten Aufsatz »The Philosophical Character of History« nachgegangen.[4] In der Ausgabe der *Revue internationale de philosophie* von 1975, die mir gewidmet war, wird das Problem von verschiedenen Seiten ausgeleuchtet.[5] Bis zu welchem Punkt ist das historische Urteil von den Vorurteilen und Interessen des Historikers bestimmt, bis zu welchem Punkt ist er von der eigenen historischen Situation und der Gesellschaft, aus der er stammt, geprägt? Die Existenz zahlreicher Faktoren, die das Urteil in eine bestimmte Richtung lenken, macht die Forderung nach einer richtig verstandenen Objektivität um so dringlicher.

Objektivität darf nicht als ein Zustand, sondern muß als der Wille verstanden werden, das subjektive Element, das unser eigenes Verlangen und unsere eigenen Ängste widerspiegelt, auszuschließen. Es handelt sich also um eine Art regulativer Idee im kantischen Sinne – ein Prinzip, das unsere Urteilskraft anleitet –, aber auch um eine Norm im platonischen Sinne, die ein Modell darstellt, dem wir uns freiwillig unterwerfen.

Die Gründung der Gesellschaft hat sich bis heute als fruchtbar erwiesen. Historiker hörten Philosophen zu und

Philosophen Historikern. Zugleich bot sie für englisch- und französischsprachige Wissenschaftler wie auch für interessierte Laien eine Begegnungsstätte. Eine der Innovationen der Gesellschaft, auf die Sie vorhin anspielten, bestand darin, die Sitzungen mit einem Empfang zu beginnen, bei dem Sherry ausgeschenkt wurde und der etwa eine Stunde dauerte, während der sich die Leute trafen und einander kennenlernten. So kam es schon gleich zu fruchtbaren Gesprächen. Der Sherry versetzte die Leute in gute Laune und bereitete sie darauf vor, milde gestimmt den Rednern zuzuhören. Nun verfügten wir jedoch anfangs fast über keinerlei Mittel. Die Mitglieder zahlten einen minimalen Beitrag, viel zu gering, um sich davon einen guten Wein erlauben zu können. Glücklicherweise war der Sekretär der Gesellschaft Chemiker und hatte die geniale Idee, südafrikanischen Sherry zu kaufen, den er mit ein bißchen gutem Sherry vermischte! Manche Weinkenner aus Montreal fanden, daß es sich um eine außerordentlich feine Sherrysorte handele. Auch in dieser Hinsicht war die Gesellschaft ein Erfolg.

Wir hatten das Glück, uns in einem der schönsten Säle Montreals versammeln zu können, in der auf Medizingeschichte spezialisierten Bibliothek Osler, und so hielten wir unsere Sitzungen ab, umgeben von kostbaren Büchern und Manuskripten in Ausstellungsvitrinen. Der Rahmen unterschied sich also von den traditionellen, gewöhnlichen und ein wenig tristen Versammlungsräumen und trug dazu bei, daß die Vorträge zu einem kultivierten Ereignis wurden, an dem häufig auch aus Ottawa angereiste Botschafter teilnahmen.

In Montreal setzten Sie Ihre Arbeiten über den Platonismus fort wie auch Ihre fortwährenden Bemühungen um die Verbreitung der großen Texte über Toleranz. Auf das eine wie auch das andere werden wir noch zu sprechen kommen. 1954 veröffentlichten Sie die Briefe David Humes, der in Ihrem

*Werk einen ganz besonderen Platz einnimmt. Was genau be-
deutet er für Sie?*

Zunächst einmal war er für mich das Mittel, Englisch zu lernen. Um sich eine Sprache anzueignen, muß man gute Literatur lesen und in die besondere Gestalt der Humanität, die
sich in dieser Sprache und durch sie vermittelt, eindringen.
Solch eine Arbeit kann man angehen, indem man sich beispielsweise die Biographie eines Mannes vornimmt; ich hatte
mir zu diesem Zweck den bedeutenden Philosophen Hume
ausgewählt. Als ich nach England kam, war mein Englisch
sehr armselig. Ich war mit dem Griechischen und dem Lateinischen, dem Französischen und dem Italienischen aufge-
wachsen. Vom Deutschen einmal abgesehen, konnte ich Englisch zwar lesen, aber nicht sprechen, und nun mußte ich mir
das philosophische Vokabular so rasch wie möglich aneignen. Ich begann Hume zu lesen, zumal er auch für die deutsche Philosophie außerordentlich bedeutsam war, denn nach
Kants eigenem Bekenntnis war es Hume, der ihn aus seinem
»dogmatischen Schlummer« erweckt habe.[6] Hume ist ein
Meister des Stils, und ich nahm mir zunächst seine Korrespondenz vor. Erstaunt stellte ich dabei fest, daß der Herausgeber der bei der Oxford University Press erschienenen
Hume-Briefe – gleichwohl ein großer Wissenschaftler[7] – einen besonders interessanten Brief nicht berücksichtigt hatte,
obgleich sich dieser sogar in Oxford selbst, in der Bibliotheca
Bodleiana, befand. Das veranlaßte mich dazu, nach weiteren
zu fahnden, und meine systematische Recherche ergab, daß
zahlreiche Briefe nicht veröffentlicht waren. Gemeinsam mit
Ernest Mossner, dem großen Hume-Spezialisten in Texas,
stellte ich sie dann zusammen.[8] Mittlerweile habe ich noch
weitere Briefe gefunden. Ich konnte die Bibliothek meiner eigenen Universität, McGill, dazu veranlassen, einige Briefe zu
erwerben. Die Korrespondenz Humes wie auch seine Philosophie und seine eigentlich philosophischen Schriften zeugen

von einem kritischen Geist, dem jeglicher Dogmatismus zuwider ist. Dieser Geist, der auf so edle Weise in seinen Schriften zutage tritt, zog mich an, auch wenn ich keineswegs ein Anhänger seiner Philosophie bin.

In der Tat begegnet man bei Hume vielen Prämissen und Urteilen, die Ihren eigenen platonischen Urteilen zuwiderlaufen.

Ja, aber er war mir als Mensch wichtig, seine Beziehung zu Frankreich, seine Biographie interessierte mich. Auf mein Betreiben hin hat meine Universität die Handschriftensammlung erworben, die seinen Briefwechsel mit jener Frau enthält, die ihm in seinem Leben am meisten bedeutete: die Comtesse de Boufflers, mit der er von 1761 bis 1776 korrespondierte. Es handelte sich um eine außergewöhnliche Frau, deren Geist ihrer Schönheit um nichts nachstand und deren vorteilhafter Status als Mätresse des Prinzen Conti, eines Vetters des Königs, sie zu einer der angesehensten Gastgeberinnen in der Pariser Gesellschaft machte. Rousseau bewunderte sie. Sainte-Beuve schreibt ihr folgende Äußerung zu: »Ich gebe der Tugend mit Worten zurück, was ich ihr mit meinen Taten wegnehme.« Zur Zeit, als Hume Paris besuchte, galt sie – weil sie in der Residenz des Prinzen Conti, dem ehemaligen Ordenssitz der Templer wohnte – als »Tempelgottheit«. Später, als »die Leidenschaft des Geistes an die Stelle der Leidenschaften eines zarteren Alters« trat, wurde sie die »gelehrte Minerva« genannt.[9]

Horace Walpole beschreibt sie weniger gnädig: »Sie besteht aus zwei Frauen. Man muß es kaum betonen, daß die untere galant ist und noch Ambitionen hegt. Die obere ist vernünftig und verfügt über eine maßvolle Eloquenz, den rechten Ton, dem man gerne sein Ohr leiht, aber das Ganze wird durch eine Neigung zur Gefallsucht verdorben.«

Hume hat ihr während seines ganzen Lebens treue Zuneigung bewahrt. Einige Monate nachdem er Frankreich verlassen hatte, schrieb er ihr von seiner Hoffnung, wieder zurückzukehren und mit ihr eine Reise anzutreten, die sie nach Italien und Griechenland führen sollte. »Können wir uns nicht auf einer griechischen Insel niederlassen und die Luft Homers, Sapphos oder Anakreons atmen?« Hegte er wirklich diese Absicht, oder handelte es sich lediglich um einen jener Träume, mit denen man aus sicherer Entfernung liebäugelt?

Haben sie sich jemals wiedergesehen?

Niemals, und die Briefe werden immer seltener. Man lastete es der Zeit und Entfernung an. Es zeigte sich, daß ein anderer Briefeschreiber das Interesse der Madame de Boufflers auf sich zog: König Gustav von Schweden.

Als nun Hume auf dem Sterbebett lag und vom Ableben des Prinzen Conti erfuhr, schrieb er ihr einen der schönsten Briefe der Philosophiegeschichte – über den Sainte-Beuve später äußern sollte, daß die Frau, die in dem sterbenden Gelehrten solche Gefühle von Unruhe und Zuneigung erweckt habe, keine gewöhnliche Seele gewesen sein könne.

Die Geschichte dieses Dokuments, in dem die siebenunddreißig Briefe Humes an Madame de Boufflers und die neununddreißig Briefe von ihr an Hume sowie elf Briefe Rousseaus an diese bemerkenswerte Frau zusammengestellt sind, wäre eigentlich erzählenswert. Ich habe dies in einem Artikel über einige der zahlreichen Schätze getan, die sich in der Abteilung der seltenen Bücher der McGill-Universität befinden, welche für eine nordamerikanische Universität erstaunlich reichhaltig ist.[10]

Unter den von mir veröffentlichten Briefen Humes finden sich auch jene, die er 1765 als englischer Geschäftsträger in Paris geschrieben hat und die sich mit den Folgen des englisch-französischen Friedensvertrages von 1763 befassen. Sie lagern in den Archiven des französischen Außenministeriums. Im Gegensatz zu den Briefen ist das Tagebuch Humes aus der Zeit, als er sich an der geplanten militärischen Expedition nach Kanada beteiligen sollte, noch nicht publiziert worden. Im Jahre 1746 war Hume Advokat und Adjutant des Generals Saint-Clair. Diese geplante Expedition zur Eroberung Kanadas ist interessant. Damals herrschte in England ein großes Durcheinander. Man brach die Expedition ab und fiel statt dessen in Frankreich ein. Der Angriff auf die südbretonische Stadt Lorient wurde jedoch zurückgeschlagen – eine wenig ruhmreiche Episode der englischen Geschichte.[11]

Hume bekam eine gewisse Bedeutung für Kanada, denn als Geschäftsträger mußte er, da der Botschafter nicht anwesend war, die Verhandlungen mit den französischen Ministern über den Friedensvertrag führen. Einer der wichtigen Punkte für Kanada war der Fischfang in den Gewässern vor Neufundland. Man beschwerte sich, daß die Franzosen die Bestimmungen des Friedensvertrages nicht einhielten. Hume schaltete sich ein, konnte aber keine endgültige Lösung herbeiführen – was man ihm um so weniger vorwerfen kann, als das Problem noch heute aktuell ist!

Ebenso mußte er sich mit einer Sache befassen, die für die in Kanada verbliebene französische Bevölkerung äußerst wichtig war: den Umtauschkurs zwischen der französischen Währung und dem neuen Geld.

In allen diesen Verhandlungen hatte sich Hume mit einem routinierten, mit allen eleganten Finten der Diplomatie vertrauten Politiker zu messen, dem damaligen französischen Außenminister Duc de Praslin.

Hume ist für die McGill-Universität von besonderem Interesse?

In der Tat, die Universität besitzt eine schöne Sammlung von Dokumenten, die mit Hume zu tun haben. Es begann mit einer Entdeckung. Kurz nach meiner Ankunft in Montreal bemerkte ich, daß in einem Schrank des Faculty Club der Universität neun Bände mit einem schönen Einband aus dem 18. Jahrhundert standen, die alle das Exlibris Humes trugen. Es handelte sich um die Cicero-Ausgabe ad usum Delphini, 1740-1741 von Olivetus in Paris veröffentlicht. Dies war der Grundstein für eine Sammlung, die in vielerlei Hinsicht lediglich von denen in Edinburgh und London übertroffen wird. Professor David Norton vom Fachbereich Philosophie, Autor mehrerer Bücher über Hume, darunter das *Cambridge Companion to Hume*, hat ebenfalls viel dazu beigetragen, die Sammlung zu bereichern und selbst ein Buch über Humes Bibliothek veröffentlicht.[12]

Ihr Leben führte Sie durch verschiedene Institutionen, vom einen Kontinent zum anderen, aber Sie verstehen sich als Kanadier, nicht wahr?

Von meiner Bildung, meinen geistigen Wurzeln her bin ich zutiefst europäisch. Ich fahre immer wieder nach Deutschland, insbesondere nach Heidelberg, wo mich die Universität zum Ehrensenator ernannt hat. Ich bin auch immer wieder in Oxford. Als ich 1976 emeritiert wurde, ernannte mich das Wolfson College zum »fellow«. Ein wenig später machte mich mein geliebtes Oriel College zum »honorary fellow«. Wolfson ist ein College für Studenten höherer Studiengänge mit einer modernen, sehr sympathischen Architektur, das wunderschön am Ufer eines Flusses liegt. Ich verbringe dort während mehrerer Monate im Jahr eine sehr angenehme Zeit. Wenn ich jedoch nach Montreal zurückkehre, bin ich zu Hause. Vielleicht hat sich in mir eine Synthese zwischen der Alten und der Neuen Welt herausgebildet?

8 Die platonische Tradition

Es ist an der Zeit, auf einen zentralen Bereich Ihres Werkes einzugehen, die platonische Tradition. 1939 veröffentlichten Sie The Continuity of the Platonic Tradition. *Zuvor bereits hatten Sie den Editionsplan für das* Corpus Platonicum Medii Aevi *konzipiert, dessen erster Band 1940 erschien. Die Publikation der weiteren Bände besorgten Sie nach dem Zweiten Weltkrieg von Montreal aus. Wo liegt der Ursprung dieser beharrlichen Erforschung des platonischen Denkens und seiner geschichtlichen Übermittlung?*

Platon spielte im Laufe meiner Studienzeit an den deutschen Universitäten eine große Rolle. Ich interessierte mich vor allem für seinen Einfluß, für die platonische Tradition. Wie hat Platon die Philosophie beeinflußt? Wie wurde er rezipiert? Damals ging man von einem völligen Bruch zwischen dem Mittelalter und dem, was man Renaissance nennt, aus. Es gab zwei entgegengesetzte Tendenzen. Entweder man betrachtete alles, was in den Schriften des Mittelalters auf Platon verwies, als Platonismus, ohne sich zu fragen, in welcher Beziehung dieses Denken zu Platon selbst stand. Oder man war der Meinung, daß die Gelehrten des Mittelalters, wenngleich sie Platon zitierten, dessen wirkliche Botschaft nicht hatten begreifen können. Das eine wie das andere hielt ich für unrichtig. Meiner Ansicht nach – und dies galt es zu beweisen – war die sogenannte Renaissance in vielerlei Hinsicht mit den ihr vorausgegangenen Jahrhunderten verbunden, und um zu erkennen, was an dem vermeintlich Neuen tatsächlich eigenständig war, mußte man das dagegenhalten, was in die vorigen Jahrhunderte zurückreichte. Man mußte also zunächst den Quellen und somit der Frage nachgehen, auf welche Weise

Platon lebendig geblieben war, wie er solch anhaltenden Einfluß hatte ausüben können, obgleich viele Jahrhunderte lang niemand im Abendland den griechischen Platon kannte. Das ließ sich jedoch nur herausfinden, wenn man sich in die lateinischen Übersetzungen vertiefte. Diese waren niemals gesammelt und kritisch ediert worden. Folglich bestand die erste Aufgabe darin, die Übersetzungen von Platons Werken sowie die seiner antiken Kommentatoren zu veröffentlichen. Zugleich durfte man nicht die Übermittlung des Platonismus durch die arabischen Autoren außer acht lassen.

Bereits als Student hatte ich in einer lateinischen Übersetzung ein wichtiges Stück der antiken Philosophie aufgefunden, das auf Griechisch verlorengegangen war, ein Werk von Proklos, dem führenden Kopf der platonischen Schule in Byzanz, dem großen Platon-Kommentator und bedeutenden Philosophen der Mathematik aus dem 5. Jahrhundert unserer Zeitrechnung.[1]

Wo haben Sie es gefunden?

In der Bibliothek des Nikolaus von Kues. Solche Funde macht man nicht zufällig. Beim Studium der platonischen Tradition hielt ich mich vor allem an den Kommentar, den Proklos zu dem rätselhaften Platon-Dialog *Parmenides* verfaßt hat. Ende des Jahres 1927 reiste ich nach Kues, um das Manuskript dieses Kommentars einzusehen, das Nikolaus von Kues gehört hatte. Der Schluß unterschied sich von dem, der in den bislang veröffentlichten griechischen Manuskripten enthalten war. Er war wesentlich umfangreicher. Der lateinische Text wich also von dem griechischen ab, den Victor Cousin ediert hatte, ohne der lateinischen Tradition Rechnung zu tragen. Ich reiste nach Oxford, um dort das Manuskript Digby 236 einzusehen, und stellte fest, daß es ebenfalls diesen anderen Schluß enthielt – was ich zu Beginn des Jahres 1929 in den Abhandlungen der Heidelberger Akademie mitteilte. Es handelte sich um ein zentrales Stück der antiken Dialektik. Man muß die Bedeutung dieser Tradition für die Geschichte der Dialektik begreifen und kennen, um die Prämissen moderner Philosophen wie etwa eines Hegel verstehen zu können.

Die Tatsache, daß Nikolaus von Kues in einer seiner philosophischen Predigten wörtlich die Zusammenfassung wiederholt, die er an den Rand seines Manuskripts des *Parmenides*-Kommentars geschrieben hat und daß seine Arbeiten voller Reminiszenzen an seine Proklos-Lektüre sind, unterstreicht seine philosophiegeschichtlich bedeutende Rolle. Viele seiner Vorstellungen gehen von ihm an Bruno über – zumeist ohne daß dieser sich über deren Herkunft äußert – und werden von Bruno wiederum an die moderne Philosophie weitergereicht.

So läßt sich beispielsweise an den Randbemerkungen des Nikolaus von Kues ablesen, wie wichtig die Vorstellung vom Übergang eines rationalen Ansatzes in eine andere Vorstellung ist, die die Grenzen der Vernunft und das Zusammenfallen der Gegensätze in dem höchsten Prinzip des Einen anerkennt.

Weshalb haben Sie als ersten Text des Corpus Platonicum *den* Menon *veröffentlicht? Gab es dafür einen besonderen Grund, oder handelte es sich einfach um den Text, für den Ihnen damals die besten Manuskripte zur Verfügung standen?*

Die beiden Werke Platons, die im 12. Jahrhundert vollständig übersetzt vorlagen, waren der *Menon* und der *Phaidon*, und folglich begannen wir damit. Wir wissen beispielsweise, daß Roger Bacon und andere Pariser Gelehrte den *Menon*, vor allem aber den *Phaidon* gelesen hatten, von dem seit 1271 ein Manuskript in der Bibliothek der Sorbonne vorhanden war.

Der wichtigste Text jedoch, der *Timaios*, lag nicht vollständig übertragen, sondern nur in Auszügen und mit einem

Kommentar versehen vor. Dieser Dialog oder vielmehr eben sein erster Teil wurde während des ganzen Mittelalters studiert und zitiert, und fast alle Bibliotheken von Rang verfügten über eine Kopie der Version von Calcidius – die ich auf das 4. Jahrhundert unserer Zeitrechnung datiere – und manchmal sogar über eine Kopie des von Cicero übersetzten Teils. Wegen des darin enthaltenen Versuchs, eine Synthese zwischen der religiös-teleologischen Rechtfertigung der Welt und einem rationalen Entwurf ihrer Entstehung zu bilden, wurde der *Timaios* zum Wegweiser für die ersten tastenden Versuche hin zu einer nicht-mythischen Kosmologie. Während jedoch Platon sagt: »Ohne eine Ursache kann nichts sich ereignen«, gibt Calcidius dies in den Worten wieder: »Ohne eine gerechtfertigte Ursache und einen vernünftigen Grund kann nichts sich ereignen.« Er präsentiert Platon, als trete dieser dafür ein, daß der Wille Gottes der sicherste Ursprung aller Dinge sei – was natürlich den christlichen Ansatz ausmacht. Um diesen Dialog und den Entwurf des Calcidius herum, der in zahlreichen Manuskripten mit dem Platon-Text verbunden ist, entwickelte sich eine reichhaltige Kommentarliteratur, von deren Existenz man so gut wie nichts wußte, ungeachtet ihres großen Wertes für die geschichtlichen Anfänge wissenschaftlichen Denkens.

Haben Sie nicht anläßlich des Timaios *über die »modernen« Philosophen, das heißt: die damals modernen Philosophen von Chartres geschrieben,[2] die sich selbst als Zwerge auf den Schultern von Riesen bezeichneten?*

Ich hatte ein Buch über die Schule von Chartres geschrieben, von dessen Veröffentlichung ich jedoch in dem Moment absah, als Hitler an die Macht kam, denn ich wollte nicht in Deutschland publizieren. Hernach blieb der Text unveröffentlicht. Ich hatte mich intensiv mit der Schule von Chartres auseinandergesetzt, deren führender Kopf, Bernhard von

Chartres, die antiken Autoren eingehend studiert hatte. Dieses Studium spiegelt sich in der Kathedrale von Chartres, in den Skulpturen des Westportals wider, in welche die Lehrmeister der antiken Wissenschaften eingegangen sind. Die Schule von Chartres zeichnet sich durch die zentrale Bedeutung aus, die sie der Lektüre und Interpretation gewisser antiker Autoren zuweist. Auf die Frage, wieso er auf diese so großen Wert lege, antwortete Bernhard: »Wir sind Zwerge auf den Schultern von Riesen.« Unsere eigene Statur ist im Vergleich zu den Größen der Antike sehr klein. Aber wenn wir auf ihren Schultern sitzen, können wir weiter sehen als sie. Wir müssen die antiken Autoren intensiv studieren, um klarer sehen zu können, als es ihnen selbst möglich war. Ohne sie wären wir nichts, aber sie allein reichen auch nicht aus. Wir müssen auf ihnen aufbauen.[3] Es gab in Chartres demnach jene Vorstellung von der Kontinuität der antiken Philosophie – nicht im Sinne einer sklavischen Nachahmung, sondern im Sinne eines Aufbauens auf ihren Fundamenten. Darin bestand die Grundidee von Chartres.

Das Bild wurde immer wieder aufgegriffen, ohne daß man wußte, daß es auf Bernhard von Chartres zurückgeht. Jahrhunderte später wird es von Newton aufgegriffen.

Es dürfte vor allem dem lateinischen *Timaios* und seinem Kommentator zu verdanken sein, daß der Wunsch nach einer rationaleren Erklärung des Universums sich in den Versuchen niederschlug, die platonischen und mosaischen Erzählungen aufeinander abzustimmen, die biblische *Genesis* mit den Kategorien griechischer Wissenschaft und mit Begriffen zu interpretieren, die seither zum festen Bestand abendländischen Denkens gehören. Ein Höhepunkt solcher Tendenzen war im 12. Jahrhundert die Schule von Chartres, die auf die Lehrer der Artistenfakultät in Paris einen ungeheuren Einfluß ausübte. An dieser Fakultät las man den *Timaios* mit den Erläuterungen des Guillaume de Conches, bis dieser spätestens im Jahre 1255 vom offiziellen Curricu-

lum gestrichen und durch das *Corpus Aristotelicum* ersetzt
wurde.

Der Einfluß der Meister von Chartres kommt, nach einer
Latenzzeit von zweihundert Jahren, neuerlich in den Lehren
des Nikolaus von Kues zum Ausdruck, der – vielleicht mehr
als jeder andere Denker – zur Bildung dessen beigetragen hat,
was man als moderne Kosmologie bezeichnet. Dieses geistige
Band zwischen dem Philosophen der Renaissance, den seine
Zeitgenossen *il grande platonista* nannten, und den Platoni-
kern des 12. Jahrhunderts ist ein eindrucksvoller Beleg für
die Kontinuität der platonischen Tradition. Über Nikolaus
gelangen manche ihrer Theorien zu Kopernikus, wie wir aus
den Randbemerkungen ersehen können, mit denen ein gelehrter Zeitgenosse dessen Exemplar des *Liber de intellectu*
von Bovillus versehen hat. Dieses Buch befand sich in Frau-
enburg (Frombork), wo Kopernikus Domherr war. Die
Schweden haben es zu Beginn des 18. Jahrhunderts als
Kriegsbeute mitgenommen, und heute verwahrt es die Bibliothek von Uppsala.

Sie haben noch einen anderen platonischen Text entdeckt?

Im Zuge meiner Forschungen hatte ich das Glück, in der Va-
tikanischen Bibliothek einen unbekannten Text der klassischen Antike zu entdecken, eine anonyme *Zusammenfassung der Werke und Lehren Platons.* Er befand sich in einem
Manuskript, das vor allem die philosophischen Schriften des
Apuleius enthielt, am Ende von *De mundo* – ohne Titel und
ohne Hinweis darauf, daß hier ein anderes Werk beginnt. Der
Anfang fehlt offensichtlich. Die zahlreichen Gelehrten, denen dieses Manuskript zuvor in die Hände gefallen war, hatten nicht bemerkt, daß es sich um einen andersgearteten Text
handelte. Mit ziemlicher Sicherheit ist es die lateinische
Übersetzung eines griechischen Textes aus der Zeit des Apuleius. Apuleius, der im 2. Jahrhundert unserer Zeitrechnung

lebte und den jeder wegen seines berühmten Romans *Der goldene Esel* kennt, ist einer der wichtigsten Autoren für die Wirkungsgeschichte Platons. Gemeinsam mit einem deutschen Wissenschaftler schrieb ich ein Buch darüber, wie wiederum das Denken dieses Autors überliefert wurde – ein Werk, in dem mehr als hundert Manuskripte dargestellt werden.[4] Einige von ihnen erwiesen sich als besonders interessant, beispielsweise die, die Petrarca, Nikolaus von Kues und Marsilio Ficino gehört hatten und die Randbemerkungen ihrer Besitzer enthielten. Auch hier handelt es sich um eine Etappe in der Geschichte des Platonismus.

Zur Zeit bereite ich die Veröffentlichung des von mir aufgefundenen Manuskripts vor, eines besonders schwierigen Textes, dessen interessante Geschichte ich zurückverfolgen konnte.[5] Dieses Manuskript taucht nachweisbar erstmals im Katalog der Bibliothek eines interessanten und vielseitigen Menschen, des Kanzlers der Kathedrale von Amiens, Richard de Fournival, auf. Dieser poetisch ausgestaltete Katalog, der den Titel *Biblionomia* trägt und kurz vor 1250 verfaßt wurde, vergleicht die Bibliothek mit einem schönen Garten, in dem der kostbarste Schmuck die Bücher der besten Autoren seien. Richard de Fournival, ein Mann von erlesener Bildung und genialer Autor pornographischer Prosa, vermachte seine Bibliothek Gérard d'Abbeville, der sie seinerseits jenem Buchbestand hinterließ, aus dem sich die Bibliothek der Sorbonne entwickeln sollte. Dann verschwindet das Buch, um sich in der Bibliothek der Königin Christina von Schweden wiederzufinden, die es nach ihrer Abdankung von Stockholm nach Rom bringen läßt. Nach dem Tod der Königin fallen die Bücher dem Kardinal Decio Azzolini zu, über den die Königin geäußert hat: »Der Kardinal ist ein göttlicher und unvergleichlicher Mensch. Er ist mir teurer als mein Leben.« Dessen Neffe wiederum verkauft das Ganze an Papst Alexander VIII. Ottoboni, und so geht das Manuskript in die Bestände des Vatikans ein.

Bei allen diesen Nachforschungen stellt sich die Frage, in welchem Maße eine Tradition eigentlich ihren schöpferischen Ursprung noch wiedergibt. Diesem Problem versuche ich in der kürzlich in Paris erschienenen Studie »Regagner Athènes à partir d'Alexandrie« nachzugehen.[6]

Ich hatte das Privileg, bei Ihnen zu studieren, als Sie am Institut für mittelalterliche Studien lehrten, das damals – ich erinnere mich noch an ihn – von Pater Benoît Lacroix geleitet wurde, einem warmherzigen Mann und strengen Gelehrten.[7] In gewisser Weise gab es zwischen Ihnen und den Dominikanern eine alte Komplizenschaft, worüber wir schon anläßlich Ihrer Arbeiten über Meister Eckhart gesprochen haben. Ich erinnere mich sehr gut an Ihre Unterrichtsstunden über Platon und die Bedeutung der platonischen Tradition. Um uns für die Größe des Textes empfänglich zu machen, nahmen Sie sich selbst so weit wie möglich zurück. Ich denke vor allem an den Text des Timaios *über die menschliche Natur und die Bedeutung der Vernunft, den Sie bei der ersten Vorlesung, die ich besuchte, kommentierten.*

Ja, das ist ein erstrangiger, berühmter Text, in dem das Band, das den Menschen mit der Gottheit verbindet, von Platon sehr eindrucksvoll und bildreich beschrieben wird. Können wir ihn lesen?

»In Betreff der vollkommensten Art von Seele in uns muß man nun aber urteilen, daß Gott sie einem Jeden als einen Schutzgeist verliehen hat, ich meine nämlich jene, von der wir angaben, daß sie in dem obersten Teile unseres Körpers wohne und uns über die Erde zur Verwandtschaft mit den Gestirnen erhebe, als Geschöpfe, die nicht irdischen, sondern überirdischen Ursprungs sind, und wir hatten ein Recht dies zu behaupten. Denn dorthin, von wo der erste Ursprung der Seele ausging, richtete die Gottheit das Haupt und die Wur-

zel des Menschen und gab so unserem ganzen Körper seine
aufrechte Stellung. Wer sich daher den Begierden und dem
Ehrgeize hingibt und unablässig (nur) diese beiden Kräfte
übt, wird notwendig lauter sterbliche Meinungen in sich erzeugen und, so weit es ihm überhaupt nur möglich ist sterb-
lich zu werden, es hieran in keinem Stücke fehlen lassen, weil
er eben den sterblichen Teil in sich groß gezogen hat. Wer
dagegen der Lernbegierde und (des Erwerbs) wahrhafter
Kenntnisse sich beflissen und die Kraft des Wissens vor allen
anderen Kräften seiner Seele geübt hat, der wird doch wohl
eben so schlechterdings notwendig, wenn er überhaupt die
Wahrheit erreichte, unsterbliche und göttliche Gedanken in
sich tragen, und wiederum, so weit überhaupt die menschliche Natur der Unsterblichkeit fähig ist, in keinem Teile dahinter zurückbleiben und, weil er stets des Göttlichen wartet
und den göttlichen Schutzgeist, der in ihm selber wohnt, zur
schönsten Vollendung hat gedeihen lassen, vorzüglich glück-
selig sein.«[8]

Wie Sie wissen, war dieser Text ein Kernstück der platonischen Tradition im Mittelalter, und von dorther haben ihn die
Denker der Moderne übernommen. Seine Bedeutung kann
nicht hoch genug veranschlagt werden.

Beim erneuten Lesen des Timaios *drängt sich die Frage nach
der gegenwärtigen Bedeutung des Platonismus auf. Wenn
man dieses Lob auf die Menschheit hört, dem wir ja auch im
Denken des Meister Eckhart begegnet sind und dessen Wurzeln in der Tat in den Text Platons hineinreichen, so muß man
sich fragen, ob wir uns nach Auschwitz noch in diesem »überirdischen Geschöpf« wiedererkennen können. Sehen Sie im
Platonismus noch eine Kraft, eine Form der Wahrheit?*

Gewiß würde Auschwitz für Platon eines dokumentieren:
nämlich daß die negative Seite die Oberhand gewonnen hat.

Dies aber macht es nur um so wichtiger und notwendiger, daran zu erinnern, daß der Mensch nicht auf das zu reduzieren ist, was das nationalsozialistische Regime aus ihm gemacht hat. An diesem allerniedrigsten Punkt der Entwicklung der Menschheit war der göttliche Funke gänzlich verborgen, dennoch gab es eine kleine Minderheit – Platon würde sagen, es hat sie immer gegeben –, in der der Funke nicht erloschen, die sich seiner bewußt war, die gelitten hat. Die Mehrheit ist für Platon niemals ein Argument gegen seine Philosophie. Im Gegenteil, gerade an ihr zeigt sich Platon zufolge die Notwendigkeit, sich des göttlichen Ursprungs und dessen zu erinnern, was den Menschen über die alltäglichen Bedürfnisse, die alltäglichen Leidenschaften, über den Willen erhebt, andere zu beherrschen und geringzuachten. Nur dieser Glaube, würde Platon sagen, ermöglicht das Überleben der Menschheit als einer Kraft für das Gute.

9 Die englischen Meister:
Der Gedanke der Toleranz

Von Hume aus wandten Sie sich John Locke zu. Seinen Brief über die Toleranz *haben Sie, in zahlreiche Sprachen übersetzt, im Rahmen der von Ihnen herausgegebenen Buchreihe* Philosophie et communauté mondiale *(Philosophie und Weltgemeinschaft) veröffentlicht. Als ich den Brief wiederlas und seine Bedeutung für Sie überdachte, habe ich mich gefragt, inwieweit Ihr Eintreten für Toleranz eine Reaktion auf den Kalten Krieg oder auf andere ideologische Verhärtungen war, gegen die Sie damals zu Felde ziehen wollten. Weshalb wird nach Kriegsende die Toleranz zum zentralen Thema Ihrer Reflexion?*

Der Grund, weshalb sie solche Bedeutung erlangte, ist folgender: Während des Krieges habe ich mich gefragt, wie es möglich sein konnte, daß Individuen, die vom moralischen Standpunkt aus nicht niederer als andere zu stehen schienen, sich in der Weise verhielten, wie sie es taten... Ich habe deutsche und italienische Kriegsgefangene befragt. Als Individuen waren sie keine Kriminellen, aber sie waren gleichwohl fähig gewesen, Verbrechen zu begehen – beispielsweise im Namen des Staates. Das galt insbesondere für zahlreiche Deutsche. Wie läßt es sich erklären, daß Leute, die als einzelne anständig sind, gute Familienväter, im Namen des Staates Grausamkeiten begehen können? Man muß bis zu ihrer Erziehung zurückgehen. Und da habe ich nun festgestellt, daß selbst denjenigen, die die Universität besucht hatten, jene Denktradition, der zufolge der Staat nicht oberster Gebieter, sondern ein bloßes Mittel ist, völlig fremd war. In den Augen eines Deutschen muß man dem Staat Respekt zollen. Diese

Vorstellung wurzelt in der deutschen Philosophie des
19. Jahrhunderts; von jener anderen Tradition, die die Toleranz gegenüber Andersdenkenden lehrte, wußte man in der
deutschen Erziehung nichts. Die autoritäre Staatsidee durch-
tränkt die ganze deutsche Kultur wie auch den Unterricht an
Schule und Hochschule. Wenn man nach der Ursache dieses
Zustandes forschen will, entdeckt man, daß die Jugendlichen
in den Schulen oder Universitäten die Autoren gar nicht kennen, die als Fürsprecher der Gedankenfreiheit und der freien
Meinungsbildung auftraten. Es ist demnach wichtig zu wissen, was Jugendliche in Familie, Schule und Universität lernen. In Deutschland war der Gedanke der Toleranz fremd
geblieben. Wenn man ein wenig die deutsche Literatur und
Philosophie des 19. Jahrhunderts und zudem manche Verhal-
tensweisen der Polizei kennt, dann sieht man, wie darin der
Obrigkeitsgeist regiert. Der Obrigkeit hat man sich zu unterwerfen. Es existiert ein scharfe Trennung zwischen der moralischen Haltung des Individuums und dem Individuum als
gesellschaftlichem und politischem Wesen. Die absolute Unterwerfung unter den Willen des Staates geht bis auf Luther
zurück, den alten Luther wohlgemerkt, nicht den jungen.
Luther verkündete zwar, so läßt sich zusammenfassend sagen, daß die Religion, der Glaube an Gott, im Innersten be-
heimatet sei und die Obrigkeit nicht das Recht habe, sich in
die unmittelbare Beziehung des Individuums zu Gott einzumischen. Aber was das Individuum als gesellschaftliches und
politisches Wesen anbetrifft, so müsse man dem Kaiser geben, was des Kaisers ist.[1] Luther beruft sich auf die Heilige
Schrift und tritt allen Revolutionären seiner Zeit entgegen.
Man schneidet demnach den Menschen in zwei Hälften, in
den Gläubigen hier und den gesellschaftlich und politisch
Handelnden dort.

*Aber das muß zweifellos Einfluß auf die Vorstellung vom
Staat haben?*

Dieser Dualismus ist typisch für die ganze Entwicklung Deutschlands. Der Staat wird in der Tat mit einer Macht ausgestattet, die sich völlig von der naiven Staatskonzeption in England oder Frankreich unterscheidet, wo man den Staat als ein schlichtes Mittel zur Organisation und Zivilisierung des Lebens ansieht. In Deutschland ist der Staat nicht Mittel, sondern Ziel, ein Ziel, das Ehrfurcht verlangt. Diese Vormachtstellung des Staates ist sehr bedeutungsvoll, will man das in Deutschland Geschehene verstehen. In philosophischer Sprache drückt sich diese Staatskonzeption bei Hegel aus, der den Staat zur Verkörperung, zur Wirklichkeit des Geistes erklärt.[2] Es gibt kein anderes Land, in dem sich eine solche Philosophie entwickelt hat. Das soll nicht heißen, daß Hegel selbst intolerant oder gar grausam gewesen sei. Sicher, er hat sich gegenüber der Mutter seines unehelichen Sohnes nicht sehr freundlich verhalten, doch handelt es sich hier um einen Vorfall, aus dem sich keine großartigen Schlußfolgerungen auf seine Philosophie ziehen lassen. Aber in der Einleitung zu seinen *Vorlesungen über die Philosophie der Geschichte* überträgt er dem Staat, der ab einem bestimmten Punkt seiner Entwicklung den Geist verkörpert, alle Rechte. Nun wurde diese Konzeption vom Staat, der die Unterwerfung des einzelnen in seinem Handeln verlangt, von den Lehrenden an den Universitäten verbreitet, aber auch in den Familien, die niemals Philosophen gelesen hatten.

Nehmen wir als Beispiel John Lockes Abhandlung über die Toleranz. Ich habe an einer der besten Universitäten studiert – wenn nicht gar der besten –, Heidelberg war die Wiege der großen historischen Schule, die auf die Vorlesungen Hegels im Jahre 1816 zurückgeht, eine Universität, an der große Geister wie Kuno Fischer und andere lehrten. Ich stellte jedoch fest, daß zu Beginn des 20. Jahrhunderts in Heidelberg niemand John Locke las. Selbstverständlich befand sich in der Bibliothek die Ausgabe von Lockes Werken aus dem 17. Jahrhundert, doch konnte man sie nur dort einsehen, und

eine Übersetzung war nicht verfügbar. Lockes Werk war
nicht Teil des Lehrplans. Gewiß kannten die Studenten den
Versuch über den menschlichen Verstand. Man wußte, daß
dieses Werk für die Geschichte der Sprachphilosophie und
vor allem für die Erkenntnistheorie wichtig war, daß es den
Vorrang der sinnlichen Eindrücke behauptet – eine These,
der Leibniz später entgegentreten sollte. Locke wurde als ein
Vorläufer angesehen und nicht als ein eigenständiger Autor.
In Deutschland, in Italien und auch in anderen Ländern
wußte man nichts von der Tradition der Toleranz, wohinge-
gen man in Frankreich dank der großen Schriften Voltaires
und verschiedener Werke des 19. Jahrhunderts damit vertraut war.

*Deshalb haben Sie dafür gesorgt, daß Locke in verschiedenen
Sprachen veröffentlicht wurde?*

Ich war der Ansicht, daß man die Texte, in denen die Idee der
Toleranz zum Ausdruck kommt, in verschiedenen Ländern
der Welt verfügbar machen sollte. Deshalb gründete ich im
Jahre 1957 die Reihe *Philosophie et Communauté Mondiale,*
deren Schirmherrschaft das Institut International de Philosophie (Internationales Institut für Philosophie) in Paris übernahm. Diese Sammlung möchte zeigen, inwiefern die Philosophie einen Beitrag zur Idee einer Weltgemeinschaft leisten
kann. Texte, die diese Idee propagieren, sollten leicht zugänglich und demnach in einer preiswerten Ausgabe erhältlich
sein, damit Lehrende und Studenten sie leicht erwerben können. Und so veröffentlichten wir beispielsweise die Texte von
Spinoza über die Freiheit unter anderem in Lateinisch und
Japanisch sowie in Lateinisch und Ungarisch sowie in vielen
anderen Sprachen. Die für die Ziele dieser Sammlung wichtigsten Texte waren in der Tat John Lockes *Epistola de
tolerantia*[3] und die Edikte des Asoka,[4] jenes großen indischen
Herrschers im 3. Jahrhundert v. Chr., der einen Teil des an

Alexander den Großen verlorenen Nordindien zurücker-
oberte. Asoka erklärte als erster, daß man niemanden wegen
seiner Religion töten und niemandem eine Religion aufzwingen dürfe. Als er sich der entsetzlichen Grausamkeit des
Krieges bewußt wurde, erließ er in seinem ganzen Reich
Edikte, die anordneten, daß es keinen Religionskrieg mehr
geben dürfe. Diese Edikte wurden in Stein gemeißelt. Vor
etwa fünfzig Jahren entdeckte man in Kandahar ein Monu-
ment, auf dem sie in Prakrit, einer volkstümlichen Form des
Sanskrit, in Aramäisch, der *lingua franca* des Orients, und in
Griechisch standen. Erstmalig wurde hier verkündet, daß
man den Glauben des anderen respektieren müsse. Dieser
Text ist in Indien kaum bekannt, obwohl das Symbol des
Asoka auf den indischen Banknoten abgebildet ist. Ihn beispielsweise galt es, einer breiteren Öffentlichkeit zugänglich
zu machen.

Was die *Epistola de tolerantia* des John Locke anbetrifft, so
hat ihn die Reihe *Philosophie et Communauté Mondiale* in
zahlreiche Sprachen übersetzen lassen: unter anderem ins
Englische, Deutsche, Französische, Polnische, Japanische,
Ungarische, Italienische und Spanische. Der Zufall wollte es,
daß, kurz vor der Übersetzung ins Hebräische, die Übersetzung ins Arabische in Beirut gedruckt wurde – inmitten der
schrecklichen Ereignisse damals... Selbstverständlich ändern die Texte selbst gar nichts, es bedarf der Leute, die sie zu
interpretieren verstehen, an ihre Inhalte glauben und sie an
Schulen und Hochschulen im Unterricht einsetzen können.
Texte allein führen zu nichts, aber für Lehrende sind sie un-
entbehrlich, sie stellen die notwendige Voraussetzung für die
Überlieferung jeglicher Tradition dar.

*Wirft der Terminus »Toleranz« nicht auch einige Fragen auf?
Denn letztlich bedeutet »tolerieren« doch, daß man sich dazu
entschließt, etwas zu ertragen, was man eigentlich gar nicht
schätzt. Verweist das Wort nicht insbesondere im Lateinischen*

auf eine Vorstellung, die dem »Zähne zusammenbeißen« nahekommt? Enthält es somit nicht eine doppelte, eine zugleich positive und negative Bewertung der Meinungen des anderen?[5]

Im Lateinischen bedeutet Toleranz nicht nur, wie man häufig meint, physisches Durchhaltevermögen, obgleich es auch dafür steht. Wenn Cicero von »tolerantia rerum humanarum« (»Toleranz in den menschlichen Dingen«) spricht, ist eher Zähigkeit, Standfestigkeit in den Wechselfällen des Lebens gemeint. Aber in seinen mehr alltagssprachlichen Briefen verwendet er recht interessante Redewendungen. So sagt er eines Tages, »cum me cogerem illa ferre toleranter«, »wie ich mich angestrengt habe, dies alles geduldig zu ertragen«, mit Gleichmut und Willensstärke. Hier geht es nicht um ein physisches Aushalten, sondern um Geduld gegenüber etwas Negativem. In diesem Sinn gebraucht er das Wort immer wieder. So sagt er in *Tusculanae disputationes* (*Gespräche in Tusculum*),[6] daß die Griechen Krankheiten »toleranter«, geduldig ertrügen. Auf englisch würde man »to put up with« sagen, eben »erdulden«, »ertragen«.

Es meint also: eine Sache ertragen, die man im übrigen nicht anerkennen kann?

Es meint die Fähigkeit, eine unangenehme, schmerzhafte Sache zu ertragen. Die Konnotation ist eindeutig negativ. Der Artikel über das Wort »tolérer« in Diderots *Enzyklopädie* illustriert diesen Punkt gut: »Man *toleriert* die Dinge, wenn man sie, obgleich man sie kennt und die Macht dazu hätte, nicht verhindert; man *leidet* unter ihnen, wenn man sie verhindern könnte, aber ihnen nichts entgegensetzt; man *läßt* sie *zu*, wenn man sie mit einer formellen Zustimmung genehmigt. *Tolerieren* sagt man nur in bezug auf schlechte Dinge oder solche, die man dafür hält; *zulassen* sagt man in bezug auf Gutes wie Schlechtes.«

Gegen diesen gönnerhaften Aspekt der Toleranz hat Mira-
beau protestiert: »Die völlig unbeschränkte Religionsfreiheit
ist in meinen Augen ein so heiliges Recht, daß das Wort Toleranz, die dieses ausdrücken möchte, mir selbst irgendwie
tyrannisch vorkommt, denn die Existenz einer Obrigkeit, die
die Macht hat, etwas zu tolerieren, beeinträchtigt die Gedankenfreiheit gerade dadurch, daß sie sie toleriert und somit
also auch nicht tolerieren könnte.«

Die Erklärung eines Zeitgenossen Mirabeaus, nämlich des
berühmten Autors von *The Rights of Man*, Thomas Paine,
fällt noch härter aus: »Toleranz ist nicht das Gegenteil von
Intoleranz, sondern ihr Nachbild. Beide sind Despotismus.
Das eine nimmt sich das Recht, die Freiheit des Gewissens zu
verbieten, das andere, sie zu gewähren.«[7]

Die mittelalterliche Philosophie verwendete den Begriff
für Glaubensfragen. Sie kennen den großen Artikel des heiligen Thomas in der *Summa theologica*, II.2: *Utrum ritus infi-
delium sint tolerandi* (Ob die Riten der Ungläubigen zu tolerieren sind)? Dürfen die Riten der Ungläubigen toleriert
werden? Der Artikel erörtert diese Frage ausführlich. Die Riten der Juden muß man tolerieren. Gewisse andere Riten jedoch, vor allem aber den Häretiker, darf man niemals tolerieren. Hier macht die christliche Theologie einen großen
Unterschied. Die Entwicklung des Gedankens läßt sich am
Werk des heiligen Augustinus nachvollziehen. Dieser sagt
zunächst, der Glaube sei eine freie Handlung. Als er aber später das Wort des heiligen Lukas, *Compelle intrare* (Zwingt
sie, beizutreten), erläutert, wandelt derselbe Augustinus
seine Konzeption ab. Man stößt also bei ihm auf zwei unterschiedliche Einstellungen. Der junge Augustinus betont
noch: »Credere nemo potest nisi volens« (»Niemand kann
glauben, ohne daß er das will«). Später jedoch verschwindet
dieses *nisi volens*. In den Augen des heiligen Thomas sind
diese beiden Momente des augustinischen Denkens für die
gesamte Kirchenlehre grundlegend. Auf der einen Seite be-

hauptet er: »Accipere fidem est voluntatis« (»Den Glauben anzunehmen ist eine freie Handlung«); auf der anderen: »Sed tenere fidem iam accceptam necessitatis« (»Aber wenn ihr Christ geworden seid, müßt ihr den Glauben behalten, das ist eine Notwendigkeit«). Man gestattet Ihnen nicht, sich abzuwenden, nicht mehr Christ zu sein. Wenn Sie den Glauben aufgeben, werden Sie zum Häretiker. Und das läßt sich in keinem Fall tolerieren! Der heilige Thomas analysiert ausführlich die Riten der Juden. Man muß ihnen gestatten, sie weiter zu befolgen. Aber wenn jemand konvertiert ist und anschließend wieder vom Glauben abfallen will: Das darf nicht toleriert werden!

Das entspricht der Situation, die immer noch in einigen islamischen Ländern existiert. Man erträgt dort die Anwesenheit von Leuten, die nicht dem Islam angehören. Aber wer dem Islam abschwört und gar eine andere Religion annimmt, muß mit der Todesstrafe rechnen. Als Muslim ist man dazu verpflichtet, es auch zu bleiben.

Weltweit trifft man auf zwei deutlich voneinander unterschiedene Haltungen. Auf der einen Seite gibt es die prophetischen Religionen, deren durch Propheten geoffenbarte Botschaft sich als der wahre, von Gott gewollte Glaube präsentiert, den man anzunehmen verpflichtet ist. Das gilt nicht nur fürs Christentum, sondern auch für andere Religionen. Das Judentum heute ist eine tolerante Religion, aber in der Bibel finden sich Aussagen, selbst bei Jeremias und Jesaja, die einen ganz anderen Ton anschlagen. Das gleiche gilt für den Islam, und wenn Sie die chinesische Geschichte kennen... Man glaubt stets, Konfuzius sei die Vernunft selbst. Im 9. Jahrhundert jedoch haben die Konfuzianer alle buddhistischen und auch alle sonstigen Klöster zerstört. Hingegen – und darum habe ich von zwei sehr unterschiedlichen Haltungen gesprochen – ist man im Buddhismus und stärker noch

im Sufismus davon überzeugt, daß es eine Einheit des Göttlichen gibt, die eine grundlegende Einheit ist, sich aber in verschiedener Weise ausdrücken kann. Der andere – die andere
Religion, die andere Person – nähert sich auf eine andere
Weise derselben Wahrheit, auch wenn er dabei die Wahrheit
nicht ebenso klar sieht. Die großen sufistischen Dichter, die
in der islamischen Welt von heute nicht gut angesehen sind,
schon gar nicht im Iran, haben uns sehr schöne Texte zu diesem Thema hinterlassen. Es gab einen Franzosen, der sie sehr
gut kannte: Henri Corbin.

Ich habe Corbin im Jahre 1933 im Hause Alexandre Koy-
rés kennengelernt. Wir feierten das Erscheinen der ersten
Ausgabe der Zeitschrift *Recherches philosophiques*. Das
Werk Heideggers hielt seinen Einzug in Frankreich. Für die
Recherches philosophiques hatte Corbin etwas von Heidegger übersetzt, einen Heidegger, der reichlich unschuldig und
aufgrund seiner so fremdartigen Formulierungen interessant
wirkte. Später jedoch hat Corbin all dies aufgegeben und statt
dessen zur Verbreitung des Islam beigetragen. Er interessierte sich für die Geheimphilosophie des Avicenna. Ein großer Herr, Henri Corbin! Er stotterte ein wenig und war deshalb nicht leicht zu verstehen. Er war davon überzeugt, daß
es eine Wahrheit, aber viele verschiedene Annäherungswei-
sen an diese Wahrheit gibt.

Wir haben es also mit zwei völlig voneinander verschiedenen Haltungen zu tun, dem Prophetentum und dem Universalismus. Um das Problem der Toleranz gleich auf den Begriff zu bringen: Die beiden Ansätze schließen sich aus. In
der Welt des Prophetentums geschieht es für das vermeintli-
che Wohl des anderen, für sein Heil, daß man ihm den rechten Weg weist. In den Augen der Universalisten hingegen beruht die Wahrheit nicht auf Prophetie.

*Wollen Sie damit sagen, daß die Idee der Toleranz, philoso-
phisch gesprochen, rasch zu Paradoxien führen kann? Bei
Locke oder bei anderen Autoren?*

Der *Brief über die Toleranz* wurde, wie man weiß, im Jahr
1685 auf Lateinisch geschrieben und möglicherweise 1686
vollendet. 1689 jedenfalls wurde er veröffentlicht. Zwischen
der Niederschrift und der Veröffentlichung verstrich eine ge-
raume Zeit. Während seines ganzen Lebens, fast bis zu seinem Tod, wollte Locke nicht als der Autor dieses Textes gelten, denn er mochte weder Kontroversen noch Angriffe.
Aber er wußte, daß man den Text ins Englische übersetzte. Er
schrieb, sein holländischer Freund habe erfahren, daß eine
englische Übersetzung vorliege. Diese Übersetzung wiederum erschien ebenfalls 1689, sehr rasch nach dem Original.
Den Übersetzer kennt man gut, er hieß Popple, war der
Neffe des großen Dichters Andrew Marvell, ein sehr gebildeter Kaufmann und ein Mann mit sehr ausgeprägter unitaristi-
scher Überzeugung. Popple hat seiner Übersetzung noch ein
Vorwort hinzugefügt. Ein italienischer Schriftsteller stellte
die Vermutung an, Locke selbst habe die Übersetzung wie
auch den berühmten Prolog angefertigt, der die Maxime enthält: »Absolute liberty, nothing but liberty. This is what we
stand in need of« (»Absolute Freiheit, nichts als Freiheit. Das
ist es, was wir brauchen.«). Eine große Hymne auf die Freiheit, gewiß. Aber wenn man Locke ein wenig kennt, weiß
man, daß dies das Gegenteil von dem ist, was er sagt. Für absolute Freiheit plädiert er keineswegs. Gleichwohl war dieser
Philosoph, der nichts von einem Revolutionär hatte, der tiefen Überzeugung, daß der Staat sich nicht in alles einmischen
dürfe, und der Wunsch nach Freiheit kommt im *Brief über
die Toleranz* hinlänglich deutlich zum Ausdruck. Zunächst
bestimmt Locke die Grenzen der staatlichen und der kirchli-
chen Macht. Die Kirche ist ein Zusammenschluß, der auf
Freiwilligkeit beruht.[8] In ihrem Inneren kann sie tun, was sie

will: Sie kann Mitglieder ausschließen, das ist ihr Recht. Die Aufgabe des Staates besteht darin, die öffentliche Sicherheit zu gewähren und für die Einhaltung der Gesetze zu sorgen, aber mit der Religion hat er nichts zu tun. Kirche und Staat sind demnach scharf voneinander getrennt. Gewiß, es war nicht eigentlich Locke, der diese Idee erfunden hat. Wenn man die englische Geistesgeschichte studiert, so stößt man auf Vorstellungen, die, schon lange vor ihm, vielleicht nicht mit derselben Präzision, sinngemäß jedoch das gleiche ausdrücken, beispielsweise bei Milton.

Ebenso findet sich in Amerika ein wichtiger Autor, Roger Williams, der meines Wissens niemals ins Französische übertragen wurde und den ich schon immer in meine Buchreihe aufnehmen wollte. Williams war ein anglikanischer Geistlicher aus Massachusetts und lebte dort unter Puritanern. Er empörte sich gegen ihre Diktatur in Glaubensfragen. Sie, die England verlassen hatten, weil sie die Vormachtstellung der anglikanischen Kirche nicht dulden wollten, gehörten nachher zu den Intolerantesten. Nachdem sie sich in Massachusetts angesiedelt hatten, wo sie eine enorme Macht besaßen, ließen sie keinerlei Opposition in Glaubensfragen mehr gelten. Roger Williams mußte also fliehen und lebte anschließend in Rhode Island. 1644 schrieb er gegen die Puritaner ein äußerst wichtiges, jedoch kaum bekanntes Werk: *The Bloudy Tenant of Persecution in Cause of Conscience.*[9]

In Holland stand Locke Arminiern nahe, die an die universelle Gnade und die Harmonie zwischen den Geboten Gottes und der menschlichen Freiheit glaubten. Locke fühlte sich von ihren gemäßigten Vorstellungen und von der Devise des Episcopius angezogen: »In necessariis unitas, in dubiis libertas, in omnibus caritas« (»Im Notfalle: Einheit; im Zweifelsfalle: Freiheit; in allen Fällen: Barmherzigkeit«).

Vor allem war Locke der Auffassung, der Staat dürfe keinen geistigen Zwang ausüben. Allerdings kennt das Toleranzgebot seiner Ansicht nach vier Ausnahmen. Erstens kann der Staat keine Praktiken tolerieren, die der Moral, den guten Sitten zuwiderlaufen... Er definiert zwar nicht, was die guten Sitten seien, aber sie jedenfalls stellen eine Sphäre, einen Bereich dar, der keine Toleranz zuläßt. Zweitens darf man diejenigen nicht tolerieren, die ihrerseits ihre Ideen anderen aufzwingen wollen. Drittens darf man die Katholiken nicht tolerieren.[10] Locke ist in diesem Punkt nicht originell. Milton sagt dasselbe. Nicht etwa, weil man das Credo der Katholiken sonderlich schockierend fand, sondern weil die Katholiken einem ausländischen Kirchenfürsten unterstehen und deshalb eine Bedrohung für den Staat, für die Gemeinschaft darstellen. Wenn man sich die Religionskriege vor Augen hält und bedenkt, daß die Spanier, sobald sie ein Territorium erobert hatten, dort den Katholizismus mit Gewalt durchsetzten, so kann man dies ein wenig verstehen. Rom war militant. Die katholischen Kirchenfürsten erzwangen den Katholizismus. Von daher also die Überlegung: Die Katholiken unterstehen dem Papst, der ein ausländischer Herrscher ist, folglich keine Katholiken!

Die vierte – gleichermaßen inakzeptable – Ausnahme betrifft die Atheisten, denn im Denken Lockes ist der Atheist ein Mensch, der seinen Eid mißachtet und demnach Verträge nicht einhält. Der Atheist ist ein Mensch bar jeglicher Moral.[11]

Ohne Glauben und Gesetz?

Genau. Es handelt sich hier um eine sehr wichtige Einschränkung der Toleranz innerhalb des Lockeschen Gedankensystems. Die den Katholiken geltende Einschränkung ist zeitbedingt und daher weniger bedeutungsvoll. Sie erklärt sich aus der politischen Situation. Aber die auf die Atheisten gemünzte Einschränkung ist nicht zeitbedingt, sondern resultiert aus Lockes Definition des Atheismus. Die Achtung vor Verträgen und die guten Sitten sind mit der Religion verbunden. Es liegt auf der Hand, daß die Lockesche Konstruktion etwas Problematisches hat. Auf der einen Seite sagt er, der Glaube an Jesus Christus bilde die Grundlage für jegliche Moral. Auf der anderen Seite – insbesondere im dritten Teil des *Briefes über die Toleranz* – behauptet er, die Zustimmung des Herzens und das daraus folgende Verhalten stifteten die Grundlage für Religion. Hier finden sich sehr eindrucksvolle Ausführungen, in denen er keineswegs von Christus spricht. Es bleibt also bei Locke etwas Ungelöstes. Er glaubt, die Existenz Gottes sei erwiesen und lasse sich rational unter Beweis stellen. Die Existenz Gottes zu leugnen widerspreche demnach aller Intelligenz und sei daher ein Akt bösen Willens. Der Atheist ist mithin jemand, der die Wahrheit nicht wahrhaben will. Diejenigen, die Gott nicht anerkennen wollen, sind entweder Dummköpfe – und im allgemeinen sind sie das nicht – oder Bösewichte. Lockes Toleranz-Konzeption basiert, trotz der großen Bedeutung, die sie bis ins 18. Jahrhundert hinein hatte, auf einer völlig unzulänglichen gedanklichen Grundlage.

Wollen Sie damit sagen, daß die Grundlage nicht vollständig vernünftig ist?

In gewissem Sinne kann es nach Locke nicht die Aufgabe des Staates sein, sich in Glaubensangelegenheiten einzumischen. Diese Position ist natürlich, historisch gesehen, ein enormer Schritt. Nach der Reformation galt zunächst das große Prinzip *cujus regio, ejus religio.* »Wessen das Land, dessen die Religion« – so lautete der Grundsatz des Augsburger Religionsfriedens zwischen den Katholiken und den Protestanten im Jahre 1555. Diejenigen, die nicht die Religion des jeweiligen Landesherrn anerkennen wollten, erhielten damit das Recht auszuwandern. Der Staat bestimmt die Religion: Wem dies nicht paßt, der kann ja gehen. Das Edikt von Nantes, das Heinrich IV. Ende des 16. Jahrhunderts in Frankreich erließ,

gestand hingegen den Hugenotten das entscheidende Recht
zu, ihre Religion auf französischem Boden auszuüben. 1685
jedoch wurde, wie jeder Schüler in Frankreich weiß, das
Edikt von Nantes wieder aufgehoben. Folglich verstreuten
sich die Hugenotten nach Deutschland, nach Holland, nach
England...

*Und nach Genf, wohin sie die französische Uhrmacherkunst
brachten!*

Die Schweizer Kuckucksuhr rührt von den Verfolgungen
her! Im Jahr 1685 tritt in Frankreich wieder das Prinzip *cujus
regio, ejus religio* in Kraft, und die königliche Macht zwingt
dem Land erneut den Katholizismus auf. Die Suprematie des
Staates, sein Recht, die Religion vorzugeben, war zur Zeit
Lockes politische Realität. Im selben Jahr 1685, in dem das
Edikt von Nantes aufgehoben wird, schreibt Locke den *Brief
über die Toleranz* und erklärt, daß der Staat nicht das Recht
habe, sich in Religionsangelegenheiten einzumischen. Es gab
bereits Bestrebungen in dieser Richtung, aber Locke hat den
Gedanken systematisch niedergelegt, indem er die Rolle des
Staates exakt bestimmte. Ihm zufolge wacht der Staat über
die öffentliche Sicherheit. Die Kirche hat eine ganz andere
Rolle. Deshalb behaupte ich, daß es sich hier um einen ganz
wichtigen Schritt in der Menschheitsgeschichte handelt, der
als solcher im 18. Jahrhundert auch erkannt wurde. Auch
wenn die Begründung, philosophisch gesprochen, nicht
wirklich standhält, so läßt sich doch mit Blick auf die Toleranz nicht leugnen, daß diese Epistel eine Etappe markiert.

*Dennoch hätte Locke bei verschiedenen Autoren, die sich vor
ihm mit der Frage der Toleranz befaßt hatten, Texte und
Konzeptionen finden können, auf denen aufbauend eine weiter gefaßte Definition von Toleranz oder eine nuanciertere
Haltung gegenüber dem Atheismus denkbar gewesen wären.*

Was den Atheismus angeht, so erklärt sich diese Einschränkung aus Lockes eigener Philosophie. Ihm zufolge hängen
Moral und Religion eng miteinander zusammen, die Religion
ist die Grundlage der Ethik. In dieser Hinsicht unterscheidet
er sich beispielsweise von Pierre Bayle, der – trotz der Arbeiten von Elisabeth Labrousse[12] – in Frankreich verkannt wird.
Diese exzellente Historikerin und gute Protestantin sieht in
Bayle den großen Fideisten. In seinen Augen läßt sich Religion selbstverständlich nicht in der Vernunft, sondern nur im
Glauben begründen. Alle seine Argumente richten sich gegen eine rationale Begründung des Glaubens, und der unmittelbare Glaube steht deshalb um so höher. Wenn Sie sich mit
Bayle befassen, müssen Sie sich die Mühe machen, die aus-
ufernden Notizen in seinem *Dictionnaire*[13] zu lesen. Hierzu
hat mein Freund Michel Paradis eine exzellente Arbeit verfaßt, in der das Wesentliche steht.[14] Gegen den Atheismus
kann man nichts vorbringen, weil man die Religion nicht beweisen kann. Jede Religion ist so gut wie die andere. Es gibt
hier kein vernünftiges Argument, sondern eben den Glauben. Aber dieser Glauben ist eine persönliche Angelegenheit.
Wenn man nicht sagen kann, daß eine Religion besser sei als
die andere, muß auch die Haltung des Atheisten allgemein
anerkannt werden. Dies ist bereits in der *Lettre sur la
comète*[15] sinnfällig, wird aber vollkommen deutlich in dem
großartigen *Commentaire philosophique sur les mots de
l'Évangile »Compelle intrare«*. Es handelt sich um ein Werk
von gewaltigem Umfang. Ich hätte es gerne ediert, aber das
ist unmöglich. Bayles großer Fehler besteht darin, daß er zuviel schreibt, zuviel spricht. Er läßt sich schwer zusammenfassen, seine Vorstellungen sind jedoch völlig einleuchtend.
Er gibt eine äußerst klare, von Locke sehr abweichende Definition von Toleranz. Die beiden kannten sich. Zumindest
wußte der eine, wer der andere ist. Ob sie in Rotterdam wirklich einander begegnet sind? Daß sie miteinander gesprochen
hätten, ist nicht belegt, aber es gab gemeinsame Bekannte wie

den Händler und Quaker Furley. Auf jeden Fall kannte der eine das Werk des anderen. Bayle spricht lobend von Locke. Locke schätzt Bayle. Dennoch besteht ein Abgrund zwischen beiden. Bei Bayle finden sich wirklich die Grundlagen des heutigen Toleranzgedankens. Meiner Ansicht nach haben wir Bayle nicht hinreichend Gerechtigkeit widerfahren lassen.

Um noch einmal auf Ihre Buchreihe Philosophie et Communauté mondiale *zurückzukommen: Sie haben noch nicht erläutert, wie Ihre – aus dem Krieg resultierende – Erfahrung in Ihnen die Überzeugung genährt hat, daß in einer gewissen Zahl von autoritär regierten Ländern die Studie Lockes quasi im therapeutischen Sinne heilsam sein könnte.*

Nicht nur Locke. Ich war der Auffassung, daß man Lehrern wie Schülern wichtige Texte zur Verfügung stellen müsse, in denen sich eine gewisse Tradition ausspricht. Nennen wir sie die Tradition der Toleranz, aber letztlich handelt es sich um den noch fundamentaleren Glauben an die Möglichkeit einer rational geführten Diskussion, um den Wunsch, den anderen zu verstehen und mit ihm auf der Grundlage des Verständigungswillens zu diskutieren. Zunächst ging es darum, eine Liste solcher Texte zu erstellen; Locke spielt hier freilich eine gewichtige Rolle, aber auch Asoka, von dem ich vorhin schon gesprochen habe, sowie ein dritter Autor: Sébastian Chatillon, auch Castellio genannt, der gegen Calvin das Recht auf Häresie begründet hat. Chatillon war Franzose.[16] Man behauptet, er sei Savoyarde gewesen, doch kam er aus dem Département de l'Ain. Von ihm stammt der wichtige Text *L'épître à la France désolée*, in dem er eine erste Definition von Häresie abgibt und das Recht, zweifeln zu dürfen, begründet. In seinem Buch *De haereticis an sint persequendi* wirft er die Frage auf: »Wer ist Ketzer?« Seine Antwort lautet: »derjenige, der anders denkt als wir«, wobei er hinzufügt, daß weder Kirche noch Staat das Recht haben, jenen zu verfolgen.

Im kommunistischen Polen war das Buch nach sechs Wochen ausverkauft. Polen kann auf eine Tradition der Toleranz zurückblicken, die bis ins 16. Jahrhundert reicht. Im sonstigen Europa setzte man das Prinzip *cujus regio, ejus religio* durch, nicht jedoch in Polen. Im 16. Jahrhundert war Polen das große Land der Toleranz, in dem man alle Sekten zuließ, selbst die Sozinianer, die die Dreifaltigkeit leugneten. Später sollte sich das ändern.

Madame Irena Kronska, die für die Reihe der Klassikerausgaben des staatseigenen Verlages zuständige Lektorin, war eine bemerkenswerte Frau, Dichterin und Ehefrau eines Philosophen. Sie kam nach Oxford. Leider hatte sie Krebs. 1973 bin ich ihr begegnet, bevor ich zum Kongreß von Warna fuhr. Sie war gehalten, nach Polen zurückzukehren, und starb dort. In das Buch von Chatillon hat sie eine fotokopierte Seite eingefügt, die die Inschrift *liber prohibitus* trug! Auf italienisch lautete der Buchtitel *Glaube, Zweifel und Toleranz*.

»Liber prohibitus«? Heißt das, daß das Buch im 17. Jahrhundert verboten war und daß Madame Kronska den Stempel des Verbots reproduziert hat? Das ist sehr raffiniert.

Selbstverständlich, sie wollte damit auf die Ansprüche der Kirche sowie des Regimes im 20. Jahrhundert anspielen. Heute, da wir in Ruhe die Geschichte der kommunistischen Regime in Mitteleuropa schreiben können, sollte man vielleicht eines anerkennen: In gewissen Fragen, insbesondere was klassische Autoren anbetrifft, ließen sie den Lektoren zumeist freie Hand. Es war nicht besonders erstaunlich, daß man in Polen wichtige Dinge wie John Locke veröffentlichen durfte.

Der beste Beweis dafür ist, daß die ungarische Akademie während der Zeit des Kommunismus um die Genehmigung

bat, eine zweite Auflage des Locke-Buches mit meinem Vorwort drucken zu dürfen, obgleich es sich um einen Text handelte, der nicht eben gut in ein kommunistisches Regime
paßte. Diese zweite Auflage stammt aus dem Jahr 1982, die
erste war einige Jahre zuvor gedruckt worden. Wie Sie sehen,
waren wir mit der Verbreitung dieser Texte in mehreren Ländern ganz erfolgreich.

Auch der in Frankreich wenig bekannte Anthony Collins
wurde in der Reihe *Philosophie et Communauté mondiale*
veröffentlicht, allerdings nur auf englisch, italienisch und
deutsch.

*Hätte Nikolaus von Kues es nicht auch verdient, dort zu er-
scheinen?*

Ja, das soll er auch, aber ich brauche Zeit, meine Edition des
lateinischen Textes durch eine Übersetzung zu ergänzen. In
dem wunderbaren Text *De pace fidei* begegnen wir erneut
dem Problem der Toleranz. Kennen Sie die Situation, in der
er geschrieben wurde? Nach dem Fall von Konstantinopel
herrscht 1453 im gesamten Abendland, vor allem aber in Italien, großes Durcheinander. Man weiß am päpstlichen Hof,
daß der große Eroberer Sultan Mahomet II. jeden Tag die
Landkarten Italiens studiert, und fürchtet eine Invasion. Was
tun? Unter den Kardinälen im Vatikan wird die Idee eines
Präventivkrieges geboren. Wenige Jahre später, quasi zur
gleichen Zeit, wird der Buchdruck erfunden. Unter den ersten gedruckten Büchern befinden sich auch die *Türken-
briefe*, die die Fürsten Europas dazu aufrufen, etwas zu unternehmen, das heißt: einen Präventivkrieg zu führen. Man
sendet Emissäre nach Deutschland. Und in dieser Situation
verfaßt der Kardinal Nikolaus von Kues, statt sich an der
Propaganda für einen Präventivkrieg zu beteiligen, sein Buch
Über den Frieden im Glauben (De pace fidei).[17] Das Buch berichtet von der Vision eines Mannes, den die traurige Nach-

richt vom Fall Konstantinopels und von den im Namen der
Religion begangenen Grausamkeiten erreicht hat. Er stellt
sich vor, wie sich im Herzen der Welt, das heißt: in Jerusalem,
die Vertreter verschiedener Länder und verschiedener Religionen versammeln, wie ein Hindu, ein Jude, ein Araber, ein
Spanier, ein Deutscher, ein Engländer, wie die Gelehrten der
wichtigsten Länder und wichtigsten Religionen unter dem
Vorsitz des göttlichen Wortes, des Logos zusammenkom-
men. Jeder der Gelehrten spricht von seiner eigenen Religion.
Man möchte schauen, ob sich nicht ein Mittel finde, um den
im Namen der Religion begangenen Greueltaten ein Ende zu
bereiten. Und man ist der Meinung, daß »una est religio in rituum diversitate... una veritas in diversis signis resplendet«
(»hinter der Verschiedenheit der religiösen Bräuche nur eine
Religion besteht... eine Wahrheit, die in verschiedenen Er-
scheinungsformen erstrahlt«). Das tiefste Fundament ist eine
Einheit, die auf ganz verschiedenen Wegen erreicht werden
kann. Die religiösen Bräuche mögen unterschiedlich sein,
doch laufen sie alle auf das gleiche Ziel hinaus: dem Einen
Gott zu huldigen und zu dienen. Und trotz des Wider-
spruchs der Juden gegen die Dreifaltigkeit müssen alle im
Grunde einsehen, daß Gott zugleich einer und drei ist. Resultat: keine Religionskriege mehr.

Ich veröffentlichte auch die Korrespondenz des Nikolaus
von Kues mit Juan von Sevilla, der sich in einem bestimmten
Augenblick dem Papst widersetzt hat. Der Erzbischof von
Sevilla war ein sehr gebildeter Mann, der von der vornehmen
Gesellschaft und den Streitigkeiten um das Konzil von Basel
genug hatte, sich ins französische Departement Haute-
Savoie zurückzog und dorthin einen sehr gelehrten Moslem
kommen ließ, den Vorsitzenden der Gemeinschaft von Sego-
via. Gemeinsam machten sie sich daran, den Koran zu übersetzen: Der Moslem übertrug das Arabische ins Kastilische,
also ins Spanische, und der andere übersetzte vom Spani-
schen ins Lateinische. *Alcoran trilingue.* Ihr Ziel war, die Ele-

mente herauszufinden, die der Einheit dienen könnten. Und es wurde uns ein schöner Briefwechsel zwischen Nikolaus von Kues und Juan de Sevilla hinterlassen. Er ist von der Vorstellung durchdrungen, daß man nicht mit Schwertern, sondern mit Geist und Argumenten Frieden stiftet, den Frieden im Glauben. Auf der einen Seite kommt die Absicht zum Ausdruck, den Frieden mit Hilfe der Überzeugung und nicht mit Waffen herbeizuführen: Man muß den Sultan überzeugen. Also schreibt der Papst einen Brief an den Sultan, um ihn zu überzeugen – einen Brief, der erhalten blieb. Man kann dazu sagen: Das ist wunderbar, schaut her, welche Toleranz! Aber auf welcher Basis? Offensichtlich wollen wir alle das gleiche, den Glauben an Gott in der aufrichtigsten Weise. Es bedarf der Einheit, aber diese Einheit gründet auf der anderen Seite offensichtlich auf der Wahrheit des christlichen Glaubens. Der wichtige Punkt bei Nikolaus von Kues besteht darin, daß er den Kultus für zweitrangig hält. *Una est religio in rituum diversitate* – das ist die große Maxime. Die Riten sind nicht wichtig. Hierin unterscheidet er sich von der Praxis der Kirche, dennoch basiert auch bei ihm diese Einheit auf der christlichen Wahrheit.

Er möchte zeigen, daß letztlich alle intelligenten Wesen diesem Prinzip zustimmen müssen. In der zweiten Hälfte des 15. Jahrhunderts findet man diesen Gedanken in Florenz bei Pico della Mirandola wieder. Auch hier ist die Rede von einer sehr tief reichenden Einheit. Er unterstellt zugleich, daß sich die Wahrheit in der christlichen Religion besonders und in den anderen nur unvollständig ausdrückt. Er gesteht zu, daß alle Religionen dasselbe wollen, und behauptet nicht, daß eine der anderen überlegen wäre. Das ist eine Entdeckung, die bereits die antiken Völker gemacht hatten, und diese alte Weisheit bildet selbst eine Überlieferung, in der eine tiefe Einheit sichtbar wird. Ich habe gezeigt, daß man Nikolaus von Kues während des Dreißigjährigen Krieges ins Deutsche übertragen hat und sich seiner bedienen wollte, um zu zeigen, daß sich die Kriegsparteien gegenseitig abmetzeln, weil sie jene Einheit verachten.

Es bedurfte einer gewissen Zeit, bevor man das pazifistische Denken des Nikolaus von Kues wiederentdeckt hat.

Das stimmt, erst im 18. Jahrhundert wurde Nikolaus von Kues von Lessing wiederentdeckt, der *De pace fidei* übersetzen lassen wollte. Ist es nicht erstaunlich, daß man sich nicht schon zuvor gedanklich damit beschäftigte? Lessing arbeitete an seinem Stück *Nathan der Weise*, dem großen Theaterstück über die Toleranz, in dem die Vertreter der drei großen Religionen darin übereinkommen müssen, daß die Wahrheit eine sei, aber daß wir nicht wissen, in wessen Besitz sie ist. Diese Vorstellung paßt nicht wirklich zum Denken des Nikolaus von Kues, da für diesen selbstredend das Christentum die Wahrheit darstellte. Sie kennen die Ringparabel.[18] Was will sie aus der Sicht der Kirche besagen? Beim Tod des Vaters gleichen sich die drei Ringe untereinander völlig. Welcher ist der echte? Man kann es unmöglich sagen. Öffnet das nicht dem Relativismus Tür und Tor? Welche ist die richtige Religion? Man kann es nicht wissen, deshalb muß man sie alle drei zulassen. Das Gleichnis von den drei Ringen findet sich schon bei Boccacio, Lessing hat es zur Grundlage seines Stückes gemacht.

Das Standbild des Nathan steht vor dem Hause Lessings in Wolfenbüttel, gegenüber der Herzog-August-Bibliothek, der wunderbaren Bibliothek der Herzöge von Braunschweig, in der erst Leibniz, dann Lessing als Bibliothekare angestellt waren. Ich fahre fast jedes Jahr zum Arbeiten dorthin. Die Bibliothek ist schon als solche, aber auch dank der Organisation und ihres Reichtums ein Paradies für jeden Forscher. Ihr Glanz nahm unter dem Wirken des ehemaligen Direktors Dr. Paul Raabe noch weiter zu. Sie wurde durch ein Forschungsprogramm, Vorlesungen, Kongresse und Veröffentlichungen ergänzt und so zu einer einzigartigen Institution. Das Forschungsprogramm wurde von einer bemerkenswerten Frau, Sabine Solf, geleitet, die mit ihrer herzlichen Intelligenz viel zu der freundlichen Atmosphäre beitrug.

Unterscheidet sich die zeitgenössische Situation in Hinblick auf Toleranz von der Vergangenheit?

Nach all diesen historischen Überlegungen ist es wichtig, zu erkennen, daß sich das Problem der Toleranz und ihrer Schranken heute noch immer stellt; allerdings hat sich das Thema ihrer Grenzen weiterentwickelt. Auch wenn in bestimmten Ländern die Religion noch immer der Bereich ist, in dem Toleranz geübt werden müßte, so spielt Toleranz in den westlichen und vorgeblich demokratischen Gesellschaften eher auf dem breiten Feld der politischen Überzeugungen und des sozialen Verhaltens eine Rolle. Ein kurzer Blick auf die aktuellen Kontroversen in der Gesellschaft genügt, um sich davon zu überzeugen. Muß man Abtreibung tolerieren? Homosexuelle in der Marine? Eine tendenziöse Umschreibung der Geschichte? Pornographie? Den freien Zugang zu Drogen?

Ist grenzenlose Toleranz vorstellbar? Zwei Überlegungen drängen sich auf: Es ist klar, daß sich Toleranz nicht auf die Intoleranz erstreckt; umgekehrt riskiert grenzenlose Toleranz, zur Intoleranz zu führen.

Auf der einen Seite setzt die Achtung vor dem Recht des Anderen voraus, daß man dessen Mißachtung nicht toleriert. Auf der anderen Seite kann grenzenlose Toleranz, beispielsweise gegenüber dem Entfachen von Haß, in Gewalt ausarten. Schließlich muß Toleranz in einem Dialog stattfinden, in einer – darauf muß man bestehen – »wechselseitigen Anerkennung der menschlichen Würde«, und jeder Diskurs über Toleranz ist vergeblich, wenn er sich nicht auch mit ihren Grenzen befaßt.

10 Das Internationale Institut für Philosophie

Im Laufe Ihrer nahezu fünfzig Jahre währenden Tätigkeit am Internationalen Institut für Philosophie haben Sie sich tatkräftig für die Arbeit des Instituts und für seine Publikationen eingesetzt, in denen sich das engagierte Bemühen der Philosophie um einen Beitrag zum Frieden widerspiegelt.

Gegründet wurde das Internationale Institut für Philosophie beim Descartes-Kongreß 1937 in Paris. Philosophen aller Länder nahmen daran teil. Als Hauptinitiator von französischer Seite trat der Platoniker Léon Robin auf, es waren aber auch andere französische Gelehrte wie etwa Émile Bréhier sowie einige ausländische Philosophen daran beteiligt. Bescheiden erhielt die Institution den Namen eines Instituts, nicht einer Akademie, obgleich es sich um eine solche handelt, denn wer Mitglied werden will, kann sich nicht einfach einschreiben, sondern muß vorgeschlagen und gewählt werden. Die Anzahl der Mitglieder ist begrenzt. Zunächst lag sie bei hundert, später hat man die Statuten verändert und – weil das Institut wirklich international werden und sich auf alle Kontinente erstrecken sollte – die Mitgliederzahl auf maximal einhundertfünfzehn erhöht.

Während des Krieges stellte das Institut die Arbeit ein. Sie hatte zuvor darin bestanden, eine internationale Bibliographie der Philosophie zu erstellen sowie regelmäßig über die Entwicklung in bestimmten Disziplinen der Philosophie Bericht zu erstatten. Erst einige Jahre nach Kriegsende konnten die Aktivitäten fortgeführt werden. 1947 fand ein erstes Treffen in Schweden statt. Die Schweden, insbesondere der Herausgeber der Zeitschrift *Theoria*, Ake Petzall aus Göteborg, haben sehr viel dafür getan, um das Projekt wiederzubeleben. Der Schwiegersohn Émile Bréhiers, Raymond Bayer, der über Ästhetik gearbeitet hat, wurde Sekretär. Man nahm die *Bibliographie* wieder auf, jedoch beschränkte sie sich damals auf ein bloßes Verzeichnis von Titeln. 1953 wurde das Institut auf ein wirklich internationales Fundament gestellt. Unter den Philosophen, die in dem sehr schönen Erasmus-Haus in Brüssel zusammenkamen, wählte man mit Bedacht diejenigen aus, die sich durch den Willen zu internationaler Zusammenarbeit, durch die Qualität ihrer Arbeiten und durch ihre Diskussionsfreudigkeit auszeichneten.

Zu diesem Zeitpunkt schlug ich vor, die Bibliographie umzustrukturieren. Eine Aufzählung von Titeln nutzt niemandem etwas. Meiner Ansicht nach bedurfte es – was sehr viel schwieriger ist – kurzer Inhaltsangaben zu den Publikationen sowie eines Zentrums für philosophische Bibliographie in jedem Land. Ich erhielt den Auftrag, dieses Vorhaben zu verwirklichen. Auf meine Initiative hin wurden in mehr als fünfzig Ländern solche Zentren geschaffen. Die *Bibliographie*, die von der UNESCO unterstützt wird, erscheint vierteljährlich – und zwar seit ihrer Gründung ohne Unterbrechung.

Die vom Institut herausgegebene analytische Bibliographie de la Philosophie *ist – angesichts der gegenwärtigen Inflation philosophischer Veröffentlichungen sowie ihres kaum mehr zu bewältigenden Umfangs – tatsächlich gerade deshalb besonders nützlich, weil ihre Analysen den Dingen auf den Grund gehen.*

In der Tat, der Leser kann sich, bei der Durchsicht einer klugen Zusammenfassung, rasch darüber klarwerden, ob ein Werk für seine eigenen Arbeiten wesentlich ist oder ob es eher zusammenfaßt, was bereits anderswo steht. Freilich hängt viel vom Berichterstatter, vom Bibliographen ab, der in der Lage sein muß, das Wesentliche zu benennen.

*Sie haben das Institut noch um weitere Publikationen berei-
chert.*

Die andere Aufgabe bestand darin, regelmäßig erscheinende
Berichte zu erstellen, das heißt: ein Organ zu schaffen, das
– wie ich es einmal formuliert habe – ein *logon didonai* sein
sollte, eine Art Rechenschaftsbericht über den aktuellen
Stand der Philosophie in allen ihren Zweigen und allen ihren
länderbedingten Varianten, also weltweit. Es gab, wie immer
in der Philosophie, Rivalitäten, insbesondere zwischen der
Philosophie der Mathematik und der Logik. So stellte sich
die Schweizer Schule unter der Führung von Ferdinand Gon-
seth, des großen Lehrers der ETH Zürich und Autors wichtiger Werke über die Philosophie der Geometrie, der holländischen Schule des berühmten Mathematikphilosophen
Luitzen E. J. Brouwer entgegen. Ich mußte die Leitung übernehmen, denn sie waren zwar mit mir, nicht aber untereinander zur Zusammenarbeit bereit!

Der erste Bericht dieser Art, *La philosophie au milieu du
vingtième siècle,*[1] der 1958 zum internationalen Philosophie-
Kongreß in Venedig erscheinen sollte, enthält bemerkenswerte Aufsätze. Insbesondere die Abteilung Wissenschaftsphilosophie, die den ersten Band ausmacht, wird häufig
zitiert. Dieser Band enthält den berühmten Aufsatz des holländischen Philosophen Ewert Willem Beth über die seman-
tischen Tableaus sowie die Zusammenfassung, die Niels Bohr
auf meine Bitte und in Beantwortung meiner Fragen unter
dem Titel »Physique quantique et philosophie. Causalité et
complémentarité« verfaßt hat. Der zweite Band befaßt sich
mit verschiedenen Aspekten der Philosophie, räumt allerdings der Sprachphilosophie einen besonderen Platz ein; der
dritte Band ist der Geschichte der Philosophie und der vierte
der Philosophie auf den verschiedenen Kontinenten gewidmet.

Als Repräsentant der Philosophie in China befaßte sich

der bekannte chinesische Philosoph Fung Yu-Lan in seinem Beitrag mit dem Marxismus-Leninismus in China und trat als Sprachrohr des Marxismus auf. Es war augenscheinlich, daß er selbst nicht daran glaubte, aber so handeln mußte. Auf der anderen Seite wurde der Marxismus auch von der sowjetischen Seite, von den eingeladenen russischen Philosophen, vorgestellt. Für mich war deutlich erkennbar, daß diese beiden Konzeptionen des Marxismus nicht auf Dauer konfliktfrei nebeneinander würden existieren können. Bei dieser Gelegenheit hätten die Philosophen den Diplomaten und Staatsmännern sagen können, daß die Allianz zwischen China und Rußland nicht lange währen würde. Die Diplomaten wollten derlei jedoch nicht glauben. Bald darauf aber mußten die russischen Ingenieure China verlassen, und es vollzog sich jener Bruch, der für alle vorhersehbar war, die einen philosophischen Text interpretieren können.

Diesen Berichten, die unter dem Titel *La philosophie au milieu du vingtième siècle* in vier Bänden erschienen, folgte 1968/71 anläßlich des Philosophie-Kongresses in Wien, ebenfalls in vier Bänden, das noch umfangreichere Werk *Contemporary Philosophy – La philosophie contemporaine*.[2] Ich hatte als Beiträger kompetente Repräsentanten der Philosophie aus allen Ländern und allen wesentlichen Schulrichtungen ausgewählt. Das Problem des Marxismus stellte sich erneut. Ich fragte mehrere bekannte Vertreter des marxistischen Denkens, was der Marxismus sei. Statt ihn zu widerlegen, war es viel interessanter, die Marxisten dazu aufzufordern, ihn zu bestimmen. Spätestens nach diesem vierten Band war hinreichend deutlich, daß man nicht mehr von *dem* Marxismus, sondern nur noch im Plural von Marxismen würde reden können. Derlei Lehren lassen sich ziehen, wenn man sich einen Überblick über die Philosophie als Ganzes zu verschaffen vermag.

1993 erschien unter dem Titel *La philosophie en Europe*[3] eine weitere Folge von Berichten, die sich mit dem aktuellen

Stand der Philosophie befaßte. Dieses Werk, das ich gemeinsam mit David Pears eingeleitet und herausgegeben habe, enthält einige bemerkenswerte Studien, von denen ich jedoch nur zwei hier erwähnen möchte: »Rendre à nouveau raison« über die Philosophie in Frankreich von Dominique Janicaud und »La philosophie en Allemagne« von Reiner Wiehl. Der Titel hatte im Buchhandel einen unerwarteten Erfolg, sogar, was erstaunlich ist, in Kanada – einen Erfolg, der über die schwere Geburt hinwegtröstete! Das Projekt war von der UNESCO initiiert worden, die sich leider statt mit einer finanziellen Hilfe aktiv an der materiellen Organisation beteiligte, weshalb dann die Fertigstellung der Bände Jahre dauerte und alle Beiträger ihre Manuskripte überarbeiten mußten, da diese im Laufe der Zeit veraltet waren. Das lange Warten erlaubte es allerdings, die Manuskriptstadien der russischen Philosophen vor und nach dem Zusammenbruch des sowjetischen Imperiums miteinander zu vergleichen; um die Änderungen zu beschreiben, die die jeweiligen Autoren vornahmen, wäre das Wort »Evolution« ein vorsichtiger Euphemismus.

Jedes Jahr organisiert das Institut eine Zusammenkunft in einem anderen Land. Seit wann?

Seit der Neugründung im Jahr 1953. 1954 hielten wir unsere Versammlung gemeinsam mit der der französischsprachigen philosophischen Gesellschaften in Grenoble ab. 1955 wurden wir nach Athen eingeladen, wo der König und die Königin darum gebeten hatten, an den Veranstaltungen des Instituts teilnehmen zu dürfen. Bei der Eröffnungssitzung in der Akademie von Athen teilte mir die Königin mit, daß der einzige anwesende Botschafter derjenige von Kanada sei. Es handelte sich um einen ehemaligen Professor der Geschichtswissenschaft. Das machte einen gewissen Eindruck. Die anderen Botschafter hatten jeweils einen Attaché gesandt. Wir

debattierten über Dialektik. Jedes Jahr stand das Zusammentreffen unter einem anderen Thema, und die Protokolle wurden von der Akademie oder der philosophischen Gesellschaft des jeweiligen Gastgeberlandes veröffentlicht. 1956
trafen wir uns in Paris und 1957 in Polen.

Mit dem polnischen Frühling zeichnete sich eine erste
Öffnung der Ostblock-Länder ab. Unter der Schirmherrschaft der polnischen Akademie begegneten sich erstmalig
Philosophen des Ostens und des Westens. Es waren die großen polnischen Philosophen anwesend, beispielsweise unser
Mitglied Tadeusz Kotarbinski, der Held des philosophischen
Widerstands, der zunächst Pilsudski die Stirn geboten hatte,
während des Krieges Hitler und anschließend Stalin. Die
Gründung der Untergrund-Universität geht auf Kotarbinski
zurück. Des weiteren traten bekannte Logiker wie Kazi-
mierz Ajdukiewicz, der große Philosoph der Ästhetik Roman Ingarden und der Historiker der Ästhetik Wladyslaw
Tatarkiewicz sowie viele andere berühmte Wissenschaftler
auf. Die russischen Philosophen waren ebenso vertreten wie
die chinesischen. Nach Abschluß des Kongresses brachte
man uns in einem nahezu unberührten Wald im Norden des
Landes in einem der kleinen Schlösser unter, das einstmals
dem Zaren und den deutschen und österreichischen Kaisern
bei der Jagd und später nach Kriegsende einflußreichen Ministern als Unterkunft gedient hatte. Auch Göring hatte dort
genächtigt – und nun die Philosophen. Erneut wurde deutlich, daß die Russen und die Chinesen einander aus dem Weg
gingen.

1958 fand der Weltkongreß in Venedig statt. 1959 wurde
das Institut nach Indien eingeladen, dessen Vizepräsident
Radhakrishnan zu den Mitgliedern gehörte. Wir wurden von
dem ehemaligen Maharadscha von Mysore, dem Philosophen Sri Jaya Wadijar Bahadur, eingeladen, einem Philosophen des Absoluten, einem Philosophen der alten Schule. Bei
seinem Buch *Dattatreya* handelt es sich um eine der letzten

Manifestationen, in der die große Tradition der indischen Mystik zum Ausdruck kommt.[4] Für *La philosophie au milieu de vingtième siècle* verfaßte er einen Beitrag über die Tradition der indischen Philosophie und über die »Weise, in der sie heute noch fortlebt«.

Ein wirklicher Maharadscha?

Ein wirklicher Maharadscha, aber vor allem ein beeindruckender Mann. Nachdem man die Feudalherrschaft abgeschafft hatte, wurde er zum Gouverneur ebender Provinz ernannt, deren Souverän er zuvor war. Auch der Maharadscha von Kaschmir, der sich für griechische Philosophie interessierte, nahm an der Versammlung teil, in der es zu fruchtbaren Diskussionen kam. Die nachfolgende Generation der Inder war in England, die noch jüngere in Amerika ausgebildet worden. Diese drei Generationen präsentiert der vierte Band von *La philosophie au milieu du vingtième siècle*. Humayun Kabir, der damalige Kulturminister und Vorsitzende des indischen Philosophiekongresses, schreibt darin über indische Philosophie wie auch der Indologe und damalige Erziehungsminister Srinivasa Chari. Nach dem Kongreß fuhr mich Kabir mit dem Auto durch Indien. Es gab also einen sehr interessanten Gedankenaustausch mit asiatischen Denkern.

Die iranischen Philosophen wandten sich an mich mit der Bitte, die Idee zur Gründung einer iranischen Akademie der Philosophie bei Farah Diba zu unterstützen – was ich auch tat. Die Akademie wurde gegründet, und ich wurde Mitglied. Sie existiert noch immer, auch wenn sie nicht mehr kaiserlich ist. Ob ich noch als Gründungsmitglied gelte? Ich weiß es nicht. 1975 wurde das Institut schließlich vom Iran eingeladen. Bei dieser Gelegenheit erinnerte ich an Chosroes, den König von Persien, der, nachdem Justinian die Akademie von Athen geschlossen hatte, den platonischen Philosophen

Gastrecht gewährte, und ich ging auf die Rolle ein, die Persien als Treffpunkt zwischen Ost und West gespielt hatte. Die Kaiserin lud uns zur Besichtigung der heiligen Stadt nach Mashhad nahe der Grenze zu Afghanistan ein und sprach dort über Plotin. Für sie begann die persische Kultur nicht erst mit der Hedschra, und diese Stellungnahme begünstigte einen Dialog, der heute leider sehr schwierig geworden ist.

Kann man sagen, daß das Institut während des Kalten Krieges eine bedeutende Rolle bei der Annäherung von Ost und West wie auch bei der Internationalisierung des philosophischen Denkens gespielt hat?

Das Institut hatte mit dem kommunistischen Imperium immer Schwierigkeiten. Man wollte uns ein Mitglied aus der UdSSR aufzwingen, was wir nicht akzeptierten; wir ließen diesen in der Hierarchie sehr hochstehenden Mann, einen offiziellen Philosophen, nur als assoziiertes Mitglied zu. Er war eines der wenigen assoziierten Mitglieder. Später wurde ein anderer als Mitglied aufgenommen. Man wollte uns weitere Personen aufdrängen, wir lehnten jedoch ab. Allerdings haben die Russen sich an der Bibliographie beteiligt. Das bibliographische Zentrum in Rußland arbeitete kontinuierlich und pünktlich. Natürlich gab es viele Veränderungen. Manche Funktionäre konnten sich halten. In *La philosophie contemporaine* sind russische Beiträge enthalten, darunter ein besonders erwähnenswerter, der des bekannten Logikers Alexander Sinowjew, der Rußland hatte verlassen müssen. Er spricht sich darin vorsichtig für die Einführung der analytischen Logik aus, die, wie man weiß, dem Einfluß von Mathematikern und Physikern, aber auch gewissen Militärs zu verdanken war, die die technische Entwicklung auf präzise Fundamente stellen wollten. Sie hat nach und nach ihren Platz neben der dialektischen Logik eingenommen, die unter Stalin zunächst als einzige toleriert worden war. Sinowjew

schrieb die brillante Satire *Gähnende Höhen*, in der er den
»hölzernen Jargon« der Parteifunktionäre imitiert.[5] Nach deren Erscheinen lebte er mehrere Jahre in Deutschland.

1987, anläßlich des 350. Geburtstages des *Discours de la
méthode*, zu Ehren Descartes' und möglicherweise auch zum
Gedenken seines Todes in Schweden, wurde das Institut von
der Akademie Schwedens eingeladen. Ich habe bei dieser Gelegenheit einen Vortrag über die Geschichte des Instituts gehalten. 1990 wurden wir dann nach Prag eingeladen, um das
Andenken Jan Patočkas feierlich zu begehen – einer großen
Persönlichkeit des 20. Jahrhunderts, auf die ich noch zu sprechen kommen werde.

*Worin besteht heute Ihrer Auffassung nach die besondere
Aufgabe des Instituts im Dialog zwischen Philosophen?*

Das Institut hat nicht nur Mitglieder in aller Welt – ich will
nicht sagen, in allen Ländern, denn es gibt solche, in denen
die Philosophie nicht sonderlich entwickelt ist –, sondern
auch Vertreter aus allen großen Schulen, die es in ihrer Unterschiedlichkeit somit auch repräsentiert. Es vereint also
Philosophen, die durch ihre Bücher über analytische Philosophie bekannt geworden sind, wie auch dezidierte Vertreter
der Metaphysik, und derartige Begegnungen sind stets
fruchtbar. Genau darin sehe ich die Aufgabe des Instituts:
den Dialog und das wechselseitige Verstehen zwischen den
Kulturen mit Hilfe der Philosophie zu fördern.

*Und auch die Kommunikation zwischen den unterschiedli-
chen geistigen Traditionen, zwischen der Gedankenwelt
Asiens und der des Abendlandes. Sie kannten Raimundo Panikkar gut?*

Er ist Mitglied des Instituts. Raimundo Panikkar kommt aus
einer bekannten indischen Familie. Sein Vater trat als einer

der ersten für die Unabhängigkeit Indiens ein, sein Onkel war ein berühmter Historiker. Seine Mutter stammt jedoch aus Katalanien, und so absolvierte er sein Studium in Spanien und promovierte dort in den Naturwissenschaften. Zugleich begab er sich allerdings auch immer wieder nach Benares, wo er das Leben eines frommen Hinduisten führte. Auf der einen Seite verkörpert er also Indien, auf der anderen ist er ein katholischer Philosoph. Sein Denken stellt eine Synthese zwischen Katholizismus und Hinduismus dar. Er war Professor für Religionsphilosophie in Santa Barbara in Kalifornien. Seitdem er nun im Ruhestand ist, lebt er an einem schönen Ort in den Bergen oberhalb von Barcelona und schreibt viel.[6] Ich lernte ihn kennen, als er in den sechziger Jahren Seelsorger für römische Studenten war und ich mich auf Einladung der dortigen Universität gerade in Rom befand. Ich traf ihn anschließend häufig bei Gesprächsrunden, die Enrico Castelli organisierte, der Verantwortliche für die Edition der Werke Campanellas, die unter der Schirmherrschaft seines Instituts für Philosophische Studien veröffentlicht wurden. Ebenfalls eine paradoxe Gestalt der italienischen Vergangenheit, ein Mann, dem von seiner Abstammung aus dem piemontesischen Adel her eine gewisse Arroganz eigen war und der sich doch zugleich als ein großer Meister des Dialogs erwies!

Sie haben während dieser langen Zeit noch andere herausragende Philosophen kennengelernt. Ich denke beispielsweise an Ihr Zusammentreffen mit Martin Buber in Israel im Jahre 1965.

Ich hatte Buber bereits kennengelernt, als ich noch jung war. Er lebte in Deutschland, ganz in der Nähe meiner Schule, in dem Nachbarstädtchen Heppenheim, und kam häufig zu Besuch. Später traf ich ihn bei einem meiner Besuche in Israel wieder, und er lud mich ein. Er hatte gemeinsam mit Franz

Rosenzweig die Bibel übersetzt. Gegenüber den Arabern nahm er eine sehr vermittelnde politische Haltung ein, das gefiel mir, und sein Werk interessierte mich, auch wenn die Erforschung der jüdischen Tradition nicht im Zentrum meiner eigenen Bemühungen stand. Sein Gegner, Gershom Scholem, lebte ebenfalls in Israel, war jedoch nicht Mitglied des Instituts. Die beiden konnten sich über nichts einig werden, weder über den Chassidismus noch über die hebräische Vergangenheit, geschweige denn über die israelische Gegenwart.

Was war der Hauptstreitpunkt zwischen den beiden?

Buber sah im Chassidismus, sagen wir einmal, mehr die mystische Seite, während Scholem ihn vor seinem historischen Hintergrund betrachtete. Er warf Buber eine zu abendländische Sichtweise vor. Darüber hinaus gab es tiefgehende politische Meinungsverschiedenheiten zwischen ihnen. Sie sahen die arabische Welt mit sehr unterschiedlichen Augen. Scholem hatte ich in der Bibliothek Warburg in Hamburg lange vor der Machtergreifung des Nationalsozialismus, ich glaube im Jahr 1926, kennengelernt. Ich sah ihn später mehrfach wieder, vor allem in Jerusalem, aber auch in Montreal, wo er einige Vorträge hielt.

Sind auch japanische und chinesische Philosophen im Institut vertreten?

Meine Kontakte mit japanischen Philosophen gehen auf meine Heidelberger Studienzeit zurück. Ich verdiente mir ein wenig Geld, indem ich japanischen Studenten Griechisch- und Lateinunterricht erteilte. So habe ich meinen Freund Seizo Ohé kennengelernt, dessen Andenken das Institut 1994 in Tokio ehrte. Auf meine Anfrage hin schrieb er sowohl für *La philosophie au milieu du vingtième siècle* als auch für *La philosophie contemporaine* über die Philosophie in Japan. Im Aufsatz für den letztgenannten Band führt er den Begriff des »in Hiroshima getauften Humanismus« ein, der in der jüngeren japanischen Philosophie bedeutsam wurde. Ein anderer meiner Schüler war Iwasaki, der die *Metaphysik* des Aristoteles ins Japanische übertrug. In Montreal lernte ich Toshihiko Izutsu kennen, einen großen Denker und Spezialisten für alle fernöstlichen Denktraditionen. Wir freundeten uns an, und auch er arbeitete an *La philosophie contemporaine* mit. Er schrieb sowohl über die Philosophie des Zen-Buddhismus als auch über Poesie und Philosophie in Japan. Zu Beginn der siebziger Jahre luden mich Ohé und Izutsu nach Japan ein, wo ich an der Universität Keio in Tokio und an der Universität Tokio Vorlesungen hielt.

Ich schlug beide als Mitglieder für das Institut vor, und daraus erwuchsen solide und fruchtbare Bande. Während meines Aufenthalts in Japan lernte ich Imamichi kennen, den Gründer des Instituts für vergleichende Philosophie und Ästhetik in Tokio, das häufig westliche Denker nach Japan einlädt. 1996 wurde Imamichi zum Präsidenten des Internationalen Instituts für Philosophie gewählt.

Was China anbetrifft, sind die Kontakte nach dem Tod von Fung Yu-Lan hingegen schwierig geworden.

Könnte man sagen, daß es ein Wesensmerkmal des Instituts ist, sich für die Freiheit der philosophischen Arbeit und die Verständigung unter den Kulturen einzusetzen, oder glauben Sie, daß dieses Ziel nur aufgrund der historischen Umstände in den Vordergrund trat? Auch wenn der Kalte Krieg keine Rolle mehr spielt, so scheint mir doch mehr denn je eine Annäherung der Kulturen und Traditionen geboten zu sein, und Sie haben in Ihrem ganzen Leben viel an einer solchen Annäherung mitgearbeitet.

Dieses Institut möchte nicht nur Kongresse organisieren; sein Anspruch reicht weiter. Es handelt sich darum, unterschiedliche Lehrmeinungen, unterschiedliche Denkweisen miteinander zu konfrontieren. Das Ziel besteht darin, den wesentlichen Gehalt verschiedener Denkweisen herauszuarbeiten, sie koexistieren zu lassen und einen echten Dialog zwischen ihnen zu stiften. Das ist keineswegs immer von Erfolg gekrönt, häufig sogar äußerst schwierig, denn es gibt analytische Philosophen der strengen Observanz, die einen Gegensatz zwischen weicher, schwacher und andererseits harter Philosophie kreieren, als handele es sich hier um zwei unterschiedliche Formen. Wie Sie wissen, hat man als Reaktion darauf in der heutigen Philosophie das fließende, schwache Denken kanonisiert.

Ja, das unseres Freundes Gianni Vattimo.

Dennoch gelingt es stets, eine Diskussion in Gang zu bringen, auch wenn sie nicht immer so tiefgründig wird, wie man sich das gewünscht hätte.

Man kann sagen, daß das Institut zu seinen Mitgliedern immer Personen zählen konnte, die – wie Sie, wie Jean Wahl und Paul Ricœur – in ihren Werken auf philosophische Strenge achten und zugleich der Philosophie eine prophetische Rolle zusprechen möchten, das heißt: eine Vermittlerrolle mit moralischem Impetus.

Man trifft dort gewiß auf einen großen Philosophen wie beispielsweise Jaakko Hintikka oder auf einen Meister der analytischen Schule wie W. V. O. Quine – was eine vorzügliche Bereicherung ist, denn die Forderung nach Strenge hat ihre Berechtigung; man muß in der Philosophie stets darauf achten, daß eine gewisse Strenge eingehalten wird. Philosophie muß mehr sein als intelligente Konversation – wozu sie in gewissen Kreisen der amerikanischen Philosophie, zumal in der billigen Neuauflage des amerikanischen Pragmatismus, verkommt.

Eine Philosophie, die nur Strenge verkörperte und sich ganz auf ein naturwissenschaftliches oder szientistisches Programm beschränkte, würde jedoch ihre kritische und prophetische Seite aufgeben.

Sicher. Dann gäbe es keinen Inhalt, keine Zielsetzung mehr. Bestünde Philosophie aber umgekehrt nur aus Inhalt ohne Strenge, so gäbe es keine Diskussionsmöglichkeit mehr, denn alle Diskussion setzt eine von allen respektierte Basis voraus – man unterwirft sich, wie Platon sagt, dem Logos. In jener neuen amerikanischen Sichtweise, die ihre Anhänger an bestimmten Universitäten hat, verbündet man sich mit dem, was in den Zeitungen als Postmoderne bezeichnet wird. Eine gute Diskussion ist da jedoch gefährdet, wo der vernünftige Dialog sich auf den Ausdruck von Gefühlen reduziert.

Weil man das Ideal der Rationalität aufgegeben hat. Sie haben viele große Philosophen kennengelernt, die sich durch ein hervorragendes wissenschaftliches Werk auszeichneten und zugleich erheblichen geistigen Einfluß ausübten. Ich denke beispielsweise an Leszek Kołakowski. Können Sie uns von ihm berichten?

Ich bin ihm 1957 zum erstenmal begegnet. Damals erlebte Polen eine gewisse Öffnung gegenüber dem Westen. Als Wladislaw Gomulka an die Macht kam, waren die Hoffnungen groß. Die Warschauer Akademie der Wissenschaften hatte das Institut zu einem Kongreß eingeladen, an dem sowohl Philosophen aus Rußland, China und anderen Ostblock-Staaten als auch Philosophen aus dem Westen teilnahmen. Mir fiel damals ein junger Mann auf, der offensichtlich eine große Zukunft vor sich hatte. Es handelte sich um Kołakowski, der sich, obgleich die Partei große Hoffnungen in ihn setzte, später zum Regimekritiker wandelte. Er war der Wortführer einer bestimmten Opposition innerhalb der jungen Generation.

Leider hielt die Phase der Öffnung nicht lange an, das Regime wurde immer starrer und die Situation immer schwieriger. Beim Weltkongreß der Philosophie 1968 in Wien gaben mir polnische Kollegen zu verstehen, daß Kołakowski ernsthaft bedroht sei. Glücklicherweise gelang es mir, ihm eine Einladung von meiner Universität zukommen zu lassen, und so konnte er Polen rechtzeitig verlassen.

Sein umfangreiches und bemerkenswertes Werk ruht auf drei Grundpfeilern: der Religion, der Marxismuskritik und der Metaphysik. Die Beschäftigung mit der Religion durchzieht sein Werk wie ein Leitfaden, angefangen von *Chrétiens sans église*, einer aus dem Jahre 1965 stammenden Abhandlung über die sektiererischen Bewegungen im 17. Jahrhundert, bis hin zu dem in den neunziger Jahren erschienenen Buch *God owes us nothing*,[7] in dem er die Diskussionen um den Jansenismus untersucht und daran aufzeigt, wie sich die offizielle Kirchenlehre ganz von Augustinus und der Betonung der göttlichen Gnade abgewandt hat und zu der halbpelagianischen Lehre der Jesuiten übergewechselt ist; und schließlich, nicht zu vergessen, die außergewöhnlichen *Gespräche mit dem Teufel*.[8] Die Marxismuskritik ist Gegenstand seines monumentalen und vorausblickenden Werkes *Die Hauptströmungen des Marxismus*.[9] Und seine Untersuchung der Probleme der Metaphysik gipfelt in der Analyse des griechischen Philosophen Damaskios in dem Buch *Horror metaphysicus*.[10]

Kołakowski liefert sicher ein gutes Beispiel für jemanden, der bei den großen polnischen Meistern Logik studiert hat, zugleich aber über Reichtum an Einbildungskraft und Sinn für das menschlich Wichtige verfügt. Dieser Mann verkörpert nicht nur den Menschen als reines Vernunftwesen – ganz im Sinne seines eigenen Menschenbildes. Als Philosoph betrachtet er den Menschen in seiner Totalität, er sieht also, daß die Logik nicht ausreicht, um die dringlichsten Probleme zu lösen, erkennt aber auch, daß man ohne Logik erst recht nicht weiterkommt. In der Nummer der *Revue internationale de Philosophie*, die zu Ehren meines 70. Geburtstages unter dem Titel *Méthode et Philosophie de l'Histoire* erschien, veröffentlichte er den geschichtsphilosophischen Aufsatz »Fabula mundi et le nez de Cléopâtre«.[11] Mit scheinbar leichter Hand greift er darin einen Vorfall auf und demonstriert daran das Problem der Geschichtsschreibung. Kołakowski besitzt die große Kunstfertigkeit, Humor mit gedanklicher Tiefe zu vereinigen. Anläßlich der Verleihung des italienischen Nonino-Preises, der »einem Meister unserer Zeit« zugesprochen wird, hatte ich im Januar 1997 das Vergnügen, die Laudatio auf ihn zu halten.

Wurde dieser Preis nicht auch Ihnen verliehen?

Ich hatte die außergewöhnliche Familie Nonino zwei Jahre zuvor kennengelernt, als mir zu meinem großen Erstaunen selbst diese Auszeichnung zuteil wurde. Die in Italien sehr berühmten Nonino-Preise, mit denen wissenschaftliche, poetische und erzählerische Werke ausgezeichnet werden, gehen auf eine bedeutende Frau, eine wahre Naturkraft, auf Giannola Nonino zurück, die von ihren drei reizenden Töchtern unterstützt wird und es mit ihrer Energie, ihrem Enthusiasmus und ihrer menschlichen Wärme verstanden hat, eine angesehene Jury zusammenzustellen. Deren Wahl fiel im Lauf der Jahre auf den Präsidenten Senghor wie auf Claude Lévi-Strauss, auf Naipaul wie auf den großen kurdisch-türkischen Schriftsteller Yaşar Kemal.

*Welche der Philosophen, die Sie während Ihrer langjährigen
Tätigkeit über das Institut kennengelernt haben, stechen
durch ihre Persönlichkeit hervor, welche würden Sie uns
gerne hier vorstellen – vielleicht nicht in erster Linie mit Blick
auf ihr wissenschaftliches Werk, sondern mit Blick auf das
Charisma, das man von einem zeitgenössischen Philosophen
erwartet?*

Dazu fällt mir beispielsweise ein Franzose ein, dem man
nicht den Vorwurf machen kann, er sei ein analytischer Philosoph gewesen, nämlich mein Freund Jean Wahl, der an die
McGill-Universität nach Montreal kam, anschließend an die
Universität von Montreal eingeladen wurde und auf zahlreiche Studenten, die sich sehr für sein Werk interessierten, großen Eindruck machte. Er schrieb auch Verse und erzählte mir
von seinen Begegnungen mit Bergson.[12] Er stand in der großen französischen Tradition und schrieb über das existentia-
listische Denken, ohne selbst Existentialist zu sein. Auf ihn
geht – was heute leicht in Vergessenheit gerät – die Gründung
des Collège de Philosophie zurück. Er machte mich mit Mer-
leau-Ponty und vor allem mit Gabriel Marcel bekannt, der
nach Montreal kam und mich häufig mit seinen Theaterstük-
ken unterhielt.

Als eine weitere Persönlichkeit läßt sich Tadeusz Kotar-
binski anführen, der Philosoph des »wirksamen Handelns«.
Er hat den Begriff der Praxeologie systematisch eingeführt.
Von seiner Erscheinung her war er zwar nicht charismatisch,
aber, wie man sehen konnte, charakterstark. Dieser Mann
hatte seiner Philosophie entsprechend gelebt, im Zuge all der
politischen Wechselfälle dabei sein Leben riskiert und der
Jugend einen Weg gewiesen. Auch Alexandre Koyré und
Georges Canguilhem gehen mir durch den Kopf, der eine
Meister der Wissenschaftsgeschichte, der andere der Philosophie und Geschichte der Biologie. Personen, die ihrer Philosophie gemäß leben, versammelt zu sehen ist etwas sehr

Erhebendes. Selbst ein nicht so bekannter Mann wie Jean Hyppolite hat an der École normale supérieure, deren Direktor er war, viele junge Franzosen begeistert. Ich kann seinen Namen nicht erwähnen, ohne mich an einen Vorfall zu erinnern. Als wir während der alljährlichen Gespräche des Instituts in Lüttich im Jahre 1967 uns mit dem Thema »Beweis, Verifikation und Rechtfertigung« befaßten, unterbrach Hyppolite in der Hauptversammlung, deren Vorsitz ich damals innehatte, die Arbeit und informierte uns darüber, daß einer seiner Schüler, Régis Debray, gerade in Bolivien verhaftet worden sei und dafür angeklagt werde, Che Guevara unterstützt zu haben. Er forderte, das Institut möge umgehend den Präsidenten von Bolivien darum ersuchen, sich zugunsten des Gefangenen einzusetzen, dessen Leben in Gefahr sei. Ein anderer französischer Delegierter, dessen politische Ansichten eindeutig zum rechten Lager hin tendierten, äußerte sich entschieden dagegen und hielt politische Äußerungen des Instituts für unangemessen. Das anschließende Wortgefecht wäre für jeden Rhetorikliebhaber ein Genuß gewesen. Leider mußte ich mich dazu entschließen, es zu unterbrechen. Es war klar, daß die Versammlung nicht einhellig urteilte und man folglich nicht im Namen des Instituts auftreten konnte. Ich schlug vor, ein Telegramm zu entsenden, das von allen Mitgliedern, die hinter diesem Antrag standen – und sie waren zahlreich –, unterschrieben werden sollte. Dieses Telegramm, das mit Ausnahme des Opponenten alle Unterschriften trug, hat das Budget des Instituts sehr belastet! Der »fragliche Journalist« wurde ins Gefängnis gesteckt, kam aber auf starken Druck der französischen Diplomatie hin nach einer gewissen Zeit glücklicherweise wieder frei.

Ich erinnere mich auch an den herausragenden griechischen Philosophen Johannes Theodorakopoulos, den ich von Heidelberg her kannte. Er kam aus Mistra, ganz nahe bei Sparta, wo im 15. Jahrhundert Georgius Plethon gelebt hatte. Theodorakopoulos wollte das platonische Denken in Grie-

chenland wiederbeleben, übersetzte Platon ins Neugriechi-
sche, schrieb sehr schöne Bücher und war ein Leitbild für die
griechische Jugend. Er wurde zum Präsidenten der Akademie von Athen.

1969 fand auf Einladung von Hans-Georg Gadamer in
Heidelberg ein bemerkenswertes Gespräch über Philosophie
und Geschichtsschreibung statt, in dessen Verlauf es zu lebhaften Diskussionen kam, an denen sich auch mein Freund
Karl Löwith beteiligte. Gadamer vertrat das historische Denken, während Löwith stärker den Einfluß der Natur auf die
Geschichte hervorhob. Man könne, so Löwith, nicht alles auf
Geschichte und Sprache zurückführen, sondern müsse auch
mit der Kraft der Natur rechnen.

Bei jeder dieser Zusammenkünfte versammelten sich mar-
kante Persönlichkeiten mit klar abgesteckten Positionen, auf
deren Konfrontation das Diskussionsinteresse beruhte.

Ich möchte auch gerne an einen meiner engsten Freunde
erinnern, an den amerikanischen Philosophen Max Black. Er
hat sich mit den Problemen befaßt, die der Begriff der Rationalität aufwirft. Der auffallendste Zug an Max Black war
seine strahlende innere Ausgeglichenheit. Während der Ras-
senunruhen im Jahr 1968 an der Cornell University war er einer der wenigen, die einen kühlen Kopf behielten. Er war ein
Weiser.

Das große Risiko, das man bei einer solchen Aufzählung,
zu der Sie mich aufgefordert haben, eingeht, besteht darin,
eine wichtige Person zu übergehen. Ich denke gerade an so
verschiedene Persönlichkeiten wie Guido Calogero, Alfred
Ayer, Chaïm Perelman und Georg Henrik von Wright, die
nacheinander Präsidenten des Instituts waren. Ebenfalls
möchte ich meine Freundin Jeanne Hersch erwähnen, auf die
ich schon im Zusammenhang mit Jaspers zu sprechen kam
und die so hervorragende Bücher über die Zeit verfaßt hat.

Schließlich wandern meine Gedanken noch zu einem Philosophen, der nicht Mitglied des Instituts, aber ihm dennoch

nah verbunden ist: Henri Duméry, der Autor des schönen Buches *Philosophie de la Religion*[13] – das ihm die Ehre eintrug, auf den Index gesetzt zu werden; er hat sich seit vierzig Jahren ehrenamtlich um die Verwaltung des Instituts gekümmert. Äußerst großzügig gab er seine Zeit und seine Kraft dafür her, sich bei den französischen Behörden für das Institut einzusetzen und Krisen zu meistern, die jede Institution hin und wieder erfassen. Völlig uneigennützig hat er es stets abgelehnt, unter den Mitgliedern den Platz einzunehmen, der ihm aufgrund seines philosophischen Werkes allemal zugestanden hätte.

War die Frankfurter Schule am Institut vertreten?

Horkheimer und Adorno waren nicht Mitglieder. Aber wir haben in der Person Karl-Otto Apels ein sehr aktives Mitglied, einen Mann des Dialogs. Auch Jürgen Habermas ist Mitglied des Instituts. Beim Weltkongreß 1988 in Brighton trat er als einer der unseren auf. In seinem Vortrag über Sprachphilosophie kritisierte er die Philosophie John Austins und setzte sich mit all den Fragen der Sprechakttheorie auseinander, die von Philosophen wie John Searle aufgeworfen worden waren. Unvermittelt sah sich Habermas mit zwei Damen konfrontiert, die ihm widersprachen. Eine derartige Opposition hatte er nicht erwartet. Bei der einen Opponentin handelte es sich um die Wittgenstein-Schülerin Gertrude Elizabeth Anscombe und bei der anderen um die große Logikerin Ruth Barcan Marcus. Beide stellten ihm Fragen, die zu beantworten nicht leicht war. Es war eine lebhafte Diskussion.

Haben Sie Theodor W. Adorno gekannt?

Recht gut. Nach 1933 mußte Adorno, weil er Jude war, Deutschland verlassen. Er kam nach Oxford und hatte sich dort einen akademischen Grad erhofft. Man stattete ihn mit der kurzen Toga eines *undergraduate* aus, was sich lächerlich ausnahm. Einzig seine Kenntnisse in der Musiktheorie wurden anerkannt. Oxford war nicht sein Element. Er ging daraufhin in die Vereinigten Staaten und wurde Mitarbeiter an der New School of Social Research. In Kalifornien beriet er Thomas Mann, der an seinem *Doktor Faustus* arbeitete, in musiktheoretischen Fragen. Thomas Mann bediente sich Adornos und ließ dann im Roman eine Melodie skandieren, wobei er den Namen Wiesengrund (der erste Name der Familie Adornos) verwendet. Adorno war unzufrieden, daß Thomas Mann ihn nicht besser gewürdigt hatte, und beschwerte sich darüber.

Während seines Aufenthalts in den Vereinigten Staaten schrieb er gemeinsam mit seinem Freund Horkheimer die *Dialektik der Aufklärung*[14] und, mit anderen Autoren, *Der autoritäre Charakter*;[15] beide Bücher brachten ihm großen Erfolg ein. Nach Kriegsende kehrte er nach Deutschland zurück und begründete mit Horkheimer die Frankfurter Schule.

Hervorragend sind seine musiktheoretischen Schriften wie die *Philosophie der neuen Musik* und seine *Einleitung in die Musiksoziologie*.[16] Mit seinen provokanten Reflexionen über die Grundlagen der Soziologie und seiner Kritischen Theorie der Gesellschaft hatte er mächtigen Einfluß auf die heranwachsende radikale Jugend im Deutschland der sechziger Jahre.

Das geistige Erbe Adornos ist beachtlich, viele Studenten begeistern sich insbesondere für seine Ästhetische Theorie.[17]

Es gab in der Tat viele Anhänger, die die Erinnerung an ihn in Ehren hielten. Aber nicht alle bewunderten ihn. Eines Tages begegnete ich Georg Lukács in Budapest, und er fragte mich, was ich von der Frankfurter Schule hielte, mit der er eine sehr heftige Kontroverse führte und die er als »Grand Hotel Abgrund« charakterisiert hatte. Er empfand die Philosophen der Frankfurter Schule als Leute, die über den Niedergang der kapitalistisch-demokratischen Welt redeten, dieses Phänomen jedoch vom Fenster eines komfortablen, am Abgrund gelegenen Nobelhotels aus betrachteten und sich dabei der Vorteile einer Welt erfreuten, die sie verurteilten.

Lukács zu besuchen war nicht einfach. Er hatte sich an der nationalen ungarischen Oppositionsbewegung beteiligt und anschließend das Amt des Erziehungsministers in der Regierung Imre Nagy übernommen. Als die Russen 1956 einmarschierten, fürchtete man um sein Leben, und die Mitglieder des Internationalen Instituts für Philosophie versuchten zu seinen Gunsten zu intervenieren. Die Sowjets haben sich damit begnügt, ihn nach Rumänien zu deportieren. Später durfte er in sein Land zurückkehren, aber er wurde strengstens überwacht. 1970 erhielt ich eine Einladung, vor der ungarischen Akademie zu sprechen. Lukács, der während seiner Jugend mehrere Jahre in Heidelberg verbracht hatte und häufiger Gast im Hause Max Webers gewesen war, bat darum, mich treffen zu dürfen. Dazu bedurfte es der Genehmigung der Geheimpolizei. Marianne Weber hatte mir oft von den lebhaften Diskussionen zwischen ihrem Mann und dem jungen Lukács erzählt. In seine Heidelberger Zeit fallen auch sein schönstes Werk, *Die Seele und die Formen*, sowie die Vorbereitungen für seine *Theorie des Romans*.[18]

Aber Sie teilten doch nicht Lukács' Meinung über die Frankfurter Schule, denn Sie wußten, wie sehr diese Leute, die zum großen Teil Juden waren, gelitten hatten.

Im Gegenteil, ich teilte Lukács' Auffassung, denn ich sah, wie Adorno, der ein sehr intelligenter Mann war, systematisch die deutsche Demokratie, die zeitgenössische deutsche

Gesellschaft kritisierte. Er zeigte den Studenten die Fehler des Systems auf, ohne die Folgen zu ermessen. Die Ereignisse des »Mai '68« erfaßten auch Frankfurt, aber auf sehr viel unzivilisiertere Weise als in Frankreich. Es geschahen wirklich scheußliche, vulgäre Dinge. Der Präsident der Frankfurter Universität berichtete mir von einigen Vorkommnissen. Als die Krawalle ausbrachen, war Adorno von der Bildfläche verschwunden. Die Studenten verlangten, ihn zu sehen, er aber rief die Polizei – was die Studenten ihm niemals verziehen.

Haben Sie Ernst Bloch gekannt?

Nicht wirklich. Ich bin ihm in Wien begegnet, und bei dieser Gelegenheit gewann ich einen schlechten Eindruck von ihm. In Wien fand im Jahr 1968 eine Diskussion mit russischen Philosophen statt, an der auch ihr berühmter Wortführer Konstantinow teilnahm. Ich hatte ihm einige Fragen gestellt. Er wand sich gerade, als just in diesem Moment Bloch hinzukam und ihn zu beschimpfen begann. 1968 war Bloch sehr antisowjetisch eingestellt und zog Attacken dem Dialog vor. Als jungen Mann habe ich ihn nicht kennengelernt. Sein Vater war, wie Sie wissen, Verwaltungsbeamter bei der Eisenbahn in Ludwigshafen. Während des Ersten Weltkrieges ging der junge Bloch in die Schweiz. Er verachtete jeglichen Militarismus und schrieb das bedeutende Buch *Geist der Utopie*.[19] Als er während des Zweiten Weltkrieges in die USA emigrieren mußte, fühlte er sich dort nicht wohl. Nach Kriegsende kehrte er nach Europa zurück und erhielt einen Ruf an die Universität Leipzig, wo er sein monumentales Werk *Das Prinzip Hoffnung* verfaßte.[20] Die politischen Verhältnisse in der Deutschen Demokratischen Republik konnte er jedoch nicht ertragen.

Man ging sehr bürokratisch mit ihm um und überwachte ihn.

Später erhielt er einen Ruf nach Tübingen. Er war zweifellos ein Denker von Format, aber gegen Ende seines Lebens, als ich ihm beispielsweise in Wien begegnete, verbittert und zu Diskussionen nicht mehr fähig.

Wenn man die Philosophen betrachtet, die Sie bewundert haben, die Ihre Freunde waren oder noch sind – was haben sie bei aller Unterschiedlichkeit gemeinsam?

Ich würde sagen: die Fähigkeit zu einem konstruktiven Dialog.

Ich möchte gerne noch auf einen ganz anderen Teil Ihres Werkes zu sprechen kommen, der ebenfalls mit dem Internationalen Institut für Philosophie zusammenhängt: den Dictionnaire international de la philosophie.

Seit meiner Studienzeit hat mich das innige Verhältnis zwischen Denken und Sprache in der Philosophie beschäftigt. Aus diesem Blickwinkel heraus faßte ich den Plan zu einem Wörterbuch, das die Grundbegriffe der Philosophie und des politischen Denkens enthalten sollte, und zwar in möglichst vielen Sprachen. Es sollte durch die multilinguale Zusammenstellung der einander entsprechenden Ausdrücke deutlich machen, welche Bedeutung die jeweilige Sprache für das philosophische Vokabular hat – durch die Zusammenstellung der einander gleichwertigen und nicht der übersetzten Begriffe wohlgemerkt, denn man muß wissen, daß der Sinn niemals der gleiche ist. Dieses Projekt wurde 1950 dem interamerikanischen Philosophiekongreß in Mexiko vorgestellt und stieß dort auf Zustimmung. 1952 wurde ich von der UNESCO eingeladen, um es vor einer Gruppe von Philosophen, die aus verschiedenen Ländern nach Paris gebeten worden waren, zu präsentieren. Die UNESCO war bereit, etwas Geld zur Verfügung zu stellen, allerdings viel zu wenig. Schließlich wollte die Rockefeller Foundation das Projekt fördern, allerdings unter der Bedingung, daß ich die ganze Verantwortung trüge und vor allem anderen der Arbeit am Wörterbuch Priorität gäbe. Darauf konnte ich mich nicht einlassen.

Im darauffolgenden Jahr wurde ich Mitglied des Internationalen Instituts für Philosophie, welches das Projekt wieder aufgriff. Da es sonst immenser Mittel bedurft hätte, mußten wir uns auf eine Reihe von Begriffen – wie etwa Gerechtigkeit, Demokratie, Freiheit, Recht, Klasse – beschränken und dazu detaillierte Studien in verschiedenen Sprachen anfertigen, die in philosophischen Zeitschriften veröffentlicht wurden. Für das Projekt Wörterbuch braucht man einen langen Atem. Es bedarf einer Person, die die Zeit hat, alle Arbeiten zu koordinieren. Außerdem stehen dem Institut keine ausreichenden Mittel zur Verfügung. Es hängt vom Wohlwollen der französischen Regierung ab, die – das muß man anerkennen – stets Unterstützung geleistet hat, gleich unter welcher Regierung und für welchen Zweck. Die Förderung der Kultur ist in Frankreich kein leeres Wort.

Später dachte ich, daß es besser sei, mit einem *Glossaire des mots-clefs de la philosophie* (*Glossar philosophischer Schlüsselwörter*) in fünf Sprachen zu beginnen. Es wurde 1996 unter der Schirmherrschaft des Internationalen Instituts für Philosophie veröffentlicht.[21] Dieses Glossar umfaßt circa 500 Grundbegriffe der Philosophie in Französisch, Englisch, Deutsch, Italienisch und Spanisch sowie ihre Äquivalente. Nach diesem ersten Schritt planen wir die Ausweitung aufs Russische, Arabische und Japanische. Gerade die *Bibliographie de la philosophie*, die Sie für das französischsprachige Kanada so gut repräsentieren, bedarf einer Sammlung von Schlüsselwörtern, die für ein späteres Begriffsregister als Grundlage dienen können. Das Ziel des Glossars besteht zunächst darin, die einander äquivalenten Ausdrücke aufzuführen. Anschließend sollen eingehende Untersuchungen die Unterschiede gerade zwischen den einander nahestehendsten Äquivalenten in den verschiedenen Sprachen herausarbeiten.

Am Vokabular der menschlichen Grundrechte läßt sich das Problem von äquivalenten Begriffen sehr schön demonstrieren. Es reicht, wenn man die Übersetzungen der *Allgemeinen Menschenrechtserklärung* betrachtet. Hier stellt sich ein entscheidendes Problem: Können diese Begriffe wirklich Allgemeingültigkeit beanspruchen, oder sind sie nicht notwendig an bestimmte Kulturen gebunden? Bei der Präsentation des ursprünglichen Projekts verwies ich auf die großen Bemühungen des 17. Jahrhunderts um eine Universalsprache, die in ihrem Bestreben nach Vereinheitlichung jedoch scheitern mußten, weil die Unterschiede zu grundsätzlich sind. In einem ersten Verständnisschritt muß man diese Differenzen erfassen, denn allzu häufig sprechen Menschen miteinander, ohne sich dessen bewußt zu sein, daß die von ihnen verwendeten Grundbegriffe in zwei verschiedenen Sprachen keineswegs dieselbe Bedeutung haben. Worin bestehen die Unterschiede? Hierfür gibt es kein Meßinstrument. Deshalb bin ich der Auffassung, daß man zuerst die Grundbegriffe und ihre nächsten begrifflichen Entsprechungen in einer anderen Sprache kennen muß, um anschließend die Unterschiede zwischen diesen Äquivalenten untersuchen zu können.

Zu einem Verständnis zu gelangen ist die Aufgabe des Philosophen sowie des Philosophiehistorikers, und diese Aufgabe läßt sich nicht auf ein mechanisches Verständnis aller Worte und Wortvarianten reduzieren.

Wie würden Sie, am Ende dieses Überblicks über die Aktivitäten des Internationalen Instituts für Philosophie die Rolle des Instituts zusammenfassend charakterisieren?

Es ist immer leichter, darüber zu reden, was eine Institution sein *sollte*, also über das Ideal. Auf diese Weise kann man von den finanziellen Beschränkungen und menschlichen Schwächen abstrahieren. Was das Institut von Zeit zu Zeit war und stets sein sollte, ist in erster Linie ein Ort des Dialogs, des Austausches zwischen verschiedenen Schulen und verschiedenen Kulturen.

Jeder Dialog ist auf den Willen der Mitglieder angewiesen, große Unterschiede zu überbrücken. Und er bedarf eines Fundaments. Man muß sich daher unablässig um Veröffentlichungen bemühen, Informationen streuen. Sicher, manche sind voller Hingabe tätig, aber jedes Mitglied des Instituts, jeder Philosoph müßte in seinem Land, an seiner Universität sich für die Verbreitung philosophischer Arbeiten mit Hilfe der *Bibliographie de la Philosophie* verantwortlich fühlen.

Eine Institution wird auch nach ihren Publikationen beurteilt. Das Institut, das bereits viele interessante Arbeiten veröffentlicht hat – wie beispielsweise diejenige, die ich bislang noch nicht erwähnt habe, über die Grundlagen der Menschenrechte –, muß also ein Programm haben, das mit seiner Aufgabe in Einklang steht.

Schließlich muß das Institut auch immer wieder Partei ergreifen. In totalitären Ländern ist die Situation von Philosophen, die sich nicht den Launen des jeweiligen Regimes beugen, heikel, wenn nicht gar gefährlich, wie der Fall unseres Freundes Patočka leider gezeigt hat. Auf dem Weltkongreß für Philosophie in Wien 1968 schlug ich vor, daß wir ein Manifest für die Gedankenfreiheit an die Bildungsminister aller Länder entsenden, damit den tschechischen Philosophen, die ihrer Lehrstühle enthoben worden waren, Hilfe zuteil würde. Selbstverständlich erhielten wir keine ermutigende Antwort, aber was hilft's! Der Kampf um die Freiheit ist von vornherein verloren, wenn man nicht immer wieder aufs neue Anstrengungen unternimmt.

11 Jan Patočka

*Verweilen wir einen Augenblick bei der Persönlichkeit Jan
Patočkas, einem großen Verteidiger der Freiheit. Wann haben
Sie Patočka kennengelernt?*

Beim Weltkongreß für Philosophie 1968 in Wien. Die öster-
reichische Kongreßleitung hatte ein Kolloquium über das
Verhältnis von Philosophie und Naturwissenschaft organisiert und aus jedem Land einen Philosophen ausgewählt. Es
kam zu sehr interessanten Diskussionen; Karl Popper repräsentierte England, Hans-Georg Gadamer Deutschland,
Chaïm Perelman Belgien, ich Kanada und Oizerman die
UdSSR.

Der Kongreß begann am Tag des russischen Einmarsches
in die Tschechoslowkei. Ich sah, wie ein Teilnehmer nervös
und blaß wurde. Es handelte sich um Jan Patočka, der gerade
erfahren hatte, was sich in seinem Land ereignete. Die Vorstellung, während des Kongresses im Beisein eines Russen zu
diskutieren, war ihm unerträglich. Unter dem Eindruck dieser Begegnung unterbrach ich die Diskussion und wandte
mich an die russischen Philosophen: »Unser Thema ist interessant, aber man muß zunächst einmal die Verhältnisse betrachten, unter denen Philosophen überhaupt philosophie-
ren können, und ich möchte unseren russischen Kollegen
fragen, ob er glaubt, daß Philosophie ohne Gedankenfreiheit
möglich sei.« Teodor J. Oizerman nahm zu einer Stereotype
Zuflucht: »Es gibt revolutionäre Verhältnisse, in denen man
bestimmte Freiheiten außer Kraft setzen muß.« Er wollte den
Anschein erwecken, als sei in der Tschechoslowakei eine solche Situation gegeben, konnte aber sein Auditorium nicht
überzeugen. Diese Diskussion wurde in die Tschechoslowa-

kei übertragen. Auch in Polen und anderen Ostblock-Ländern fand sie große Beachtung.

Meine Freundschaft mit Jan Patočka geht auf diese Begegnung zurück. Er hatte es sehr geschätzt, daß dreißig Jahre zuvor, im Jahre 1938, unter ähnlich unheilvollen Umständen, kurz bevor die deutschen Panzer in Prag einfielen, im Namen der Professoren und Lehrenden von Oxford ein Dokument an die Universität Prag gesandt worden war. Dieser Brief, den ich auf Lateinisch verfaßt und der Unterschriften aus allen Colleges in Oxford erhalten hatte, endete mit folgendem Gelübde: »Auch wenn Sie von außen überfallen und belagert werden, so dürfen Sie doch niemals glauben, Sie wären von uns getrennt. Wir sind in der Tat davon überzeugt, daß Ihre Nation durch ihre Taten unter Beweis stellen wird, was sie schon seit langem erklärt hat: Groß ist die Wahrheit, und sie wird siegen. *Pravda vitezi.*«

Nach dem Kongreß kehrte Patočka in sein Land zurück und litt unter den damaligen Verhältnissen. Es war schwierig, mit ihm in Kontakt zu bleiben, da er überwacht wurde. Die einzige Lösung, die mir einfiel, bestand darin, ihn um seine Mitarbeit an der Edition der Texte von Amos Comenius für unsere Buchreihe *Philosophie et Communauté Mondiale* zu bitten und ihn auf diese Weise zum offiziellen Mitglied des mit dieser Edition betrauten internationalen Gremiums zu machen. Im Sommer 1973 sandten wir einen offiziellen Brief an den zuständigen tschechischen Minister mit der Bitte, im Interesse der internationalen Zusammenarbeit Patočka die Teilnahme an der Versammlung der Textkommission zu erleichtern, die beim Internationalen Kongreß für Philosophie in Warna stattfinden sollte. Zu unserer großen Überraschung wurde Patočka die Ausreise nach Bulgarien gestattet. Wie er später erfuhr, hatte man ihn eigentlich daran hindern wollen, aber er war an einem Freitag gefahren, und da die Beamten des zuständigen Ministeriums am Wochenende nicht mehr im Dienst waren, wurde nichts unternommen, um ihn zurückzuhalten. Das war das letzte Mal, daß er sich ins Ausland begeben konnte. Als er den Ehrendoktor der Universität Aachen erhielt, untersagte man ihm, das Land zu verlassen, um den Titel entgegenzunehmen. Statt dessen nahm das Institut für Philosophie und Soziologie der tschechoslowakischen Akademie der Wissenschaften im August 1976 einen Antrag an, in dem man Erstaunen darüber ausdrückte, daß das Internationale Institut für Philosophie noch immer Jan Patočka und Karel Kosík als Mitglieder anerkannte, obwohl beide »seit langem nicht mehr das moralische Recht haben, die Wissenschaftler der Tschechoslowakei zu repräsentieren, und auch die dafür notwendigen wissenschaftlichen Qualifikationen nicht vorweisen können«.

Patočka hatte sehr unter dem Geist, der aus einer solchen Erklärung spricht, zu leiden, insbesondere aber unter der Tatsache, daß das einzige in der Tschechoslowakei damals zugelassene Modell von Philosophie das der kommunistischen Gesellschaft war, während alle echte Philosophie unterdrückt wurde.

Können Sie den intellektuellen Werdegang Jan Patočkas kurz nachzeichnen?

1936 habilitierte er in Prag mit einem Essay über *Die natürliche Welt*,[1] der vor allem vom Denken Husserls geprägt war, in dem er aber eine völlig neue phänomenologische These entwickelte. In seiner Studie *Was ist Phänomenologie?*[2] führte er sie weiter aus. Ihm zufolge war Phänomenologie weder eine Lehre noch eine strenge Theorie, sondern eher etwas, was er als Forschungsweg zu bestimmen versuchte. Auf diese Weise gelang es ihm, das, was er bei Husserl für dessen Subjektivismus und transzendentale Position hielt, umzustoßen. Für Patočka war eine solche Position bloße Theorie. Philosophie erwachse jedoch nicht, so seine Vorstellung, aus reiner Theorie, sondern lasse sich, wie er unermüdlich betonte, mit der »Sorge für die Seele«, *epimeleia tês psychês*, gleichsetzen.[3] Es ist nicht einfach, diesen Ausdruck des griechischen Denkens zu übertragen. In ihn geht sowohl die Bedeutung von »Besorgnis« als auch die von »Pflege« ein – beides zusammen macht für Patočka die Philosophie aus. Nun stellt sich aber die Frage: »Was ist die Seele?« Die Seele ist weder, was man das Psychische nennt, noch entspricht sie gar der *res cogitans*, dem Denken; sie ist vielmehr das, was den Menschen als Menschen ausmacht, was ihn zu sich selbst bringt, ihm seine Existenz verleiht. Um es in wenigen Worten zu sagen: Sie ist das Wesen all seiner Mühen und Anstrengungen. Die Existenz ernstzunehmen bedeutet dann aber, daß Philosophie niemals bloße Theorie, reine Kontemplation sein kann, sondern immer mit dem konkreten Handeln in Verbindung bleiben muß. Dieses Band zwischen dem Denken und dem Handeln stellt für Patočka ein entscheidendes Moment dar. Theorie muß immer mehr als bloße Theorie, sie muß mit der Praxis verbunden sein. Hierin liegt der Ausgangspunkt für seine luzide Kritik an Husserl. Tatsächlich trifft Patočka damit den wunden Punkt der Phänomenologie. Gleichwohl hatte er für seinen Lehrer Husserl bis ans Lebensende große Hochachtung, er verehrte ihn seit ihrer ersten Begegnung, als er 1933 als junger Student nach Freiburg gereist war. Husserl soll ihn mit den Worten: »Endlich besucht mich ein Landsmann« empfangen haben. Und er machte Patočka jenes Notenpult zum Geschenk, das er fünfzig Jahre zuvor, selbst ein junger Student, in Leipzig von Thomas Masaryk erhalten hatte.

Patočka sah darin das Zeichen dafür, Erbe einer großen Tradition zu sein, denn er empfand selbst tiefe Bewunderung für Masaryk, der in seinem ganzen Leben in vielen kritischen Situationen Wahrheitsliebe und Mut unter Beweis gestellt hatte. Beispielsweise mußte sich der ganz junge Masaryk, damals Anführer der nationalistischen Bewegung in der Tschechoslowakei, mit einem Manuskript auseinandersetzen, dem berühmten »Königinhofer-Codex«, der ganz unerwartet die tschechische Literatur mit einer mittelalterlichen Dichtung, die dem deutschen *Nibelungenlied* vergleichbar gewesen wäre, um eine ruhmreiche Vergangenheit zu bereichern schien. Ohne zu zögern und obgleich dies den Interessen seiner eigenen Partei sowie denen eines tschechischen Nationalismus zuwiderlief, führte Masaryk jedoch den Nachweis, daß es sich bei dem Manuskript um eine aus jüngerer Zeit stammende Fälschung handelte. Jedem jungen Studenten demonstrierte diese Episode, daß man die historische Wahrheit zu respektieren habe. Und ebendies bewunderte Patočka an Masaryk. Aber auch wenn Masaryk und Husserl Vorbilder für ihn waren, so kritisierte er sie doch beide in seiner Philosophie: Masaryk wegen seines Glaubens an den stetigen Fortschritt der Menschheit und des rationalen Denkens und Husserl wegen seines Subjektivismus, das heißt: wegen seiner Konzeption, die aus der Totalität der objektiven Welt einen Gegenstand machte, der der transzendentalen Subjektivität und somit dem allgemeinen Gesetz unterstand, dem zufolge das menschliche Denken dem Realen seinen Stempel aufdrückt.

Was bedeutete für Patočka das Reale?

Bei Patočka macht das Reale etwas ganz anderes aus, nämlich die Welt des Handelns und des Leidens. Er bemühte sich nicht nur darum, das Konzept der *Lebenswelt* zu vertiefen, das Husserl in seinem großen Werk *Die Krisis der europäischen Wissenschaften*[4] entworfen hatte, sondern er suchte es auf eine völlig andere Weise zu begründen.

Ich möchte seine Husserl-Kritik nur kurz skizzieren: Husserl spricht tatsächlich von einer Krise der europäischen Wissenschaften, aber für Patočka stellt sich das Problem sehr viel tiefgründiger dar. Seiner Ansicht nach handelt es sich nicht nur um eine Krise der europäischen Wissenschaften, sondern um eine Krise der europäischen Menschheit. Während für Husserl die *Lebenswelt* eine vorwissenschaftliche Welt darstellt, unterlegt ihr Patočka eine fundamentalere Bedeutung, indem er sie mit der »vor-geschichtlichen Welt« gleichsetzt. In dieser Welt fühlt sich der Mensch wie in einem verborgenen Zufluchtsort. Er kennt seine Umgebung, fürchtet zwar die äußeren Kräfte, kennt aber auch die Natur dieser Kräfte. Es handelt sich um eine Welt ohne grundlegende Probleme, eine Welt, in der der Mensch zwischen dem Gefährlichen und dem Nützlichen zu unterscheiden vermag. Erst für den historischen Menschen wird alles problematisch. Die *Lebenswelt*, die natürliche Welt, fällt demnach mit der vor-geschichtlichen Welt zusammen. Entsprechend möchte Patočka nachweisen, daß vom Husserlschen Denken aus diese Welt nicht erfaßt werden kann.

Wie widerlegt er Husserl?

Für Husserl ist das Bewußtsein stets ein Bewußtsein der Intentionalität – ein technischer Begriff, den Brentano gebraucht hat und der nahelegt, daß das Bewußtsein immer ein Bewußtsein von etwas ist. Und die *Lebenswelt* faßt Husserl als den »Horizont des Horizonts« oder den »letzten Horizont«. Schließt aber der Ausdruck Horizont, der sich in keiner Weise auf einen gegenständlichen Begriff bringen läßt, nicht das wesentliche Merkmal der Intentionalität, das heißt: das Bewußtsein eines Gegenstandes, aus? Patočkas Analyse zufolge scheint sich die Husserlsche Konzeption der *Lebenswelt* nicht in zufriedenstellender Form innerhalb der Husserlschen Philosophie erklären zu lassen.

Wichtiger für Patočka ist jedoch das, was er als den »problematischen Charakter« des historischen Menschen bestimmt und weshalb die gesamte zeitgenössische Menschheit unter dem Begriff einer »Solidarität der Erschütterten« zu fassen sei. Aber weshalb ist diese Menschheit erschüttert?

Hier kommen wir zu einem interessanten Punkt seines Denkens, dem er in seinem berühmten Buch *Ketzerische Essais zur Philosophie der Geschichte* Ausdruck verleiht.[5] 1975 wurde das Buch auf Tschechisch geschrieben, in Prag als *Samisdat*-Literatur privat veröffentlicht und dann ins Französische, Italienische und Deutsche übertragen. Dieses Werk enthält ein dunkles Kapitel über den Krieg: Patočka spricht vom 20. Jahrhundert als einem Jahrhundert des Krieges, in dem sich das Dämonische aufs neue manifestiert. Der vereinzelte Mensch und die menschliche Gemeinschaft zeichnen sich durch die Solidarität der Erschütterten aus. Hier begegnet man dem Gebrauch des Wortes Solidarität, schon bevor es in Polen zum Versammlungsruf wurde. Lange vor dem Politiker hat hier also der Philosoph einen Begriff vorgeschlagen, der die zeitgenössische Situation treffend charakterisiert.

Was aber versteht Patočka unter Solidarität?

In dieser Solidarität ist es die Aufgabe der Seele, den Menschen dazu zu befähigen, das zu sein, was er ist. Sich um die Seele zu sorgen ist aber in Patočkas Augen Aufgabe der Philosophie, die sich deshalb nicht auf reine Kontemplation oder Spekulation reduzieren lasse, sondern stets eine Verbindung von Theorie und Praxis darstelle. Rein theoretisches Handeln ist nicht Philosophie, trennt sie vielmehr von dem ab, was das menschliche Leben ausmacht. Damit sieht sich Patočka vor die Aufgabe gestellt, diese Verbindung nicht nur zu postulieren, sondern auch begrifflich zu präzisieren. Und in dieser Frage unterscheidet er sich deutlich von Heidegger, für den er sich sehr interessierte und dessen Husserl-Kritik für ihn große Bedeutung hatte: Der Bruch mit Heidegger – in dessen Nähe man ihn zweifellos viel zu sehr rückt – war um so einschneidender. Tatsächlich beschreibt Patočka das Denken Heideggers als Defätismus. Im Gegensatz zu diesem steht Patočka dem Prozeß der Technisierung nicht herablassend gegenüber und entwickelt daraus auch keinen neuen Begriff: Für ihn handelt es sich vielmehr um einen Akt, durch den man sich selbst tief in das versenkt, was sich dem menschlichen Wesen entgegenstellt, und in diesem menschlichen Element findet man zur eigenen Existenz. Die Beschreibung dieser Bewegung – wie der Mensch zu sich selbst zurückkommen, von sich ausgehend, sich selbst erzeugen kann – macht Patočka zufolge den Gegenstand der Philosophie aus. Und auf dieser Ebene stellt er Haben und Sein einander gegenüber. Man möchte haben und vergißt zu sein. Diesen Punkt führt er schließlich detailliert aus, um seinen Begriff vom Menschen als dem Subjekt und Objekt der Philosophie zu erhellen.

Wie bringen Sie die Philosophie Patočkas mit seinem Interesse an Comenius zusammen?

Das Interesse Patočkas für das Werk des Johannes Amos Comenius erklärt sich zunächst aus einem Gefühl der Wahlverwandtschaft heraus, das Patočka für diesen tschechischen Patrioten empfunden haben muß, der sein Volk und seinen Glauben von feindlichen Kräften niedergedrückt sah. Noch größere Anziehungskraft dürfte auf Patočka jedoch das ausgeübt haben, worin er die Grundzüge im Denken von Comenius erblickte. Für Comenius war in der Tat die Vernunft nicht ein »natürliches Licht, das seine Prinzipien, das heißt sich selbst, in der Welt der erforschten Dinge« zu finden vermag. Um die Dinge so, wie sie sind, verstehen zu können, müsse die Vernunft zunächst begreifen, daß ihre Neigung, die Dinge an ihr selbst zu messen, nicht zu wahren Resultaten führen kann; sie müsse sich vielmehr etwas völlig anderem und Überlegenen öffnen und sich diesem unterwerfen. Der Ausgangspunkt bei Comenius ist also nicht die souveräne Vernunft, sondern die Vernunft als nur eine Kraft unter den

Seelenkräften, »die im Universum als ganzem verborgen ist und sich zunächst ihres wahren Platzes innerhalb des Ganzen versichern und diesen Platz einnehmen muß...« Die ganze Anstrengung des Comenius besteht Patočka zufolge genau in »einer geradezu starrsinnigen Verteidigung des großen transsubjektiven Ganzen gegen das Vordringen des modernen Subjektivismus«. Der Begriff der »offenen Seele« gewinnt große Bedeutung im Spätwerk Patočkas. In seiner Bewertung des Comenius als Pädagogen unterstreicht Patočka, dieser habe nicht nur die Weitergabe spezialisierten Wissens und die Vorbereitung auf einen Beruf im Sinn gehabt, sondern das Ziel jeglicher Erziehung selbst. Und dieses bestehe in nichts Geringerem, als »dem Menschen den Weg zur Menschheit« zu weisen, »den Menschen wahrhaft menschlich« zu machen. Als Reflexion über die Weltanschauung, auf die er sein Erziehungskonzept gründete, verfaßte Comenius sein ausgereiftestes Werk: *De rerum humanarum emendatione consultatio catholica (Allgemeine Beratung über die Verbesserung der menschlichen Dinge)*.[6] Es besteht aus mehreren Teilen, die zwischen 1935 und 1940 in Halle entdeckt wurden. Der letzte befaßt sich mit der »universalen Reformation«, der *Panorthosia*. In einem Brief vom 26. August 1975 teilte mir Patočka seinen Plan mit, von der *Panorthosia* eine französische Übersetzung für die Buchreihe *Philosophie et Communauté Mondiale* anzufertigen. Eine solche Übersetzung hat man jedoch nicht aufgefunden. Es ist möglich, daß die dringlichen Probleme, die er angesichts der kurzen Zeit, die ihm noch zu leben blieb, zu meistern hatte, ihm die zur Verwirklichung eines solchen Vorhabens notwendige Muße geraubt haben.

Er ist kurz danach gestorben?

Im Jahr 1977. Die Vollendung seiner Philosophie nahm in seinen letzten Lebensjahren mit der *Charta 77* Gestalt an, die er entworfen hat und die man als Anwendung seines philosophischen Denkens auf eine konkrete politische Situation ansehen kann. Eigentlich sollten in allen philosophischen Handbüchern die Texte zu finden sein, die er damals schrieb: die *Charta 77* sowie die beiden Zeugenaussagen, die er auf dem Sterbebett skizzierte. Sie sind Ausdruck seines Verständnisses von Freiheit, die ihn zu einem »Märtyrer«, das heißt: einem herausragenden Zeugen unserer Zeit machen. Er ist einer der letzten Märtyrer der Philosophie. Die Polizei hat ihn mehr als elf Stunden lang verhört, dann wurde er ins Krankenhaus gebracht, wo man ihn erneut einem Verhör unterzog, bis ihm ein Herzanfall das Bewußtsein raubte.[7]

Die Bemühungen seiner Freunde im Ausland konnten ihn nicht retten.

Leider. Sie erinnern sich an unseren Besuch im tschechoslowakischen Konsulat in Montreal im Februar 1977. Wir wollten damals – Sie selbst, mein Freund, der Aristoteliker Vianney Décarie, als Repräsentant der Universität von Montreal, Charles Taylor und ich – unsere Empörung über die Inhaftierung Patočkas zum Ausdruck bringen. Der Empfang beim Konsul war eisig.

Kurz bevor er starb, hat Patočka noch die beiden Aufrufe schreiben können, die glücklicherweise erhalten blieben, weil man sie zunächst als *Samisdat*-Literatur hat verbreiten und anschließend ins Englische hat übersetzen können. Man bezeichnet sie zu Recht als »Das Testament Patočkas«. Wir haben den Text dem *Boston Globe* entnommen, ihn ins Französische übertragen und ihn – zusammen mit einem Aufruf der kanadischen Vereinigung für Philosophie – in Umlauf gebracht.

12 Toleranz, Freiheit, Philosophie

Wir sind heute Zeugen einer großen Beunruhigung, einer großen Angst des philosophischen Denkens vor sich selbst. Weicht es nicht viel zu rasch vor einem der meistdiskutierten Argumente in der gegenwärtigen Philosophie, dem Argument der Differenz, zurück? Jedem Ding kommt ein eigenes Gewicht zu, und die europäische Kultur wiegt nicht mehr als jede andere. Folglich wiegt die Rationalität, die von den alten Griechen bis in unsere Tage entwickelt wurde, nicht schwerer als all die verschiedenen anderen, mitunter gewalttätigen und archaischen, theokratischen und fundamentalistischen Traditionen, die von überallher auf uns einströmen. Teilen Sie diese Beunruhigung über das Schicksal der Vernunft, die gerade von jenen philosophischen Bemühungen ausgeht, die Sie immer unterstützt haben?

Ich würde sagen, die Feinde befinden sich eher innerhalb der europäischen und nordamerikanischen Universitäten als unter den Denkern anderer Kontinente, die – ich will nicht sagen alle, da ich nicht alle kenne – die Vernunft sehr ernst nehmen. Die wahren Zerstörer sind vielmehr Autoren, die wie Richard Rorty und andere jede sprachliche, soziale und philosophische Norm zunichte machen. Sie öffnen dem Relativismus Tür und Tor. Die Möglichkeit zu einer überindividuellen Diskussion auf der Grundlage eines gemeinsamen Maßstabes schwindet dahin. Läuft das nicht wirklich auf eine Aufblähung des Willens des einzelnen oder der sozialen Gruppe hinaus, die die Macht hat und ihren Willen den anderen aufzwingt? Diese Denker sind sich zweifellos gar nicht darüber im klaren, bis zu welchem Grad sie modischen Ideen huldigen, wenn sie von »intelligenten Gesprächen« reden.

Was macht ein intelligentes Gespräch aus? Man versteht sich, weil man gewisse gemeinsame Vorurteile teilt. Aber dieses Verstehen ist dem Augenblick und modischen Veränderungen geschuldet. Es hängt von Kräften ab, denen diese Denker widersprechen könnten, was sie jedoch noch nicht einmal wollen. Sie sehen nichts als ihre eigene Bedingtheit.

Glauben Sie, daß das Vernunftideal all die harten Anwürfe wird überleben können? Ist die Philosophie in einer hoffnungslosen Situation? Viele Denker stellen fest, daß die Philosophie die Schrecknisse des 20. Jahrhunderts nicht hat verhindern können, weder den Stalinismus noch Auschwitz. Manche gehen sogar so weit, sie zu deren Ursache zu erklären. Folglich wäre die Philosophie eine Disziplin, die sich Spezialaufgaben wie der Epistemologie der Naturwissenschaften und naturwissenschaftlichen Forschungsprogrammen zu widmen, uns jedoch nichts mehr über fundamentale Dinge wie Ethik oder das Verhalten der Menschheit zu sagen hätte.

Genau an diesem Punkt läßt sich gut erkennen, daß es jener gedanklichen Richtung an intelligentem und vernünftigem Denken mangelt. Nicht die Philosophie, sondern die Philosophen, besser gesagt: einige Philosophen haben versagt. Mag die Philosophie auch manchmal vorgegeben haben, sie könne die Welt als solche regieren, so sind es doch immer menschliche Wesen, die diese Aufgabe erfüllen, und leider konnte die Philosophie noch nie erwirken, daß diejenigen, die die Macht innehaben, auch Philosophen wären. Das ist ein platonisches Ideal, über das man sich gerne lustig macht. Die Könige sollten Philosophen, die Philosophen Könige werden. Es ist leicht, eine solche Position zu ironisieren. Aber was letzten Endes kann der Philosoph tun, wenn man ihm nicht Gehör schenkt oder wenn man sich gar philosophischer Argumente bedient, um die Vormachtstellung einer Ethnie oder eines politischen Systems zu rechtfertigen? Er darf nicht aufhören, Argumente vorzutragen, die Mängel derartiger Ansprüche aufzeigen.

Überall sieht man wieder religiösen Fanatismus, altüberlieferten Haß auftauchen – den Haß gegen den anderen, der aufgrund seiner Religion, seiner Ethnie, seines Stammes anders ist. Glauben Sie, daß die Vernunft mächtig genug ist, um die historische Mission der Philosophie gegen all die irrationalen Kräfte zu verteidigen, die über uns hereinbrechen?

Grundsätzlich spreche ich nicht gern von »der Vernunft«. Das ist eine Abstraktion. *Die* Vernunft gibt es nicht. Es gibt nur Menschen, die vernünftig urteilen. Hier zählt nicht meine Kraft, sondern eine Regel, die ich – unabhängig von allen individuellen Empfindungen und von jeder historischen Situation – für verbindlich halte, der ich mich füge und der sich der andere, denke ich, auch fügt, wenn er als ein vernünftiges Wesen angesehen werden möchte. Man kann niemanden zwingen, sich der Kraft des Argumentes zu beugen. Beugt er sich nicht, dann selbstverständlich kommt es zum Kampf, dann hat *der* recht, der der Stärkere ist. Man kann also dieses Sich-Fügen nicht mit einem logischen Argument herbeiführen, sondern es resultiert aus einer grundlegenden Entscheidung, der Entscheidung für Soziabilität, für Gemeinschaft und gegen das Recht des Stärkeren.

Wie sehen nun die Regeln aus? Sie ergeben sich aus den Grundprinzipien der Logik, die jedes Argument bis in die – den unterschiedlichen Zivilisationen eigenen – sprachlichen und historischen Normen hinein regieren. Ohne mich hier über die wichtigen Probleme verbreiten zu wollen, die mit dieser Unterschiedlichkeit zusammenhängen, sollte man nicht die große Kraft all dessen, was irrational ist, unterschätzen – etwa unsere Vorurteile, die kollektiven Erinnerungen und alle derartigen unbewußten Kräfte. Die Erinnerung wirkt; die Erinnerung an das, was unsere Vorfahren ertrugen, überdauert, selbst wenn wir uns nicht darüber im klaren sind. Es gibt gewisse Dinge, die man in der Jugend aufgeschnappt hat, die die eigene Grundeinstellung prägen, auch wenn man sich dessen nicht bewußt ist. Ist der Wille zur Verständigung nicht häufig schwächer als die Furcht vor dem anderen, die Angst vor Kräften, die uns überrollen könnten?

Damit die Arbeit der Vernunft korrekt nach ihren eigenen Erfordernissen vonstatten gehen kann, muß – wenn ich Sie richtig verstehe – die Erinnerung verzeihen und gewisse Dinge vergessen können, und dies, so zeigt uns die Geschichte, gelingt nur selten.

Der Philosoph sollte freilich daran glauben, daß Argumentieren Gewicht hat. Er muß den Sinn der Regeln an verblüffenden Beispielen aus verschiedenen Bereichen herausarbeiten. Aber er sollte nicht glauben, daß das Argumentieren von sich aus die Kraft hat, das Handeln zu bestimmen! Das wäre naiv. Was den Glauben an die Macht der Vernunft anbetrifft, so braucht man nur sein eigenes Leben zu betrachten... Welche meiner Handlungen sind ausschließlich oder auch nur hauptsächlich von der Vernunft bestimmt? Wenn man das Leben von Philosophen bedenkt...

Sollten wir annehmen, die Philosophie sei gescheitert? Aber was soll das heißen? Es gibt nicht *die* Philosophie. Es gibt Philosophen, die ihr Leben und das Leben der Gemeinschaft bestimmen wollen, indem sie es auf ein rationales Fundament stellen, aber dieses Unternehmen ist stets gefährdet, stets fraglich. Das beste Beispiel, auf das wir hingewiesen haben, ist Patočka. Er lehnte die Tyrannei ab, bekämpfte die Intoleranz, aber das Regime hat er nicht verändert. Es hatte das letzte Wort über ihn und tötete ihn. Aber er hinterließ uns die Überzeugung, daß das verantwortungsvolle Denken den Philosophen auf der Suche nach geistigen Idealen leiten sollte – wie dies sein Schüler, der Präsident Václav Havel, es in seinem Grußwort für die Prager Gespräche hervorhob, die das Internationale Institut für Philosophie zum Andenken Patočkas organisierte hatte und die unter dem Thema »Verantwortung« standen.[1]

Der Begriff der Toleranz, den Sie am Beispiel von Jan Patočka erläutern, kann als Emblem für Ihre eigene philosophische wie kulturpolitische Arbeit gelten. Im Verlauf all dieser schwierigen Jahre haben Sie sich darum bemüht, daß die von Jahrhunderten der Gleichgültigkeit isolierten Kulturen einander näherkommen. Ich erinnere mich insbesondere daran, wie Sie in den ersten Jahren unserer Zusammenarbeit an der vom Internationalen Institut für Philosophie herausgegebenen Bibliographie de la philosophie *immer wieder Wert darauf legten, daß sich auch unsere chinesischen und sowjetischen Kollegen an dieser Bibliographie beteiligen sollten, damit die Philosophie weltweit Gelegenheit zur Verständigung und zur Diskussion finde. Allen Widerständen zum Trotz ist es Ihnen dadurch gelungen, die Lebensform eines Renaissancegelehrten, etwa eines Pico della Mirandola, in einer Gelehrtenrepublik zu bewahren. Sie haben Kontakte in alle Winkel der Welt unterhalten, und man spürt und sieht in Ihrer Arbeit, daß Ihre Energie auf einen solchen Universalismus ausgerichtet ist – beispielsweise in den großen Rechenschaftsberichten über zeitgenössische Philosophie, von denen wir zuvor sprachen.*

Ich habe in der Tat immer an die Notwendigkeit des Dialogs und die Tugend der Toleranz geglaubt. Aber man darf die Grenzen der Toleranz nicht vergessen. Der Philosoph muß Stellung beziehen, wenn die Freiheit bedroht ist, wenn die fundamentalen Rechte – seine eigenen oder die anderer – in Gefahr sind, das heißt: letzten Endes jedesmal, wenn die Toleranz auf dem Spiel steht.

Sie haben die größten philosophischen Lehrmeister unserer Epoche kennengelernt – unter anderem denke ich an Paul Ricœur, Hans-Georg Gadamer, Karl-Otto Apel, aber auch an Emmanuel Levinas, dessen Werk in Frankreich große Bedeutung hat. Gerade hinsichtlich seiner Philosophie stellt sich die Frage, ob man in unserer säkularisierten Welt eine philosophische Weltanschauung haben kann, die auf alle religiösen Wurzeln verzichtet.

Unsere Empfänglichkeit beispielsweise für die Gedankenwelt eines Walter Benjamin rührt genau daher, daß wir es hier mit einem Denker zu tun haben, der stets an einer wenn auch sehr säkularisierten Form von Glauben festhielt, nämlich an der Idee, daß die grundlegenden Annahmen über das Wesen der Menschheit und ihren Wert nur durch eine Glaubensentscheidung zustande kommen können. Wir müssen glauben, daß die Menschheit über eine Kraft verfügt, die in gewisser Weise nicht aus ihr selbst kommt. Oder wenn sie doch aus ihr selbst kommt, so müssen wir eben daran glauben, denn beweisen können wir sie nicht, und vielleicht haben uns so wichtige Philosophen wie Levinas oder Benjamin deshalb Vernünftigeres darüber zu sagen. Sie haben uns auf jeden Fall mehr zu sagen als kritischere Philosophen, die alles durch eine Art analytischen Verdachts zerstören, Philosophen, die – wie es Charles Taylor in seinem jüngsten Buch *Die Quellen des Selbst*[2] ausdrückte – es vermeiden, über unsere grundlegende moralische Verpflichtung, über unsere Verantwortung nachzudenken.

Würden Sie, dessen philosophische Arbeit auf festen humanistischen Überzeugungen beruht, zum Schluß noch zu diesem Humanismus, der Sie angeleitet hat, einige Bemerkungen machen?

Der Begriff des Menschen und die Vorstellung von seiner Rolle haben eine doppelte Wurzel. Auf der einen Seite ist da sicherlich eine – wenn auch von einer besonderen Religion losgelöste – religiöse Vorstellung. So verändert sich das Judentum ständig. Was die Propheten sagen, nimmt sich in den fünf Büchern des Pentateuch recht unterschiedlich aus. Der Geist des babylonischen und des Jerusalemer Talmud ist von dem der Kabbala durch eine Welt getrennt. Jeder jüdische Philosoph – von Philon über Maimonides bis hin zu Rosenzweig – bietet eine völlig andere Interpretation an. Das gleiche gilt auch für andere Religionen.

Der Begriff der Menschheit ist somit sicherlich immer religiös fundiert – aber auch philosophisch. Wir könnten nicht so reden, wie wir es tun, hätte es nicht die griechische Philosophie und die Tradition der griechischen und römischen Philosophie gegeben. Man unterschätzt sehr leicht den Einfluß der lateinischen Interpretationen griechischer Philosophie. Cicero, den man früher in den Schulen las, ist ein Autor populärer Werke, er vereinfacht, vulgarisiert, aber er hat den Sinn für große Ideen. Was, seiner Definition zufolge, den Menschen vom Tier unterscheidet, sind *ratio* und *oratio*, also die Vernunft und der Ausdruck der Vernunft in der vernünftigen Rede. Hier handelt es sich um einen Beitrag der griechischen Philosophie, der über die Vermittlung der lateinischen Gedankenwelt überlebt hat und eine der Wurzeln unseres Denkens darstellt.

Angesichts Ihrer Ausführungen über den Humanismus als Auftakt und Wurzel unseres Denkens kommen uns die anderen Begriffe in den Sinn, die Ihre persönliche philosophische Entwicklung gekennzeichnet haben. Da wäre als allererster und bedeutendster natürlich die Toleranz anzuführen; gleich dahinter aber dürfte der Begriff der Melancholie folgen, der für eine ganze Periode Ihrer Arbeit bestimmend war. Wie Sie deutlich gemacht haben, handelt es sich bei der Melancholie

um ein komplexes Gefühl, dem je nach Epoche eine recht un-
terschiedliche Bedeutung zukommt; wenn wir nun aber an
die Melancholie denken, die sich im Kupferstich Dürers aus-
drückt, das heißt: an die Melancholie des Engels, den die Un-
endlichkeit des Wissens und die abgründige Tiefe unserer
Unwissenheit bedrückt, so möchte ich Sie fragen, ob diese
Melancholie über das Wissen nicht auch ein Gefühl ist, das Sie
an Ihrem Lebensabend begleitet.

Um Ihnen zu antworten, bedürfte es eines neuen Buches
über Melancholie! Was Dürer anbetrifft, so handelt es sich
meiner Interpretation nach um einen Künstler, der die große
Mission und das Ziel der Kunst vor Augen hat, zugleich aber
erkennt, daß er nicht imstande ist, diese innere Vision, die
Ideen – seinen Worten zufolge: die Bilder in der Seele –, das
Bild der Schönheit adäquat auszudrücken. Er möchte diese
Bilder umsetzen, erkennt aber, daß er als Mensch, als Künstler seine Vision nicht angemessen zu gestalten vermag.

Wollen Sie damit andeuten, daß sich dies auf die Melancholie
des Philosophen übertragen läßt, dem es nicht gelingt, eine
vollkommene Sicht der Welt zu liefern?

Was den Philosophen sowie den Menschen Ende des 18. Jahrhunderts, vor allem aber auch die Dichter des 19. Jahrhunderts anbetrifft, stellt sich die Sache anders dar. Hier handelt
es sich nicht um den Künstler, der nicht vollkommen dem
Ausdruck zu verleihen vermag, was er sieht, sondern um den
leidenden Menschen. Tiefes Leid bedrückt ihn, und er fragt
sich nach dessen Ursachen. Er erkennt, daß er die Ursache
nicht kennt. Leiden ohne Ursache – das ist wahres Leiden.
Auch hier müssen wir erneut auf Platon und Aristoteles zu-
rückschauen, für die die Welt auf der Kenntnis der Ursachen
gründet. Ihnen zufolge kann man die Ursachen kennen, gerade darin liegt die Aufgabe des Philosophen – wobei er zu-

gleich die Grenzen dessen, was er mit Sicherheit behaupten kann, reflektieren muß. Aus dieser von Platon und Aristoteles tiefempfundenen Überzeugung erwächst die große Aufgabe der Philosophie. Der Mensch des 19. Jahrhunderts jedoch weiß um seine Erfolglosigkeit, und aus dieser rührt das große Leiden. Er befindet sich in einer Welt, deren Ursache er nicht wirklich kennt. Er weiß nicht, warum er leidet – und diese Situation ist auf uns überkommen.

Aber wir selbst befinden uns am Ende des 20. Jahrhunderts ebenfalls in einer Welt, die die Ursache nicht kennt und aus der folglich diese Melancholie erwächst, die sich durch alle Ihre Arbeiten zieht und in gewissem Sinne im Zentrum Ihres Lebens steht.

Sie hat mich begleitet, als ich so viele schreckliche Dinge sah, gegen die ich nichts tun konnte. Weder durch einen Akt des Willens noch der Intelligenz konnte ich die geringste Veränderung herbeiführen. Ich konnte etwas feststellen, konnte in einigen Fällen eine Handlung vorschlagen, während des Krieges an die Mächtigen appellieren. Aber wie begrenzt ist die Macht jedes Individuums! Man fragt sich: Warum all das? Wenn man sich für die Suche nach dem Guten einsetzt, weshalb ist diese bloß so machtlos? Wie kann in einer geordneten Welt so viel Unglück möglich sein? Das ist die Realität. Man darf sich nicht täuschen, man muß über das verfügen, was Nietzsche *Wahrhaftigkeit* nannte, die Fähigkeit also, sich über den Zustand der Dinge im klaren zu sein.

Über Scharfblick zu verfügen?

Ja, über Scharfblick. Aber der darf uns nicht in den Nihilismus führen. Mag auch das Resultat all der Anstrengungen häufig geringfügig oder gar nichtig sein – man darf sie deshalb doch nicht auf sie verzichten. Die individuelle Anstren-

gung, die von einer Überzeugung getragen ist, die indi-
viduelle Handlung führt einen Unterschied herbei. Die
Geschichte ist voller Beispiele, in denen die Handlung eines
Individuums, einer individuellen Gestalt, die bestehende
Wirklichkeit verändert hat.

Abb. 1: Als Student in Kues, 1927 (Privatsammlung)

Abb. 2: *Die Odenwaldschule (Privatsammlung)*
Abb. 3: *Brief von Einstein an R. Klibansky (Privatsammlung)*

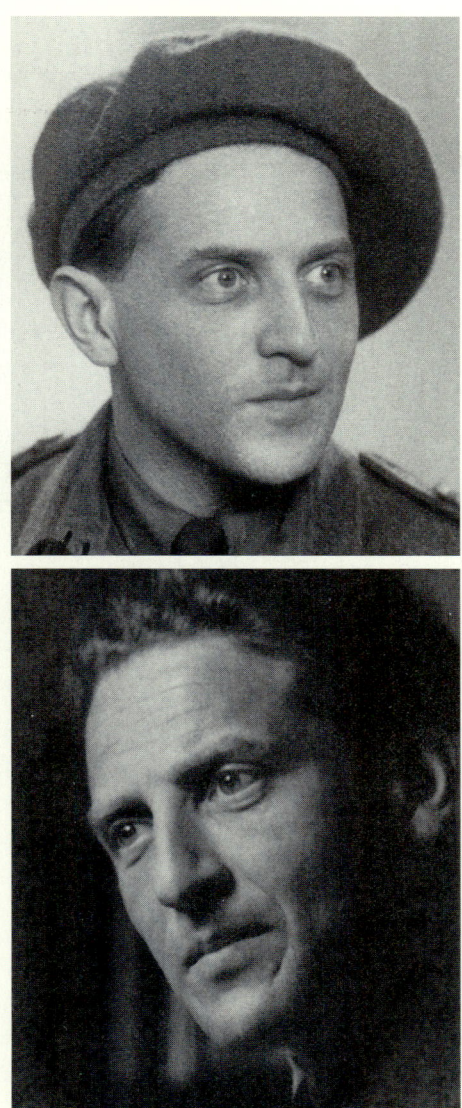

Abb. 4: R. Klibansky als Offizier der britischen Streitkräfte
(Privatsammlung)
Abb. 5: R. Klibansky in London 1945 (Privatsammlung)

Abb. 6: Der ovale Lesesaal der Bibliothek Warburg in Hamburg
(© Warburg Institute)

Abb. 7: Aby Warburg gegen Ende seines Lebens
(© Warburg Institute)

Abb. 8: Stefan George (Privatsammlung)

Abb. 9: Friedrich Gundolf (Privatsammlung)

Abb. 10: Fritz Saxl (Privatsammlung)
Abb. 11: Das College Oriel in Oxford (Privatsammlung)

Abb. 12: Karl Jaspers in Heidelberg (Privatsammlung)

Abb. 13: E. Cassirer Ende der 30er Jahre (Privatsammlung)
Abb. 14: Lotte Labowsky (Privatsammlung)

*Abb. 15: Mit Leszek Kolakowski in der McGill-Universität,
Januar 1969 (Privatsammlung)*

Abb. 16: Mit A. Koyré (rechts) und Professor Almaggià,
Florenz 1957 (Privatsammlung)
Abb. 17: Mit H.-G. Gadamer und H. Jonas, Heidelberg 1986
(Archiv Dr. Michael Schwarz, Heidelberg)

Abb. 18: E. Cassirer und seine Tochter Anne (Privatsammlung)
Abb. 19: Mit Chaim Perelman und Jean Wahl, Montreal 1962
(Privatsammlung)

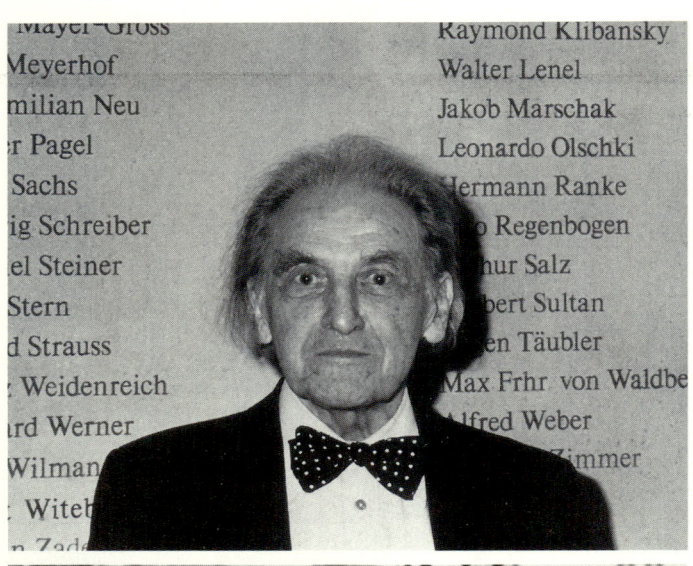

Mayer-Gross   Raymond Klibansky
Meyerhof   Walter Lenel
milian Neu   Jakob Marschak
r Pagel   Leonardo Olschki
Sachs   Hermann Ranke
ig Schreiber   o Regenbogen
el Steiner   hur Salz
Stern   bert Sultan
d Strauss   en Täubler
Weidenreich   Max Frhr von Waldbe
rd Werner   lfred Weber
Wilman   immer
Witeb
n Zad

Abb. 20: Vor der Tafel des Senats der Universität Heidelberg, 1991
(Archiv Dr. Michael Schwarz, Heidelberg)
Abb. 21: In Heidelberg, 1986
(Archiv Dr. Michael Schwarz, Heidelberg)

Abb. 22: Vor dem Wolfson College, Oxford 1955 (Privatsammlung)
Abb. 23: In seinem Garten in Oxford (Privatsammlung)

Abb. 24: Zusammen mit Sir Isaiah Berlin bei der Verleihung der Ehrendoktorwürde der Universität von Bologna, Mai 1995 (Foto: Universität Bologna)

Anhang

Anmerkungen

Einleitung von Georges Leroux

1 1990 erschien die deutsche, ebenfalls von Klibansky betreute und stark erweiterte Ausgabe im Suhrkamp Verlag. A. d. Ü.

1. *Von Paris nach Heidelberg: Eine gelehrsame Jugend*

1 *Der Babylonische Talmud.* Nach der ersten zensurfreien Ausgabe unter Berücksichtigung der neueren Ausgaben und handschriftlichen Materials neu übertragen durch Lazarus Goldschmidt, 12 Bände, Frankfurt am Main: Jüdischer Verlag im Suhrkamp Verlag 1996.

2 Vgl. Hans Bethe, *Intermediate Quantum Mechanics*, New York u. a.: Benjamin 1964.

3 Vgl. Otto Braun, *Aus nachgelassenen Schriften eines Frühvollendeten*, hg. v. Julie Vogelstein, Berlin: Cassirer 1920.

4 Joist Grolle, *Bericht von einem schwierigen Leben. Walter Solmitz, 1905 bis 1962*, Berlin/Hamburg: Dietrich Reimer 1994.

5 Vgl. Klaus Mann, *André Gide und die Krise des modernen Denkens*, vom Autor besorgte Übersetzung und Bearbeitung, München: Nymphenburger 1966; ders., *Der Wendepunkt. Ein Lebensbericht*, Frankfurt am Main: Fischer 1952.

6 Vgl. Golo Mann, *Erinnerungen und Gedanken. Eine Jugend in Deutschland*, Frankfurt am Main: Fischer 1986.

7 Vgl. Heinrich Rickert, *Die Grenzen der naturwissenschaftlichen Begriffsbildung: Eine logische Einleitung*, 5. Auflage, Tübingen: Mohr 1902.

8 Vgl. Karl Jaspers, *Allgemeine Psychopathologie. Ein Leitfaden für Studierende, Ärzte und Psychologen*, Berlin 1913; ders., *Psychologie der Weltanschauungen*, Berlin 1919; ders, *Philosophie*, 3 Bde., Berlin 1932.

9 Max Weber, *Wissenschaft als Beruf*, in: *Gesamtausgabe*, Bd. 17, hg. v. Wolfgang J. Mommsen und Wolfgang Schluchter unter Mitarbeit von Birgitt Morgenbrod, Tübingen: Mohr (Siebeck) 1992, S. 79 und S. 92; vgl. ders., *Wirtschaft und Gesellschaft. Grundriss der verstehenden Soziologie*, besorgt von Johannes Winckelmann, Tübingen: Mohr (Siebeck) 1980.

10 Vgl. Oswald Spengler, *Der Untergang des Abendlandes*, 2 Bde., München: Beck 1918 und 1922.

11 Vgl. Jeanne Hersch, *Karl Jaspers. Einführung in sein Werk*, München:

Piper 1980; vgl. dies., *Das philosophische Staunen. Einblicke in die Geschichte des Denkens*, Zürich: Benziger 1981.

12 Vgl. Ferdinand Tönnies, *Gemeinschaft und Gesellschaft. Grundbegriffe der reinen Soziologie*, Darmstadt: Wissenschaftliche Buchgesellschaft 1963.

13 Vgl. Heinrich Cassirer, *Aristoteles' Schrift »Von der Seele« und ihre Stellung innerhalb der aristotelischen Philosophie*, neuaufgelegt Darmstadt: Wissenschaftliche Buchgesellschaft 1968.

14 Vgl. Toni Cassirer, *Mein Leben mit Ernst Cassirer*, Hildesheim: Gerstenberg 1981.

15 Vgl. ebd., S. 125; vgl. auch Raymond Klibansky, »Die Grenzen des akademischen Lebens sprengen. Ein Gespräch über Ernst Cassirer und die Bibliothek Warburg«, in: *Merkur. Deutsche Zeitschrift für europäisches Denken*, Stuttgart 1996, S. 274-277. »Erinnerungen an Ernst Cassirer«, in: *Internationale Zeitschrift für Philosophie*, Stuttgart 1999, Heft 2, S. 275-288.

16 Vgl. Ernst Gombrich, *Aby Warburg. Eine intellektuelle Biographie*, Frankfurt am Main: EVA 1981.

17 Vgl. Edgar Wind, *The Eloquence of Symbols*. Mit einem Nachwort »On a recent Biography of Warburg«, hg. v. J. Anderson, Oxford: Clarendon 1983.

18 Vgl. Ernst Cassirer, *Philosophie der symbolischen Formen*, (Berlin: 1923, 1925 und 1929) Darmstadt: Wissenschaftliche Buchgesellschaft 1982; vgl. ders., *Individuum und Kosmos in der Philosophie der Renaissance*, 5. unveränderte Auflage, Nachdruck der 1. Auflage Leipzig und Berlin 1927, Darmstadt: Wissenschaftliche Buchgesellschaft 1977.

19 Vgl. *Philosophy and History. Essays presented to Ernst Cassirer*, hg. v. Raymond Klibansky und H. J. Paton, Oxford 1936 (Nachdruck: New York: Torchbooks 1963; Gloucester, Mass.: Peter Smith 1975).

20 Vgl. Toni Cassirer, *Ernst Cassirer in America*, Turin: Edizioni di filosofia 1955.

21 Vgl. Heinrich Cassirer, *Kommentar zu Immanuel Kants Kritik der reinen Vernunft*. Einleitung von Helmut Holzhey, Hildesheim: Olms 1978.

22 Vgl. Heinrich Cassirer, *Grace and Law. St. Paul, Kant and the Hebrew Prophets*, Edinburg: Hansel Press 1988.

2. Das literarische Heidelberg

1 Vgl. *Deutsch-französische Gespräche 1920-1950. La correspondance de Ernst Robert Curtius avec André Gide, Charles Du Bos et Valéry Larbaud*, hg. v. H. und J. Dieckmann, Frankfurt am Main: Klostermann

1980; vgl. auch Charles Du Bos, *Dialog mit André Gide*. Ins Deutsche übertragen von Edgar Kolbinger, Freiburg/München: Alber 1961.

2 Vgl. Thomas Mann, *Betrachtungen eines Unpolitischen*, Frankfurt am Main: Fischer 1983, insbesondere S. 154 ff.

3 Vgl. Alfred Weber, *Schriften zur Industriellen Standortlehre*, Alfred-Weber-Gesamtausgabe Bd. 6, Marburg: Metropolis 1998.

4 Vgl. Karl Mannheim, *Ideologie und Utopie*, 8. Aufl., Frankfurt am Main: Klostermann 1995 (1. und 2. Aufl. Bonn: Friedrich Cohen 1929).

5 Pierre Viénot, *Ungewisses Deutschland. Zur Krise seiner bürgerlichen Kultur*, neu hg., eingel. und komm. v. Hans Manfred Bock, übers. v. Eva Mertens, Bonn: Bouvier 1999, S. 163.

6 Vgl. Lotte Labowsky, *Die Ethik des Panaitios. Untersuchungen zur Geschichte des Decorum bei Cicero und Horaz*, Leipzig: Meiner 1934.

7 Vgl. Lotte Labowsky, *Bessarion's Library and the Biblioteca Marciana. Six Early Inventories*, Rom: Edizioni di Storia e Letteratura 1979.

8 Vgl. Heinrich Zimmer, *Ewiges Indien; Leitmotve indischen Daseins*, Potsdam: Müller & Kiepenheuer 1930; vgl. auch ders., *Philosophie und Religion Indiens*, übers. v. Lucy Heyer-Grote, Frankfurt am Main: Suhrkamp 1973.

9 Vgl. Friedrich Gundolf, *Shakespeare und der deutsche Geist*, Berlin: Bondi 1927.

10 Vgl. Friedrich Gundolf, *Caesar. Geschichte seines Ruhms*, Berlin: Bondi 1924; vgl. auch ders., *Caesar im neunzehnten Jahrhundert*, Berlin: Bondi 1926.

11 Vgl. *Athenäum. Eine Zeitschrift, herausgegeben von August Wilhelm Schlegel und Friedrich Schlegel*, 3 Bde., Berlin 1798-1800. Nachdruck, Darmstadt: Wissenschaftliche Buchgesellschaft 1983.

12 Vgl. R. G. Reuth, *Goebbels*, München/Zürich: Piper 1990, S. 52 f. und 625; nach Bundesarchiv (Koblenz) NL 118/110.

13 *Emil Julius Gumbel 1891-1966. Akademische Gedächtnisfeier des 100. Geburtstages*, hg. v. der Universität Heidelberg, Heidelberg: C. F. Müller 1992, S. 26.

14 Vgl. *Verleihung des Lessingpreises an Raymond Klibansky*, Freie und Hansestadt Hamburg, Hamburg 1994.

15 Brief Gundolfs an George vom 21. Juni 1926, in: Stefan George/Friedrich Gundolf, *Briefwechsel*, hg. v. Robert Boehringer und Georg Peter Landmann, München/Düsseldorf: Küpper vormals Bondi 1962, S. 372.

16 Vgl. Stefan George, *Der Stern des Bundes*, Stuttgart: Klett-Cotta 1993; ders., *Das Jahr der Seele*, Stuttgart: Klett-Cotta 1982.

17 Friedrich Gundolf, *George*, Darmstadt: Wissenschaftliche Buchgesellschaft 1968 (Reprint der 3. Aufl., Berlin: Bondi 1930), S. 31. – Zeichensetzung nach Original, A. d. Ü.

18 Ders., *Der Stern des Bundes*, a. a. O., S. 84.

19 Vgl. Stefan George, *Das neue Reich*, Düsseldorf/München: Küpper vormals Bondi 1964.

20 Ders., »Einem Pater«, in: *Der siebente Ring*, Stuttgart: Klett-Cotta 1986 (Erstausgabe: Privatdruck 1907), S. 168.

21 Vgl. Albert Saint-Paul, *Les Encensoirs*, Paris: Librairie des Bibliophiles 1931.

22 Stefan George, »Franken«, in: *Der siebente Ring*, a. a. O., S. 18 f.

23 Der französische Originaltext dieses Briefs befindet sich, laut der freundlichen Auskunft von Frau Dr. Ute Oelmann, im George-Archiv der Württembergischen Landesbibliothek Stuttgart. Zudem enthält das Archiv einen Entwurf Georges zu diesm Brief. Das Erscheinen des Texts ist für den ersten Band der neuen Zeitschrift der Bibliotheca Bodmeriana, *Corona Nova*, im Sommer 2001 vorgesehen. – Die Kenntnis von Merrills Dichtungen blieb auf einen kleinen Kreis einflußreicher Leser beschränkt. Vor kurzem erschien zum ersten Mal eine größere Sammlung seiner Schriften: Stuart Merrill, *The White Tomb: Selected Writings*, Jersey City, N. J.: Talisman House Publishers 1999.

24 Außer den bereits aufgeführten Werken vgl. Friedrich Gundolf, *Goethe*, Berlin: Bondi 1930 (13. Aufl.); vgl. auch Ernst Kantorowicz, *Kaiser Friedrich der Zweite*, Stuttgart: Klett-Cotta 1995.

25 »Templer«, in: Stefan George, *Der siebente Ring*, a. a. o., S. 53.

26 Dieser Gedichtzyklus ist einer der sieben Teile von *Der siebente Ring*. A. d. Ü.

27 Vgl. Edith Landmann, *Georgika. Das Wesen des Dichters. Stefan George: Umriss seines Werkes*, Heidelberg: Weiss'sche Universitäts-Buchhandlung: Heidelberg 1920; vgl. dies., *Gespräche mit Stefan George*, Düsseldorf: Küpper vormals Bondi 1963.

28 Vgl. Friedrich Wolters, *Herrschaft und Dienst*, Berlin: Bondi 1920.

29 Vgl. ders., *Stefan George und die Blätter für die Kunst. Deutsche Geistesgeschichte seit 1890*, Berlin: Bondi 1929.

30 Dessen eigentlicher Name war Gundelfinger. A. d. Ü.

31 Vgl. Max Kommerell, *Briefe und Aufzeichnungen. 1919-1944*, hg. v. Inge Jens, Olten und Freiburg: Walter 1967; vgl. auch ders., *Der Dichter als Führer in der deutschen Klassik. Klopstock, Herder, Goethe, Schiller, Jean Paul, Hölderlin*, Frankfurt am Main: Klostermann 1929 (2. Aufl.).

32 Vgl. Peter Hoffmann, *Claus Schenk Graf von Stauffenberg und seine Brüder*, Stuttgart: Deutsche Verlagsanstalt 1992, insbesondere S. 61-78.

33 Vgl. Edith Landmann, *Gespräche mit Stefan George*, a. a. O., S. 204.

34 Bei der Ausgabe, in der die Spuren des Georgeschen Antisemitismus unterdrückt worden sind, handelt es sich um den von Robert Boehringer und Georg Peter Landmann herausgegebenen Band: Stefan George/

Friedrich Gundolf, *Briefwechsel*, a. a. O., vgl. S. 163. Vgl. hierzu Peter Hoffmann, *Claus Schenk Graf von Stauffenberg und seine Brüder*, a. a. O., S. 116 und S. 501. Mittlerweile liegt eine Edition des Briefwechsels zwischen George und Lechter vor, die die angeführte Stelle nicht mehr unterschlägt: Melchior Lechter/Stefan George, *Briefe*. Kritische Ausgabe, hg. v. Günter Heintz, Stuttgart: Hauswedell und Co. 1991, S. 240. A. d. Ü.

35 Das Zitat ist abgedruckt in: Stefan Breuer, *Ästhetischer Fundamentalismus. Stefan George und der deutsche Antimodernismus*, Darmstadt: Wissenschaftliche Buchgesellschaft 1995, S. 233. A. d. Ü.

36 Karl Wolfskehl, »Mittelmeer oder die fünf Fenster – Ultimus Vatum«, in: ders., *Gesammelte Werke*, Erster Band, Hamburg: Claassen 1960, S. 191.

37 »›Das Lebenslied‹ an die Deutschen«, ebd., S. 216.

3. *Die deutschen Meister: Eckhart und Nikolaus von Kues*

1 Vgl. Ernst Cassirer, *Individuum und Kosmos in der Renaissance*, Darmstadt: Wissenschaftliche Buchgesellschaft 1994 (Nachdruck der Erstausgabe, Leipzig/Berlin 1927); darin im Anhang: Carolus Bovillus, *Liber de Sapiente*, hg. v. Raymond Klibansky.

2 Die Schrift wurde 1618 »in der Newenstadt«, das ist Halle-Neustadt, »bei Johann Knuber« gedruckt. Ein Exemplar befindet sich – ein Geschenk Gundolfs – mit zehn anderen Schriften Weigels in meiner Bibliothek; sie sind alle zwischen 1613 und 1618, eine Generation nach Weigels Tod, in Halle oder in Halle-Neustadt gedruckt.

3 Klibansky arbeitete als wissenschaftlicher Assistent der Heidelberger Akademie an der Cusanus-Edition; Ernst Hoffmann vertrat die Edition an der Akademie. A. d. Ü.

4 Vgl. Cusanus-Texte I, *Predigten. Dies Sanctificatus*, hg. v. Raymond Klibansky, Heidelberger Akademie der Wissenschaften, Philosophisch-historische Klasse 1928-29, Heidelberg 1929.

5 Dieses Selbstporträt, auf das Nikolaus in der Einleitung zu *De visione dei* verweist, existiert im Brüsseler Rathaus nicht mehr als Gemälde, sondern lediglich noch als Gobelin im Berner Kunstmuseum. Vgl. Nikolaus von Kues, *Vom Sehen Gottes*. Aus dem Lateinischen von Dietlind und Wilhelm Dupré. Mit einem Nachwort von Alois M. Haas, Zürich/München: Artemis 1987, S. 9 ff., sowie Ernst Cassirer, *Individuum und Kosmos in der Philosophie der Renaissance*, a. a. O., S. 32, Anm. 3.

6 Nikolaus von Kues, *Vom Sehen Gottes*, a. a. O., S. 21.

7 Ebd., S. 24.

8 Ebd., S. 35.

9 Ebd., S. 35.

10 Vgl. Nikolaus von Kues, *Vom Globusspiel*, übers., eingef. und mit Anmerkungen vers. v. Gerda von Bredow, Hamburg: Meiner 1978, S. 43 ff.

11 Ebd.

12 Nikolaus von Kues, *Der Laie und die Experimente der Waage*, in: *Philosophisch-Theologische Schriften*, Bd. III, übers. v. Dietlind und Wilhelm Dupré, Wien: Herder 1967, S. 613.

13 Vgl. *Aus Gesprächen Franz Baader's mir einigen jüngeren Freunden in den letzten sechs Monaten seines Lebens*, in: *Franz von Baader's nachgelassene Werke*, Zweite Hauptabteilung der *Sämmtlichen Werke*, Bd. 5, S. 159.

14 Vgl. Alfred Rosenberg, *Der Mythus des 20. Jahrhunderts. Eine Wertung der seelisch-geistigen Gestaltenkämpfe unserer Zeit*, München: Hoheneichenverlag 1933.

15 Vgl. Magistri Eckardi Opera Latina, hg. v. Raymond Klibansky, Fasc. I, *Super oratione dominica*, Lipsiae: Meiner 1934; vgl. auch Magistri Eckardi Opera Latina, Fasc. XIII, *Quaestiones Parisienses*. Edidit Antonius Dondaine o. p., *Commentariolum de Eckardi magisterio*, adiunxit Raymundus Klibansky, Lipsiae: Meiner 1936.

16 Meister Eckhart, *Deutsche Predigten und Traktate*, hg. u. übers. v. Josef Quint, München: Hanser 1985 (6. Aufl.), S. 340. Vgl. auch Meister Eckhart, *Werke*. Texte und Übersetzungen (in zwei Bänden), hg. v. Niklaus Largier, Frankfurt am Main: Deutscher Klassiker-Verlag 1993.

4. *Von Heidelberg nach Oxford: Flucht aus Deutschland*

1 Vgl. Birgit Vézina, »*Die Gleichschaltung« der Universität Heidelberg im Zuge der nationalsozialistischen Machtergreifung*, Heidelberg: Winter 1982, S. 23.

2 Vgl. August Faust, *Der Möglichkeitsgedanke. Systemgeschichtliche Untersuchungen* (2 Bde.), New York/London: Garland 1987 (Nachdruck der Ausgabe Heidelberg: Winter 1931 und 1932).

3 Vgl. Jakob Burckhardt, *Weltgeschichtliche Betrachtungen*, München: dtv 1978, vor allem das Kapitel »Die geschichtlichen Krisen«, S. 116-150.

4 Vgl. Raymond Klibansky, »Aus dem Heidelberger Geistesleben. Autobiographische Anmerkungen«, in: *Heidelberg. Geschichte und Gestalt*, Heidelberg 1996, S. 270-282; vgl. ders., »L'Université allemande dans les années trente (notes autobiographiques)«, in: *Philosophiques* XVIII, 1991, S. 139-157; vgl. ders., »Zur fünfzigsten Wiederkehr der Pogromnacht«, in: *Trumah*. Zeitschrift der Hochschule für Jüdische Studien, Nr. 3, Heidelberg 1992, S. 1-13.

5 Heinrich Rickert, *Grundprobleme der Philosophie*, Tübingen: Mohr 1934, S. 223.

6 Vgl. Victor Farías, *Heidegger und der Nationalsozialismus*, Frankfurt am Main: Fischer 1989, S. 158.

7 Vgl. Karl Löwith, *Mein Leben in Deutschland vor und nach 1933. Ein Bericht*. Mit einer Vorbemerkung von Reinhart Koselleck und einer Nachbemerkung von Ada Löwith, Frankfurt am Main: Fischer 1990, S. 57.

8 Vgl. Dorothee Mussgnug, *Die vertriebenen Heidelberger Dozenten*, Heidelberg: Winter 1988.

9 Vgl. Charles Du Bos, *Dialog mit André Gide*, a. a. O.

10 Harry Graf Kessler, *Tagebücher 1918-1937*, hg. v. Wolfgang Pfeiffer-Belli, Frankfurt/Leipzig: Insel 1996, S. 723.

11 Vgl. Jacques Benoist-Méchin, *Geschichte der deutschen Militärmacht 1918-1946* (6 Bde.). Ins Deutsche übertragen von Wolfgang Herda, Friedrich Richters und Hans Bermbrok, Oldenburg/Hamburg: Stalling 1965, 1966 und 1967.

12 Nach der Kapitulation des französischen Staates rief de Gaulle in der Londoner Rundfunkrede vom 18. Juni 1940 zur Fortführung des Krieges auf und erklärte sich zum legitimen Repräsentanten Frankreichs. A. d. Ü.

5. London: Der Kampf gegen den Nationalsozialismus

1 Vgl. Henry de Montherlant, *Die jungen Mädchen* (*Les jeunes filles*). Deutsch von Ernst Sander, München: dtv 1980; *Erbarmen mit den Frauen* (*Pitié pour les femmes*). Deutsch von Ernst Sander, München: dtv 1980; *Der Dämon des Guten* (*Le Démon du bien*). Deutsch von Ernst Sander, München: dtv 1981; *Die Aussätzigen* (*Les Lépreuses*). Deutsch von Ernst Sander, München: dtv 1986.

2 *Enigma* hieß das Gerät, mit dem die deutsche Wehrmacht praktisch ihren gesamten geheimen Funkverkehr verschlüsselte. In der *Government Code and Cypher School* in Bletchley Park, Buckinghamshire, arbeiteten während des Krieges zahlreiche Wissenschaftler und Techniker – darunter Alan Turing – erfolgreich daran, die deutschen Funkbotschaften zu decodieren. A. d. Ü.

3 Vgl. Erich Klibansky, *Die topographische Entwicklung der kurmainzischen Ämter in Hessen*, Marburg 1925; ders., *Gerichtsszene und Prozeßform in erzählenden deutschen Dichtungen des 12. bis 14. Jahrhunderts*, Berlin: 1925 (Nachdruck: Nendeln, Liechtenstein: Kraus 1967).

4 Vgl. Harald Steffahn, *Die Weiße Rose*, Reinbek bei Hamburg: Rowohlt

1992; vgl. auch Angela Bottin, *Enge Zeit. Spuren Vertriebener und Verfolgter der Hamburger Universität*, Berlin: Reimers 1992.

5 Vgl. R. Ch. Williams, *Klaus Fuchs, Atom Spy*, Cambridge (Mass.): Harvard University Press 1987; vgl. auch ders./Ph. L. Cantelon (Hg.), *The American Atom*, Philadelphia: University of Pennsylvania Press 1984.

6 Schweres Wasser – die Verbindung des Wasserstoffisotops Deuterium mit Sauerstoff – wurde als Moderator benötigt, um die Kettenreaktion bei der Atomspaltung aufrechtzuerhalten. In Norwegen gab es die einzige Fabrik auf der ganzen Welt, die schweres Wasser auf großtechnischem Niveau herstellte. A. d. Ü.

7 Vgl. Otto Hahn, *Vom Radiothor zur Uranspaltung. Eine wissenschaftliche Selbstbiographie*, Braunschweig/Wiesbaden: Vieweg 1989.

8 Vgl. Otto R. Frisch, *Beiträge zur Physik und Chemie des 20. Jahrhunderts: Lise Meitner, Otto Hahn, Max von Laue zum 80. Geburtstag*, hg. v. O. R. Frisch, F. A. Paneth u. a. (Beiträge in dutscher, englischer und französischer Sprache), Braunschweig: Vieweg 1959; vgl. auch ders., *Woran ich mich erinnere. Physik und Physiker meiner Zeit*. Aus dem Englischen von Lucien Trueb, Stuttgart: Wissenschaftliche Verlagsanstalt 1981.

9 Vgl. Richard Rhodes, *Die Atomkerne und die Geschichte des 8. Schöpfungstages*. Aus dem Englischen übers. v. Peter Torberg, Nördlingen: Greno 1988.

10 Vgl. Leo Szilard, *Die Stimme der Delphine. Utopische Erzählungen*. Aus dem Amerikanischen von Horst Dölvers, Reinbek bei Hamburg: Rowohlt 1963.

11 Vgl. W. Lamouette und B. Bela Szilard, *Genius in the Shadows: The Man Behind the Bomb: A Biography of Leo Szilard*, Nwe York: Scribner 1992.

12 Vgl. Abraham Schalom Yahuda, *Die Sprache des Pentateuch in ihrer Beziehung zum Ägyptischen. Mit einer hieroglyphischen Beilage*, Berlin: de Gruyter 1929.

13 Philipp Lenard (1862-1947) erhielt 1905 den Nobelpreis für Physik.

14 Hier der unveröffentlichte Text dieses Schreibens:
»Lieber Herr Klibansky,
Ich habe Ihr so rasch angefertigstes Memorandum sorgfältig gelesen und bis auf einige Einzelheiten recht gut und zweckmässig befunden.
Es wäre nun gut, wenn Sie einige unserer besten Leute aufsuchten und sie über die wahre Lage der Universität instruirten. Sagen Sie dann nur, dass Sie es auf meinen ausdrücklichen Wunsch thun.
In der Hoffnung auf künftiges gemeinsames Wirken bin ich mit herzlichen Grüssen
Ihr   A. Einstein.

Dies ist am 7. X. auf der Fahrt zum Dampfer geschrieben. Verzeihen Sie das hässliche Papier.«

15 Vgl. Werner Heisenberg, *Der Teil und das Ganze. Gespräche im Umkreis der Atomphysik*, München: Piper 1969.

16 *Operation Epsilon: die Farm-Hall-Protokolle oder die Angst der Alliierten vor der deutschen Atombombe*, hg. v. Dieter Hoffmann. Deutsch von Wilfried Sczepan, Berlin: Rowohlt 1993, S. 152.

17 Vgl. Albert Speer, *Erinnerungen*, Berlin: Propyläen 1969.

18 Vgl. Wernher von Braun, *History of Rocketery and Space Travel*, 3. überarbeitete Aufl., New York: Crowell 1975.

19 Vgl. *Operation Epsilon*, a. a. O., S. 247.

20 Vgl. Max Dresden, *H. A. Kramers, between tradition and revolution*, New York: Springer 1987.

21 Vgl. Richard Crossman (zusammen mit D. Lerner), *Psychological Warfare against Nazi Germany. The Skywar Compaign, D-Day to V-Day*, Cambridge (Mass.): M. I. T. Press 1971.

22 Vgl. Sefton Delmer, *Die Deutschen und ich*. Aus dem Englischen von Gerda von Uslar, Hamburg: Nannen 1963.

23 Vgl. Giovanni Gentile, *L'atto del pensare come atto puro*, Catania: Martinis 1916.

24 Vgl. Benedetto Croce, *Essays on the moral and political problems of our time*. Zusammengestellt von Raymond Klibansky, London/New York 1949 (Nachdruck: New York 1962).

25 Vgl. Benito Mussolini, *Memoirs 1942-1943, with documents relating to the period*, eingel., komm. und mit Anmerkungen vers. v. Raymund Klibansky, übers. v. Frances Lobb, London: Weidenfeld & Nicholson 1949 (Nachdruck: New York 1975; Phoenix Press: London 2000).

6. Die Kinder des Saturn

1 Vgl. *Corpus Platonicum Medii Aevi*, Auspiciis Academiae Britannicae [...], edidit Raymundus Klibansky, vol. I: Plato Latinus, *Meno*. Interprete Henrico Aristippo. Ed. V. Kordeuter. Recognovit et praefatione instruxit Carlotta Labowsky. In aedibus Instituti Warburgiani, Londinii 1940.

2 Vgl. Raymond Klibansky/Richard Hunt, *Mediaeval and Renaissance Studies*, Bde. I-VI + Suppl. I-III, Warburg Institute, London University, London 1941-1956 (Nachdruck: Nendeln/Liechtenstein: Kraus Reprint 1970-77).

3 Vgl. Raymond Klibansky, *The Continuity of the Platonic Tradition*, The Warburg Institute, London 1939 (2. Aufl.: London 1959; 3. und 4. erweiterte Aufl.: 1981 und 1982).

4 Vgl. Fritz Saxl, *Verzeichnis astrologischer und mythologischer illustrierter Handschriften des lateinischen Mittelalters*, Warburg Institute, London University, London 1953.

5 Vgl. Raymond Klibansky, Erwin Panofsky und Fritz Saxl, *Saturn and Melancholy. Studies in the History of Religion, Art and Natural Philosophy*, London/New York 1964; dt. Fassung: dies., *Saturn und Melancholie. Studien zur Geschichte der Naturphilosophie und Medizin, der Religion und der Kunst*, übers. v. Christa Buschendorf, Frankfurt am Main: Suhrkamp 1990; vgl. auch Raymond Klibansky, »Le avventure della Malinconia«, in: *Dianoia*, Nr. 1, Bologna 1996, S. 11-27.

6 Vgl. Erwin Panofsky, *Das Leben und die Kunst Albrecht Dürers*, I-II. Ins Deutsche übertragen von Lise Lotte Möller, München: Rogner & Bernhard 1977.

7 Vgl. Horaz, *Das Buch von der Dichtkunst (De Arte Poetica)*, in: *Sämtliche Werke*. Lateinisch und deutsch, hg. u. übers. v. Hans Färber in Zusammenarbeit mit Wilhelm Schöne, München: Artemis & Winkler 1993 (2. Aufl.), S. 543 f.

8 Die Humores-Lehre, auch Humoralpathologie oder Vier-Säfte-Lehre genannt, geht von vier im menschlichen Körper wirksamen Säften aus (Blut, gelbe Galle, schwarze Galle und Phlegma), die jeweils unterschiedliche Funktionen haben und deren Mischungsverhältnis den Charakter und die Gesundheit des Individuums bestimmen. Vgl. *Saturn und Melancholie*, a. a. O., S. 39 ff. A. d. Ü.

9 Der Text ist abgedruckt in *Saturn und Melancholie*, a. a. O., S. 59 ff.

10 Vgl. Hildegard von Bingen, *Welt und Mensch. Das Buch »De operatione Dei«*. Aus dem Genter Kodex übers. v. Hugo Schulz. Mit einem Geleitwort von F. Sauerbruch, Heidelberg: Haug 1983 (4. Aufl.); vgl. dies., *Naturkunde (Physica). Das Buch von dem inneren Wesen der verschiedenen Naturen in der Schöpfung*, nach den Quellen übers. und erl. v. Paul Riethe, Salzburg: Müller 1980 (3. Aufl.).

11 Hildegard von Bingen, *Heilkunde (Causae et curae). Das Buch von dem Grund und Wesen und der Heilung der Krankheiten*. Nach den Quellen übers. und erl. v. H. Schipperges, Salzburg: O. Müller (2. Aufl.) 1961, S. 73 ff. Vgl. auch *Saturn und Melancholie*, a. a. O., S. 181 ff.

12 Vgl. *Saturn und Melancholie*, a. a. O., S. 359 ff.

13 Vgl. Arnoldus de Villanova, *Opera medica omnia*, 3 Bde., hg. v. M. R. Vaugh, Barcelona: Universität von Barcelona 1975; vgl. auch Arnoldus de Villa Nova, *Parabeln der Heilkunst*. Aus dem Lateinischen übers., eingel. und erklärt von Paul Diepgen, 2. unveränderte Aufl., Darmstadt: Wissenschaftliche Buchgesellschaft 1968.

14 Vgl. *Saturn und Melancholie*, a. a. O., S. 368.

15 Vgl. ebd., a. a. O., S. 376.

16 Giovanni Manardo, *Epistolarum medicinalium libri XX*, ex officina Godefridi & Marcelli Beringorum fratrum, Lyon 1549.

17 Vgl. Robert Burton, *Anatomie der Melancholie*. Aus dem Englischen von Ulrich Horstmann, Zürich/München 1988.

18 Ebd., S. 10-13.

19 Vgl. Immanuel Kant, *Anthropologie in pragmatischer Hinsicht*, in: *Werke*, Bd. XII, hg. v. Wilhelm Weischedel, Frankfurt am Main: Suhrkamp 1968, vor allem S. 625 ff.

20 Vgl. Immanuel Kant, *Beobachtungen über das Gefühl des Schönen und Erhabenen*, in: *Werke*, a. a. O., Bd. II., S. 840.

21 Ebd., S. 839.

22 Ebd., S. 842.

23 »Wirf es weg, dieses saturnische Buch/orgiastisch und melancholisch«, in: Charles Baudelaire, *Die Blumen des Bösen, Sämtliche Werke/Briefe*, Bd. 4. Aus dem Französischen von Friedhelm Kemp, Darmstadt: Wissenschaftliche Buchgesellschaft 1974, S. 82 f.

24 Vgl. Giacomo Leopardi, *Canti. Gesänge*. Zweisprachige Ausgabe. Aus dem Italienischen von Hanno Helbling, München: Artemis & Winkler 1978.

7. Von Oxford nach Montreal

1 Vgl. Fred K. Prieberg, *Kraftprobe. Wilhelm Furtwängler im Dritten Reich*, Wiesbaden: F. A. Brockhaus 1986, S. 133 f.; vgl. auch S. Shirakawa, *The Devil's Music Master. The Controversial Life and Career of Wilhelm Furtwängler*, Oxford: Oxford University Press 1992.

2 Vgl. Paul-Heinz Koesters, *Deutschland, deine Denker. Geschichten von Philosophen und Ideen, die unsere Welt bewegen*, Hamburg: Gruner & Jahr 1980, S. 16 f.

3 Robert Lee Vesco, ein amerikanischer Financier, der in den siebziger Jahren in den USA wegen Betrugs und später noch wegen illegaler Wahlkampffinanzierung zugunsten Nixons angeklagt wurde, flüchtete 1972 in verschiedene Länder, unter anderem nach Costa Rica. A. d. Ü.

4 Vgl. Raymond Klibansky, »The Philosophical Character of History«, in: *Philosophy and History. Essays presented to Ernst Cassirer*, hg. v. Raymond Klibansky und H. J. Paton, a. a. O.

5 Vgl. *Méthode et Philosophie de l'Histoire*. Hommage à Raymond Klibansky, in: *Revue Internationale de Philosophie*, Nr. 111-112, 1975.

6 Vgl. Immanuel Kant, Vorrede zu: *Prolegomena zu einer jeden künftigen*

Metaphysik die als Wissenschaft wird auftreten können, in: *Werke in zwölf Bänden*, hg. v. Wilhelm Weischedel, Bd. 5, Frankfurt am Main: Suhrkamp 1968, S. 118.

7 *The Letters of David Hume* I-II., hg. v. Y. T. Greig.

8 Vgl. *New Letters of David Hume*, hg. v. Raymond Klibansky und Ernest C. Mossner, Oxford 1954 (Nachdrucke: Oxford 1969; New York 1983).

9 Vgl. Paul-Emile Schazmann, *La Comtesse de Boufflers*, Paris: Fernand Roche 1933.

10 Vgl. Raymond Klibansky, »Hidden Treasures at McGill: A Survey of Manuscripts and Historical Documents«, in: *Fontanus*, Bd. II, Montreal 1989, S. 65-96.

11 Diese Episode fällt in den Österreichischen Erbfolgekrieg (1740-1748), in dem Großbritannien bereits gegen Frankreich zu Felde zog. Im späteren Siebenjährigen Krieg (1756-1763) suchte William Pitt d. Ä. mit geballten militärischen Mitteln gegen Frankreich vorzugehen und durch die Eroberung Kanadas die hegemoniale Macht der Franzosen zu schwächen. Im Frieden von Paris 1763 erhält Großbritannien Kanada zugesprochen. Anhaltende Kämpfe in der Region Quebec zwingen die Engländer jedoch, 1774 im *Quebec Act* den französischen Kanadiern Religionsfreiheit und französische Verwaltungsstrukturen zuzubilligen. A. d. Ü.

12 Vgl. David F. Norton, *The Cambridge Companion to Hume*, Cambridge: Cambridge University Press 1993; ders., *The David Hume Library*, Edinburgh Bibliographical Society with the National Library of Scotland 1996.

8. *Die platonische Tradition*

1 Vgl. Raymond Klibansky, *Ein Proklos-Fund und seine Bedeutung*. Heidelberger Akademie der Wissenschaften, Philosophisch-historische Klasse 1928-29, Heidelberg 1929.

2 Vgl. ders., »The School of Chartres«, in: *Twelfth-Century Europe and the Foundations of Modern Society*, hg. v. M. Clagett, G. Post und R. Reynolds, Madison 1966, S. 3-14.

3 Vgl. ders., »Standing on the Shoulders of Giants«, in: *Isis*, Nr. 26, 1936, S. 147-149.

4 Vgl. Raymond Klibansky und Frank Regen, *Die Handschriften der philosophischen Werke des Apuleius* (Abhandlungen der Akademie der Wissenschaften in Göttingen), Göttingen: Vandenhoek und Ruprecht 1993.

5 Vgl. Raymond Klibansky, »La découverte d'un texte inconnu de l'antiquité classique«, in: *Témoignages*, Fédération canadienne des études humaines, Ottawa 1993, S. 41-58.

6 Vgl. Raymond Klibansky, »Regagner Athènes à partir d'Alexandrie«, in: *Alexandrie IIIᵉ siècle av. J.-C. Tous les savoirs du monde ou le rêve d'universalité des Ptolémées*, hg. v. C. Jacob und F. de Polignac, Paris 1992, S. 231-245.

7 Vgl. Raymond Klibansky, »Rencontres avec Benoît Lacroix«, in: *Dits et gestes de Benoît Lacroix*, Montreal 1995, S. 143-145.

8 Platon, *Timaios*, in: *Sämtliche Werke*, Bd. VIII. Griechisch und Deutsch. Nach der Übersetzung Friedrich Schleiermachers, ergänzt durch Übersetzungen von Franz Susemihl und anderen, hg. v. Karlheinz Hülser, Frankfurt am Main: Insel 1991, S. 419 (90 a-c).

9. Die englischen Meister: Der Gedanke der Toleranz

1 Vgl. die Lutherübersetzung Matth. 22,21 sowie Martin Luther, *Von weltlicher Obrigkeit, wie weit man ihr Gehorsam schuldig sei*, in: Martin Luther, *Ausgewählte Schriften*, Bd. 4, hg. v. Karin Bornemann und Gerhard Ebeling, Frankfurt am Main: Insel 1990, S. 66.

2 Vgl. Georg Wilhelm Friedrich Hegel, *Vorlesungen über die Philosophie der Geschichte*, in: *Werke in zwanzig Bänden*, hg. v. Eva Moldenhauer und Karl Markus Michel, Frankfurt am Main: Suhrkamp 1970, S. 56 ff.

3 Vgl. John Locke, *Epistola de tolerantia – A letter on Tolerance*. Lateinisch – Englisch, hg. v. Raymond Klibansky, Oxford 1968; deutsche Erstübersetzung: John Locke, *Ein Brief über die Toleranz*. Englisch – Deutsch, übers., eingel. und in Anmerkungen erl. v. Julius Ebbinghaus, Hamburg: Meiner 1957.

4 Vgl. *The Edicts of Asoka* (in Hebräisch), eingel. v. Raymond Klibansky, Jerusalem 1968.

5 Vgl. B. Melkevik und P. Dumouchel (Hg.), *Tolérance, Pluralisme et Histoire. Réflexions de philosophie du droit*, Montreal/Paris: L'Harmattan 1997.

6 Vgl. Cicero, *Gespräche in Tusculum*, eingel. u. neu übertr. v. Karl Buechner, Zürich: Artemis 1952.

7 Thomas Paine, *Die Rechte des Menschen*, hg., übers. u. eingel. v. Wolfgang Mönke, Berlin: Akademie-Verlag 1983, S. 179.

8 Vgl. John Locke, *Ein Brief über die Toleranz*, a. a. O., S. 19.

9 Vgl. Roger Williams, *The Bloudy Tenant of Persecution in Cause of Conscience* and Mr. *Cotton's Letter Examined and Answered*, edited for the Hanserd Knollis Society by B. Underhill, printed for the Society by J. Haddon, 1849, bound with Hanserd Knollis Society Annual Report, 1947-48.

10 Vgl. John Locke, *Ein Brief über die Toleranz*, a. a. O., S. 93 ff.

11 Ebd., S. 95 ff.

12 Vgl. Elisabeth Labrousse, *Pierre Bayle*, 2 Bde., Den Haag: Nijhoff 1963.

13 Vgl. Pierre Bayle, *Historisches und critisches Wörterbuch*. Nach der neuesten Auflage von 1740 ins Deutsche übersetzt, auch mit einer Vorrede und verschiedenen Anmerkungen versehen von Johann Christoph Gottsched. Nachdruck: Hildesheim/New York: Olms 1974.

14 Vgl. Michel Paradis, »Les fondements de la tolérance universelle chez Bayle: la séparation de l'Église et de l'État«, in: Ethel Groffier und Michel Paradis (Hg.), *The Notion of Tolerance and Human Rights. Essays in Honour of Raymond Klibansky*, Ottawa: Carleton University Press 1991.

15 Vgl. Pierre Bayle, *Verschiedene einem Doktor der Sorbonne mitgeteilte Gedanken über den Kometen, der im Dezember 1680 erschienen ist*. Aus dem Französischen von Johann Christoph Gottsched 1741 herausgegeben, Übersetzung von Johann Christoph Faber, Leipzig: Reclam 1975.

16 Vgl. Sebastiano Castellione, *Fede, Dubbio e Tolleranza*, eingel. v. Raymond Klibansky, Florenz 1960.

17 Vgl. Nikolaus von Kues, *Über den Frieden im Glauben*. Übersetzt von Ludwig Mohler, Leipzig: Meiner 1943. Vgl. auch Nicolaus de Cusa, *De pace fidei*, hg. v. Raymond Klibansky und H. Bascour, London: The Warburg Institute 1956 (Nachdrucke: Nendeln 1977; Hamburg 1959, 2. Aufl. 1970).

18 Vgl. Gotthold Ephraim Lessing, *Nathan der Weise*, in: *Lessings Werke*, Erster Band, hg. v. Kurt Wölfel, Frankfurt am Main: Insel 1967, S. 531 ff.

10. Das Internationale Institut für Philosophie

1 Vgl. *Philosophy in the Mid-Century – La philosophie au milieu du vingtième siècle*, hg. u. eingel. v. Raymond Klibansky, Florenz 1958/59.

2 Vgl. *Contemporary Philosophy – La philosophie contemporaine*, hg. u. eingel. v. Raymond Klibansky, Florenz 1968/71.

3 Vgl. *La philosophie en Europe*, hg. u. eingel. v. Raymond Klibansky und David Pears, Paris 1993.

4 Vgl. Sri Jaya Chamarajendra Wadiyar Bahadur, Maharadscha von Mysore, *Dattatreya. The Way and the Goal*, London: Allen & Unwin 1957.

5 Vgl. Alexander Sinowjew, *Gähnende Höhen*. Deutsch von G. von Halle. Nachdichtung der Verse von Eberhard Storeck und G. von Halle, Zürich: Diogenes 1994.

6 Vgl. Raimundo Panikkar, *Gottes Schweigen. Die Antwort des Buddha für*

unsere Zeit (*The Silence of God*). Aus dem Amerikanischen von Susanne Schaup, Frankfurt am Main: Fischer 1996; vgl. ders, *Der unbekannte Christus im Hinduismus* (*The Unknown Christ of Hinduism*). Aus dem Englischen von Heike Risse unter Mitarbeit von Bettina Bäumer und Hans Waldenfels, Mainz: Matthias-Grünefeld-Verlag 1986; vgl. ders., *Rückkehr zum Mythos* (*Myths, Faith and Hermeneutics*). Aus dem Englischen von Bettina Bäumer, Frankfurt am Main: Insel 1990.

7 Vgl. Leszek Kołakowski, *Chrétiens sans église*. Aus dem Polnischen von Anna Posner, Paris: Gallimard 1987; vgl. ders., *God owes us nothing. A brief remark on Pascal's religion and on the spirit of Jansenism*, 1995.

8 Vgl. ders., *Gespräche mit dem Teufel*. 8 Diskurse über das Böse und 2 Stücke. Aus dem Polnischen von Janusz Pilecki, München/Zürich: Piper 1968.

9 Vgl. ders., *Die Hauptströmungen des Marxismus: Entstehung, Entwicklung, Zerfall*, München/Zürich: Piper 1978.

10 Vgl. ders., *Horror metaphysicus: das Sein und das Nichts*. Aus dem Englischen von Friedrich Griese, München/Zürich 1989.

11 Vgl. ders., »Fabula Mundi et le nez de Cléopâtre«, in: *Hommage à Raymond Klibansky, Revue internationale de philosophie*, Nr. 111-112, 1975, S. 113 ff.

12 Vgl. Jean Wahl, *Poèmes*, Paris: L'Arbre 1945.

13 Vgl. Henry Duméry, *Philosophie de la Religion. Essai sur la signification du christianisme*, Paris: Presses Universitaires de France 1957.

14 Vgl. Theodor Wiesengrund Adorno und Max Horkheimer, *Dialektik der Aufklärung. Philosophische Fragmente*, in: Theodor W. Adorno, *Gesammelte Schriften*, hg. v. Rolf Tiedemann unter Mitwirkung von Gretel Adorno, Susan Buck-Morss und Klaus Schultz, Bd. 3, Frankfurt am Main: Suhrkamp 1981.

15 Vgl. Theodor W. Adorno, Bruno Bettelheim, Else Frenkel-Brunswik, Norbert Gutermann, Morris Janowitz, Daniel J. Levinson, Leo Löwenthal, R. Nevitt Sanford, Nathan W. Ackermann und Marie Jahoda, *Der autoritäre Charakter. Studien über Autorität und Vorurteil*, 2 Bde., Amsterdam: De Munter 1968 (deutsche Erstausgabe).

16 Vgl. Theodor W. Adorno, *Philosophie der neuen Musik*, in: *Gesammelte Schriften*, Bd. 12, Frankfurt am Main: Suhrkamp 1975; vgl. ders., *Dissonanzen. Einleitung in die Musiksoziologie*, in: *Gesammelte Schriften*, Bd. 14, Frankfurt am Main: Suhrkamp 1973.

17 Vgl. ders., *Ästhetische Theorie*, in: *Gesammelte Schriften*, Bd. 7, Frankfurt am Main: Suhrkamp 1970.

18 Vgl. Georg Lukács, *Die Seele und die Formen*, Neuwied/Berlin: Luchterhand 1971; vgl. ders., *Theorie des Romans*, Neuwied am Rhein: Luchterhand 1963.

19 Vgl. Ernst Bloch, *Geist der Utopie*. Bearbeitete Neuauflage der zweiten Fassung von 1923, in: *Gesamtausgabe in 16 Bänden*, Bd. 3, Frankfurt am Main: Suhrkamp 1964.

20 Vgl. ders., *Das Prinzip Hoffnung*, in: *Gesamtausgabe in 16 Bänden*, Bd. 5 (2 Bde.), Frankfurt am Main: Suhrkamp 1959.

21 Vgl. Raymond Klibansky, *Bibliographie de la philosophie. Glossaire – Bibliography of Philosophy. Glossary*, Paris: Vrin 1996.

11. Jan Patočka

1 Vgl. Jan Patočka, *Die natürliche Welt als philosophisches Problem*, hg. v. Klaus Nellen und Jiři Němec, übers. v. Eliška und Ralph Melville, Stuttgart: Klett-Cotta 1990.

2 Vgl. Jan Patočka, »Was ist Phänomenologie?«, in: ders., *Die Bewegung der menschlichen Existenz*, hg. v. Klaus Nellen, Jiři Němec und Ilja Srubar, Stuttgart: Klett-Cotta 1991, S. 424-452.

3 Vgl. Jan Patočka, *Europa – Anfang und Ende der Geschichte*, in: ders., *Ketzerische Essais zur Philosophie der Geschichte und ergänzende Schriften*, hg. v. Klaus Nellen und Jiři Němec, Stuttgart: Klett-Cotta 1988, vor allem S. 244 ff.

4 Vgl. Edmund Husserl, *Die Krisis der europäischen Wissenschaften. Eine Einleitung in die phänomenologische Philosophie*, hg., eingel. und mit Register vers. v. Elisabeth Ströker, Hamburg: Meiner 1996 (3. Aufl.).

5 Vgl. Jan Patočka, *Ketzerische Essais zur Philosophie der Geschichte*, a. a. O., S. 162.

6 Vgl. Johannes Amos Comenius, *De rerum humanarum emendatione consultatio catholica. Ad genus humanum, ante alios vero ad eruditos, religiosos, potentes Europae*, Prag: Academia 1966.

7 Die *Charta 77* wurde am 1. Januar 1977 veröffentlicht; Jan Patočka starb am 13. März 1977. A. d. Ü.

12. Toleranz, Freiheit, Philosophie

1 Vgl. auch Raymond Klibansky, »Jan Patočka« (englisch) in: *La Responsabilité/Responsibility. Entretiens de Prague 1990*, Prag 1992, S. 17-35; (französisch) in: *Profils de Jan Patočka*. Würdigungen und Dokumente, zusammengestellt von H. Declève, Brüssel 1992, S. 129-147.

2 Vgl. Charles Taylor, *Die Quellen des Selbst. Die Entstehung der neuzeitlichen Identität*, übers. v. Joachim Schulte, Frankfurt am Main: Suhrkamp 1994.

Glossar

Appeasement-Politik: polemische Bezeichnung für die britische Beschwichtigungspolitik von 1933 bis 1939, die auf der Grundlage der Friedenssehnsucht der Generation nach 1918, aus antikommunistischen Motiven und aufgrund einer Fehleinschätzung des Nationalsozialismus zu weitgehenden Konzessionen gegenüber Hitler bereit war.

Archiv für Sozialwissenschaft und Sozialpolitik: deutsche soziologische Zeitschrift, die unter diesem Titel von 1904 bis 1933 erschien.

Brüder vom gemeinsamen Leben: Kleriker- und Laiengemeinschaften, die Ende des 14. Jahrhunderts in den Niederlanden entstanden, sich an der Mystik Bernhards von Clairvaux und Bonaventura orientierten und dem Humanismus nahestanden.

Brüder und Schwestern des freien Geistes: mystische Laienbewegung, die vom 13. bis 15. Jahrhundert, von Süddeutschland ausgehend, im Rheinland Verbreitung fand und von der Inquisition verfolgt wurde.

Chanukka (hebr. »Weihe«): Lichterfest, achttägiges jüdisches Tempelfest im Dezember zur Erinnerung an die Wiedereinweihung des Tempels in Jerusalem (165 v. Chr.).

Charta 77: von einer tschechoslowakischen Bürgerrechtsgruppe unter der Leitung des ehemaligen Außenministers J. Hajek, des Dramatikers Vačlav Havel und des Philosophen Jan Patočka am 1. Januar 1977 veröffentlichte Proklamation, in der die Einhaltung der Menschen- und Bürgerrechte gefordert wird.

Chassidim (hebr. »Fromme«): die Anhänger einer jüdischen religiösen Bewegung, die um 1750 von Israel Baal Schem in der Ukraine und in Polen gegründet wurde und in Osteuropa weite Verbreitung fand. Die Chassidim betonen gegenüber dem Gesetzesglauben das religiöse Gefühl und die Offenbarung in der Natur.

Fideist: Anhänger einer erkenntnistheoretischen Haltung, die den Glauben als einzige Erkenntnisgrundlage betrachtet und ihn über die Vernunft setzt.

Gaon (hebr. »Herrlichkeit«): Titel der Oberhäupter der jüdischen Gelehrtenschule in den babylonischen Städten Sura und Pumbeditha vom 7. bis 11. Jahrhundert; in diese Zeit fällt auch der Abschluß des Talmuds.

Große Konjunktion (Astrologie): Zusammentreffen von Jupiter und Saturn in einem »Haus«.

Hedschra (oder *Hidschra*): der Auszug Mohammeds von Mekka nach Medina zwischen dem 28.6. und dem 20.9.622 n. Chr. Mit ihr beginnt die vom Kalifen Omar eingeführte islamische Zeitrechnung.

Macrobius (Ambrosius Theodosius): lateinischer Gelehrter und philosophischer Schriftsteller um 400 n. Chr.

Manhattan-Projekt: Codewort für das Forschungsunternehmen zur Entwicklung der Atombombe im amerikanischen Atomforschungszentrum Los Alamos während des Zweiten Weltkrieges.

Pelagianismus: kirchlich verurteilte Lehre des Pelagius (irischer Mönch aus dem 5. Jahrhundert), die gegen die Gnadenlehre des Augustinus die menschliche Willensfreiheit vertrat.

Prakrit: eine Gruppe mittelindischer Mundarten, die seit etwa 500 v. Chr. bis um 1000 n. Chr. neben der Hochsprache, dem Sanskrit, gebraucht wurden.

Royal Society: die älteste englische, 1660 gegründete Akademie der Wissenschaften, zur Förderung der Naturwissenschaften.

Samisdat: Abkürzung, zusammengezogen aus dem russischen Wort für »Selbstverlag«, wurde in den Ostblockstaaten seit den sechziger Jahren für die Literatur verwendet, die aus Zensurgründen nicht erscheinen durfte und unter der Hand maschinen- oder gar handschriftlich verbreitet wurde.

Scotist: Anhänger der nach dem schottischen Scholastiker Duns Scotus benannten philosophischen Richtung, die durch die Vorrangstellung des Willens vor der Vernunft gekennzeichnet ist.

Sozinianer: nach den italienischen Begründern Lelio und Fausto Sozini benannte Angehörige einer antitrinitarischen Religionsgemeinschaft im 16. Jahrhundert in Polen.

Sufismus: die Mystik im Islam.

Stahlhelm: im November 1918 gegründete Vereinigung von Soldaten des gerade zu Ende gegangenen 1. Weltkrieges, die von 1929 an zusammen mit den Nationalsozialisten und den Deutschnationalen zur »nationalen Opposition« gegen die Weimarer Republik gehörte.

Weiße Rose: in München gebildete Widerstandsgruppe um C. Muth, Th. Haecker und K. Huber. Nach einer Flugblattaktion in der Münchener Universität wurden K. Huber, W. Graf, A. Schmorell, H. Probst und die Geschwister Scholl im April 1943 zum Tode verurteilt und hingerichtet.

Bibliographie der Bücher und Aufsätze
Raymond Klibanskys*

Carolus Bovillus, *Liber de Sapiente*, hg. v. Raymond Klibansky, in: Ernst Cassirer, *Individuum und Kosmos in der Philosophie der Renaissance*, Leipzig: Teubner 1927 (Nachdruck: Darmstadt: Wissenschaftliche Buchgemeinschaft 1994).

Ein Proklos-Fund und seine Bedeutung. Heidelberger Akademie der Wissenschaften, Philosophisch-historische Klasse 1928-29, Heidelberg 1929.

Cusanus-Texte I, *Predigten. Dies Sanctificatus*, hg. v. Raymond Klibansky, Heidelberger Akademie der Wissenschaften, Philosophisch-historische Klasse 1928-29, Heidelberg 1929.

Magistri Eckardi Opera Latina, hg. v. Raymond Klibansky, Fasc. I, *Super oratione dominica*, Lipsiae: Meiner 1934.

Magistri Eckardi Opera Latina, Fasc. XII, *Quaestiones Parisienses*. Edidit Antonius Dondaine o. p., *Commentariolum de Eckardi Magisterio*, adiunxit Raymundus Klibansky, Lipsiae: Meiner 1936.

Philosophy and History. Essays presented to Ernst Cassirer, hg. v. Raymond Klibansky und H. J. Paton, Oxford 1936 (Nachdruck: New York: Torchbooks 1963).

»Standing on the Shoulders of Giants«, in: *Isis*, Nr. 26, 1936, S. 147-149.

The Continuity of the Platonic Tradition, The Warburg Institute, London 1939 (2. Aufl.: London 1959; 3. und 4. erweiterte Aufl.: München 1981 und Millbrand N. Y./London/Nendeln 1982).

Corpus Platonicum Medii Aevi, Auspiciis Academiae Britannicae [...], edidit Raymundus Klibansky.

Plato Latinus

I. *Meno*, Interprete Henrico Aristippo. Ed. et V. Kordeuter, Recognovit et praefatione instruxit Carlotta Labowsky. In aedibus Instituti Warburgiani, Londinii 1940.

II. *Phaedo*, Interprete Henrico Aristippo. Ed. Praefatione instruxit L. Minio-Paluello. In aedibus Instituti Warburgiana, Londinii 1950.

III. *Platonis Parmenides nec non Procli Commentarium in Parmenidem*, pars adhuc inedita. Ediderunt, praefatione adnotationibusque illustrave-

---

* Eine vollständigere Aufstellung der Arbeiten von Raymond Klibansky findet sich in: *The Notion of Tolerance and Human Rights*, hg. v. Ethel Groffier und Michel Paradis, Ottawa: Presses de l'Université 1991.

runt Raymundus Klibansky et Carlotta Labowsky. In aedibus Instituti Warburgiani, Londinii 1953.

IV. *Timaeus, a Calcidio translatus commentarioque instructus.* Ed. J. H. Waszink. In aedibus Instituti Warburgiani, Londinii et Leidae 1962.

Plato Arabus

I. *Galeni Compendium Timaei Platonis.* Ediderunt Paulus Kraus et Richardus Walzer. In aedibus Instituti Warburgiani, Londinii 1951.

II. *Alfarabius de Platonis Philosophia.* Edd. Franciscus Rosenthal et Richardus Walzer. In aedibus Instituti Warburgiani, Londinii 1943.

III. *Alfarabius Compendium Legum Platonis.* Ed. Franciscus Gabrieli. In aedibus Instituti Warburgiani, Londinii 1952.

Nachdruck des *Plato Latinus* I-III sowie des *Plato Arabus* I-III, Nendeln (Liechtenstein): Kraus-Thomson 1973. Zweite Auflage des Plato Latinus IV, Leiden: Brill 1975.

Raymond Klibansky/Richard Hunt, *Mediaeval and Renaissance Studies*, Bde. I-VI + Suppl. I-III, Warburg Institute, London University, London 1941-1956 (Nachdruck: Nendeln/Liechtenstein: Kraus Reprint 1970-77).

Benito Mussolini, *Memoirs 1942-1943, with documents relating to the period.* Eingeleitet, kommentiert und mit Anmerkungen versehen von Raymund Klibansky. Übersetzt von Frances Lobb, London: Weidenfeld & Nicholson 1949 (Nachdruck: London: Phoenix Press 2000).

Benedetto Croce, *Essays on the moral and political problems of our time.* Zusammengestellt von Raymond Klibansky, London/New York 1949 (Nachdruck: New York 1962).

New Letters of David Hume, hg. v. Raymond Klibansky und Ernest C. Mossner, Oxford 1954 (Nachdrucke: Oxford 1969; New York 1983).

Nicolaus de Cusa, *De pace fidei*, hg. v. Raymond Klibansky und H. Bascour, London: The Warburg Institute 1956 (Nachdrucke: Hamburg 1959, 2. Aufl. 1970, Nendeln 1977).

Philosophy in the Mid-Century – La philosophie au milieu du vingtième siècle, hg. u. eingel. v. Raymond Klibansky, Florenz 1958/59.

Bd. I: *Logique et Philosophie des Sciences.*

Bd. II: *La crise de la Métaphysique.*

Bd. III: *Les Valeurs, l'Histoire et la Religion.*

Bd. IV: *Histoire de la Philosophie. La pensée contemporaine en Europe Orientale et en Asie.*

Sebastiano Castellione, *Fede, Dubbio e Tolleranza*, eingeleitet von Raymond Klibansky, Florenz 1960.

Raymond Klibansky, Erwin Panofsky und Fritz Saxl, *Saturn and Melancholy. Studies in the History of Religion, Art and Natural Philosophy*, London/New York 1964; ital. Fassung, Turin: Einaudi; franz. Fassung: dies., *Saturne et la mélancolie. Études historiques et philosophiques, Nature, re-*

ligion, médicine et art. Übersetzt von F. Durand-Bogaert und L. Évrard, Paris: Gallimard 1989; dt. Fassung: *Saturn und Melancholie. Studien zur Geschichte der Naturphilosophie und Medizin, der Religion und der Kunst.* Übersetzt von Christa Buschendorf, Frankfurt am Main: Suhrkamp 1990.

John Locke, *Epistola de tolerantia – Lettre sur la Tolérance.* Lateinisch – Französisch. Kritische Ausgabe von Raymond Klibansky, mit einem Vorwort von ihm. Übersetzt und eingeleitet von Raymond Polin (I), Montreal: Mario Casalini Ltd. 1964, (II) Paris: Presses Universitaires de France 1965 (2. Aufl. 1995); John Locke, *Epistola de tolerantia – A letter on Tolerance.* Lateinisch – Englisch, hg. v. Raymond Klibansky, Oxford 1968.

»The School of Chartres«, in: *Twelfth-Century Europe and the Foundations of Modern Society,* hg. v. M. Clagett, G. Post und R. Reynolds, Madison 1966, S. 3-14.

The Edicts of Asoka (in Hebräisch), eingeleitet von Raymond Klibansky, Jerusalem 1968.

Contemporary Philosophy – La philosophie contemporaine, hg. u. eingel. v. Raymond Klibansky, Florenz 1968/71.

Bd. I: *Logique et Fondements des Mathématiques.*

Bd. II: *Philosophie des Sciences.*

Bd. III: *Métaphysique. Phénoménologie. Langage et Structure.*

Bd. IV: *Éthique. Esthétique. Droit. Religion. Politique. Matérialisme historique et dialectique. La Philosophie en Europe Orientale, en Asie et en Amérique Latine.*

Méthode et Philosophie de l'Histoire. Hommage à Raymond Klibansky, in: *Revue Internationale de Philosophie,* Nr. 111-112, 1975.

»Hidden Treasures at McGill: A Survey of Manuscripts and Historical Documents«, in: *Fontanus,* Bd. II, Montreal 1989, S. 65-96.

»L'Université allemande dans les années trente (notes autobiographiques)«, in: *Philosophiques* XVIII, 1991, S. 139-157.

»Zur fünfzigsten Wiederkehr der Pogromnacht«, in: *Trumah.* Zeitschrift der Hochschule für Jüdische Studien, Nr. 3, 1992, S. 1-13.

»Jan Patočka« (englisch) in: *La Responsabilité/Responsibility. Entretiens de Prague 1990,* Prag 1992, S. 17-35; (französisch) in: *Profils de Jan Patočka.* Würdigungen und Dokumente, zusammengestellt von H. Declève, Brüssel 1992, S. 129-147.

»Conversazione con Raymond Klibansky a cura di Francesco Barocelli«, in: *Filosofia, scienza e astrologia nel trecento europeo,* Padua 1992, S. 7-18.

Raymond Klibansky und Frank Regen, *Die Handschriften der philosophischen Werke des Apuleius* (Abhandlungen der Akademie der Wissenschaften in Göttingen), Göttingen: Vandenhoeck und Ruprecht 1993.

La philosophie en Europe, hg. u. eingel. v. Raymond Klibansky und David Pears, Paris 1993.

»La découverte d'un texte inconnu de l'antiquité classique«, in: *Témoignages*, Fédération canadienne des études humaines, Ottawa 1993, S. 41-58.

Verleihung des Lessingpreises an Raymond Klibansky, Freie und Hansestadt Hamburg, Hamburg 1994.

»Rencontres avec Benoît Lacroix«, in: *Dits et gestes de Benoît Lacroix*, Montreal 1995, S. 143-145.

Bibliographie de la philosophie. Glossaire – Bibliography of Philosophy. Glossary, Paris 1996.

»Aus dem Heidelberger Geistesleben. Autobiographische Anmerkungen«, in: *Heidelberg. Geschichte und Gestalt*, Heidelberg 1996, S. 270-282.

»Die Grenzen des akademischen Lebens sprengen. Ein Gespräch über Ernst Cassirer und die Bibliothek Warburg«, in: *Merkur. Deutsche Zeitschrift für europäisches Denken*, Stuttgart 1996, S. 274-277.

»Le avventure della malinconia«, in: *Dianoia*, Nr. 1, Bologna 1996, S. 11-27.

Le philosophe et la mémoire du siècle, Paris: Les Belles Lettres 1998; Montreal: Boréal 2000; span. Übersetzung, Barcelona 1999.

»Erinnerungen an Ernst Cassirer«, in: Internationale Zeitschrift für Philosophie, Heft 2, Stuttgart 1999, S. 275-288.

Personenregister